KB251088

지도와 전쟁으로 다시 읽는 한중일 세계사

지도와 전쟁으로 다시 읽는 한중일 세계사

이동민 지음

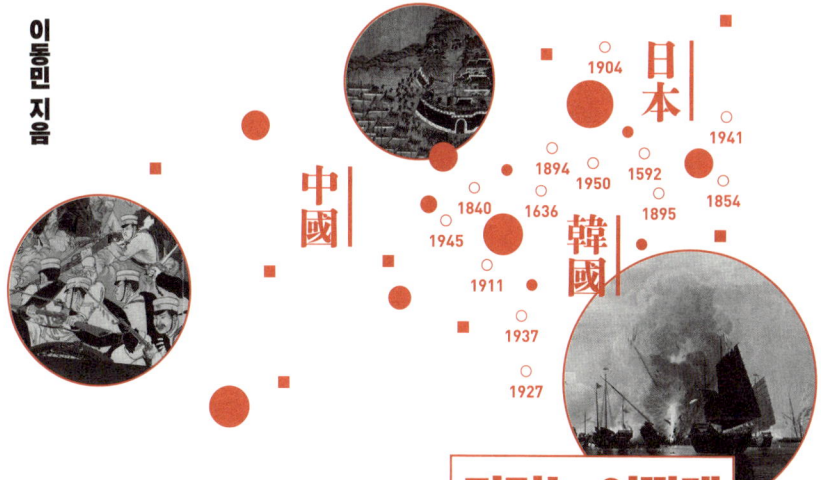

中國 日本 韓國

1904 1941 1894 1950 1592 1854 1840 1636 1895 1945 1911 1937 1927

지리는 어떻게 동아시아 3국의 운명을 뒤흔들었나?

갈매나무

한중일 세계사를
'임진왜란'으로 시작하는 이유

한국, 중국, 일본 세 나라를 아우르는 '한중일'이라는 단어는 우리에게 아주 익숙하다. 학술연구, 출판물, 언론, 방송, 인터넷 매체 등은 물론, 일상생활 속에서도 어렵지 않게 듣는다. 이들 세 나라는 지리적으로 인접해 있을 뿐만 아니라, 한자·대승불교·유교 등 문화적 공통분모도 크다.

'한중일'은 동아시아 문화권으로 분류되면서도, 이와 차별되는 측면을 다분히 지닌다. 한국, 중국, 일본 외에도 베트남 그리고 몽골까지 아우르는 지리적 영역으로서 '동아시아'라는 개념이 분명히 있음에도 불구하고 우리는 '한중일'이라는 별도의 단어를 사용한다. 세 나라는 분명 동아시아에 속한 지역이지만, 한편으로는 동아시아라는 좀 더 포괄적인 지리적 영역과는 차별되는 의미 역시지닌다.

한국, 중국, 일본 세 나라는 거리상으로도 가깝지만, 지리적으로 맞닿아 있다. 한반도는 중국과 육로로 이어지며, 일본과는 물살이 센 대한해협을 사이에 두었지만 거리가 멀지 않아 이미 구석기시대부터 교류해 왔고 신석기시대 이후에는 교류의 빈도와 정도가 대폭 증가했다고 알려져 있다.[1] 물론 베트남과 몽골 역시 중국, 한반도, 일본 등과 오랫동안 교류를 이어 오며 역사적·문화적 공통분모를 형성해 동아시아 문화권의 한 축을 이룬다. 하지만 한중일이라는 지리적 스케일은 이들과 공통분모를 가지면서도, 이들보다도 한층 강하게 지리적·역사적·문화적으로 연결되며 이들과 구분된다. 예를 들어 베트남은 중국과 오랫동안 교류를 이어 왔지만, 한반도나 일본과 대대적으로 교류한 역사는 그렇게까지 길다고 보기 어렵다. 게다가 동아시아 문화권이라는 성격 이상으로 동남아시아 국가라는 정체성이 강하다.[2] 몽골 역시 동아시아와 접점을 갖지만, 중앙아시아 정체성도 못지않게 강하다.[3]

분쟁이나 지정학 등의 키워드로 살펴보면, 한중일이라는 영역의 특징과 중요성은 더한층 분명하게 드러난다. 분쟁의 역사와 지속성, 그리고 현재진행형이라는 측면에서 한중일은 다른 지리적 스케일, 심지어 베트남이나 몽골과도 차별되기 때문이다. 예를 들어 한때 몽골제국은 중국을 지배하고 한반도(고려)를 속국화한 다음 일본 침공까지 시도했지만, 몽골이 지금도 한중일 세 나라를 위협하지는 않는다. 베트남도 길게 잡으면 기원전부터 수천 년 동안 중국과 항쟁을 이어 왔지만, 한국 및 일본과 그렇게 기나긴 항쟁을 벌인 적은 없다. 베트남전쟁 역시 대한민국과 중국, 그리고 북한이 군사적으로 개입했다고는 하나, 이를 한국·중국·베트남 세 나라의 전쟁이나 쟁탈전으로 간주하기는 어렵다.

　반면 한중일은 고대부터 긴밀한 교류가 이어진 한편으로, 오랫동안 분쟁과 항쟁이 지속된 영역이기도 하다. 이러한 한중일 영역 내의 분쟁과 항쟁은 20세기를 거쳐 오늘날까지도 현재진행형에 있다. 이것이 한국의 안보와 경제 그리고 한국인의 삶에 직간접적으로 막대한 영향을 미쳐 오고 있음은 말할 필요도 없다. 우리가 한중일이라는 영역을 전쟁이라는 키워드로 깊이 있게 이해해야 할 필요성과 당위성은 바로 여기서 찾을 수 있다. 실제로 근대 지리학의 선구자로 평가받는 독일의 지리학자 페르디난트 폰 리히트호펜은 청일전쟁(1894~95) 도중인 1894년 12월 〈중국, 일본, 그리고 한국China, Japan, and Korea〉이라는 논문을 발표하며 한중일의 긴밀한 지정학적·군사지리적 연결성과 영역성을 탐색한 바 있다.[4]

　그렇다면 전쟁이라는 키워드를 중심으로 한중일이라는 영역을 살펴보려면, 그 시기를 언제부터로 잡아야 할까? 넓게 보자면 위만衛滿이 중국 땅에서 고조선으로 이주한 다음 고조선의 왕위를 찬탈한 기원전 194년 무렵, 또는 한漢 무제武帝가 고조선을 침략해 멸망시킨 기원전 108년까지 소급할 수 있다. 일본까지 완전히 아우른다고 한다면, 백제 멸망 이후 백제 부흥 세력과 일본에서 온 지원 병력의 연합군이 신라와 당나라 연합군에 패배한 백촌강 전투(663)까지 거슬러 올라갈 수도 있다.

　하지만 이 책에서는 본격적인 한중일 분쟁지도와 영역성의 시작을 임진왜란으로 잡고자 한다. 임진왜란은 단순히 세 나라가 한데 얽히어 싸운 큰 전쟁을 넘어, 현대 한중일 3국의 영역 그리고 세 나라의 지정학적 질서의 기초를 형성한 단초 내지는 계기에 해당하기 때문이다.[5,6] 어떻게 보면 강화도조약을 통해 막을 올린 일본(과 청나라)의 조선 침략, 청일전쟁과 러일전쟁, 그리고 일제강점기와 냉전시대를 거쳐 오늘날로 이어지는 한중일 분쟁의 지정학적 영역과 스케일은, 임진왜란이 마련한 틀 위에서 다져지고 빚어졌다고 볼 수도 있다.

이 책은 한중일 분쟁의 지정학 스케일이 형성되고 변화해 온 과정을 따라가며, '신냉전'이라는 화두가 현실에 옮겨지고 있는 오늘날 한중일 그리고 우리가 처한 현실에 대한 지정학적 성찰을 제시하고자 한다. 한중일이 '가깝고도 먼 이웃'임은 주지의 사실이며, 신냉전 체제 도래로 그 복잡하면서도 역동적인 관계는 더한층 예측하기 어려운 방향으로 나아가고 있는 듯하다. 모쪼록 이 책이 한중일이라는 영역과 스케일 속에서 살아갈 수밖에 없는 독자 여러분께 의미 있는 성찰과 균형 잡힌 안목을 전해줄 수 있기를 바란다.

2026년 3월
신안동 연구실에서
저자 이동민

차 례

1. 동아시아 '천하'의 파열음, 임진왜란 이후

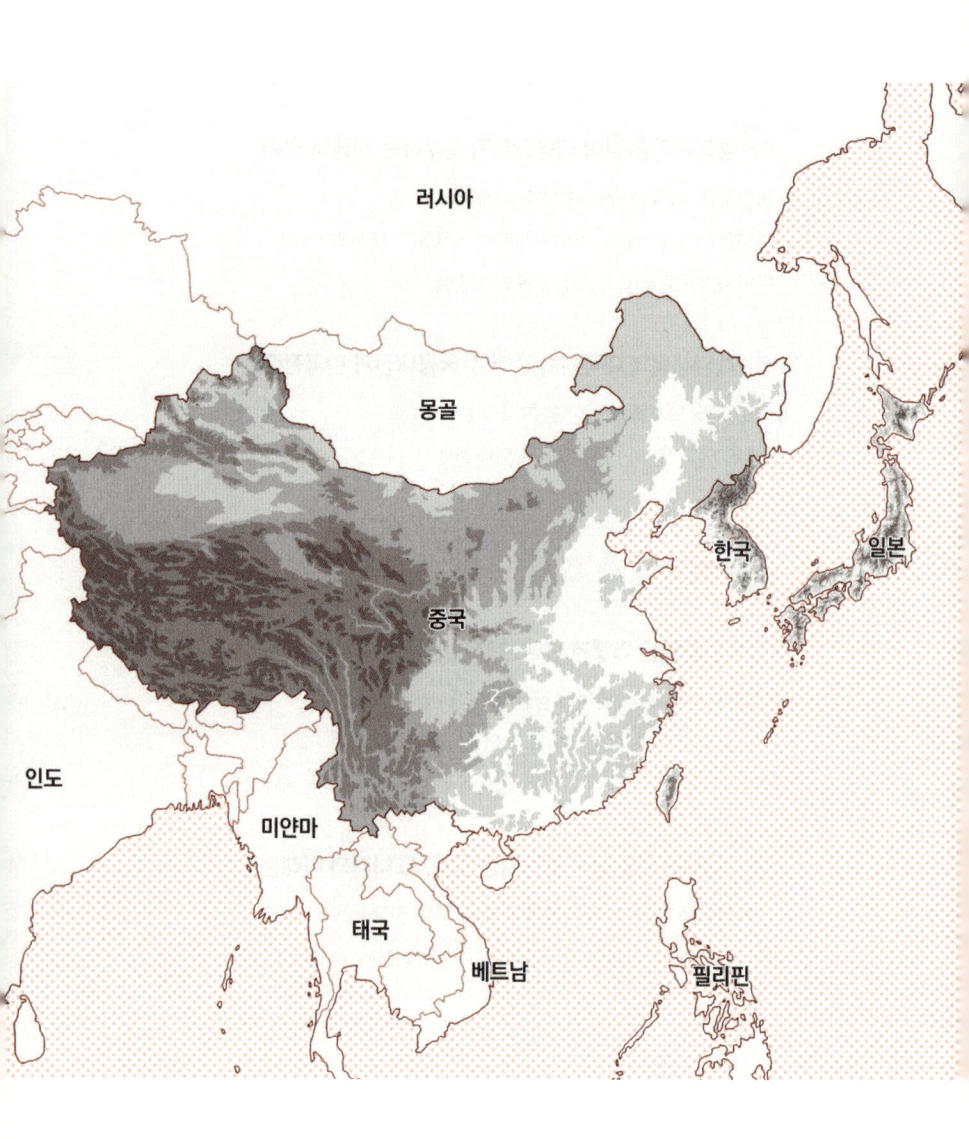

러시아

몽골

인도

중국

미얀마

한국

일본

태국

베트남

필리핀

한국, 중국, 일본은 언제부터 한중일이라는 영역으로 묶였을까?

한국은 한반도, 중국은 대륙, 일본은 열도(여러 개의 섬)라 흔히들 표현한다. 지리적 관점에서 지극히 당연한 말이다. 이러한 지리적 환경은 세 지역을 서로 연결하면서도 분명히 구분되는, '가깝고도 먼' 영역으로 만들었다.

예를 들어 한반도는 중국과 인접해 있으면서도 개마고원이라는 험준한 천연장애물로 구분되는 영역이다. 이에 고대부터 중국 대륙과 활발히 교류하는 한편, 거대한 중국에 정복되거나 포섭되지 않고 독자적 문화권을 형성할 수 있었다. 유럽과 달리 중국 대륙, 그중에서도 중국 문명의 심장부라 할 수 있는 서부는 황허와 양쯔 강이라는 두 거대한 강이 흐르는 개방된 평야가 이어지고 그 주변을 험준한 산맥이 둘러싸고 있다. 이러한 지형 조건 덕분에 중국은 수천 년 이상 통일된 정치적·문화적 영역을 유지할 수 있었다. 일본은 한반도와 중국 대륙에 비교적 가까운 섬나라라는 지리적 조건 덕분에, 한반도를 통해 한반도와 중국의 문화를 전수받으면서도 대륙의 침공을 피하며 고유한 영역을 지켜올 수 있었다.[7]

만일 한중일이 반도, (유럽과는 차별되는 중국 특유의) 대륙, 열도가 아니라 하나의 땅덩어리로 이어져 있었다면, 우리가 익히 아는 한중일처럼 긴밀하게 연결되면서도 독자적으로 나뉘는 영역은 없었을지도 모른다.

빙하기의 끝, 한반도와
중국 대륙 및 일본 열도의 시작

이러한 한중일 영역의 틀은 언제부터 마련되었을까? 그 시작점은 인류 문명의 여명이기도 한, 마지막 빙하기의 종식에서 찾을 수 있다. 한중일은 처음부터 반도, 대륙, 열도로 굳어진 형태가 아니었다. 신생대 이후 한반도, 중국 대륙, 일본 열도는 빙하기에는 서로 이어졌다가 간빙기에는 해수면 상승으로 분리되거나 연결이 약해지는 과정을 반복해 왔다.

1만여 년 전 마지막 빙하기가 끝나고 해수면이 상승하면서 마침내 오늘날과 같은 세계지도가 만들어졌다. 그 결과 한반도는 중국 대륙과 이어지면서도 구분되는 반도로, 일본은 동아시아의 열도로 자리 잡게 되었다. 이런 점에서 한중일은 마지막 빙하기의 종식이라는 전지구적 기후변화 속에서, 인류 문명과 더불어 그 모습을 드러낸 영역이라 할 수 있다. 이렇게 탄생한 한중일은 반도, 대륙, 열도라는 지리적 환경을 바탕으로 서로 긴밀히 연결되면서도 각기 차별화된 영역으로 형성되고 변화·발전해 나갔다.

한반도와 중국 대륙은 육지로 이어져 있다. 그런 점에서 두 지역의 지리적 교류가 태곳적부터 이어져 왔음은 어쩌면 자연스러운 일이다. 신석기시대와 청동기시대의 한반도는 중국 문물을 받아들이면서도 그대로 수용하기보다는 나름대로 변용하며 고유한 문화를 발전시켜 나갔다. 고조선과 고대 한반도 남부 영역에서 중국 북동부의 영향을 강하게 받은 요령식 비파형동검과 한반도 고유의 양식을 지닌 세형동검이 고루 출토된다는 사실은 이를 뒷받침하는 대표적인 고고학적 근거다. 역사적 신빙성을 둘러싼 논쟁은 있으나 고대 중국 왕족으로 전해지는 기자箕子가 고조선으로 이주해 왕위에 올랐다는 기자조선 이야기, 중국에서 건너온 위만衛滿이 정변을 일으켜 고조선의 왕위를 차지하고 위만조선을 세웠다는 전승 역시, 고대부터 한반도와 중국 사이에 지속적인 교류가 이루어졌음을 보여준다.

일본은 중국 대륙과 한반도에 비교적 가까운 섬나라라는 특성상 해상교류를 통해 대륙과 관계를 이어 왔다. 이 과정에서 중국 대륙과 일본 열도 사이에 놓인 한반도는 문명교류의 중계지로서 중요한 역할을 했다. 한반도와 일본 열도 사이에는 이미 신석기시대부터 해상교류가 이루어졌으며, 일본으로 전해진 한반도와 중국 대륙의 문명과 문물은 일본의 신석기 문화인 조몬繩文 문화와 청동기 문화인 야요이彌生 문화의 형성에도 중요한 영향력을 미쳤다.[8]

한자와 유불선이라는
공통분모로 연결되는 한중일

마지막 빙하기 이후의 기후변화 속에서 그 틀이 마련된 한중일 영역은, 한자와 유불선이라는 문화적 코드가 공통분모로 확산되면서 서로의 관련성이 더욱 긴밀해졌다. 그 직접적 계기는 한 무제 재위기(기원전 141~87)에 전개된 한나라의 팽창, 특히 고조선의 멸망과 한사군 설치*였다. 한나라의 건국은 그전까지 부족 연맹체적 성격이 강했던 중국이 유교를 국교로 하는 온전한 통일국가로 전환하는 계기가 되었다. 무제 재위기에는 이러한 영역 통일 작업이 완성되었을 뿐만 아니라 한반도가 중국 문화의 직접적인 영향력 아래에 놓이게 되었다.[9] 한 무제 재위기의 실질적 통일왕조 성립은, 이후 물론 중간중간에 분열기가 있었지만 2,000년 이상 이어질 통일국가의 역사가 막을 올린 시발점이기도 했다.

한편 고조선의 멸망과 한사군의 설치는 우리 입장에서 분명 달갑지 않은 일이었다. 하지만 이를 계기로 한반도에는 한자, 유교, 도교 등 중국 문화가 본격적으로 유입되었다. 그렇다고 해서 한사군의 설치가 한반도의 '중국화'로 이어진 것은 아니었다. 고조선 멸망 이후에도 한반도에는 고구려, 백제, 신라와 같은 독자적인 고

....

* 　기원전 108년에 중국 전한前漢의 무제가 위만조선을 멸망시키고 그 땅에 설치한 네 개의 행정 구역. 낙랑군, 임둔군, 현도군, 진번군을 이르는데, 뒤에 고구려에 병합되었다.

대국가가 등장했고, 한사군은 4세기에 완전히 멸망했다. 1~2세기 무렵부터 서역, 즉 중앙아시아를 거쳐 중국으로 유입된 대승불교는 4~5세기에 이르러 한반도로 전해졌다. 불교는 서로 다른 토속 신앙을 믿는 부족 연맹체 성격이 강했던 고구려, 백제, 신라 삼국이 강력한 통일성을 지닌 고대 왕국으로 탈바꿈하는 데 결정적 역할을 했다. 삼국시대에 한강 유역을 둘러싼 치열한 쟁탈전이 이어진 까닭은 국가 체제 정비와 성장에 필수적인 중국 문물을 받아들이는 항로이자 교역로로서 한강이 지닌 지리적 중요성과도 직결된다.[10] 한국 정신문화의 축을 이루는 사상인 성리학 역시 고려시대에 중국에서 유입된 성리학을 수용한 뒤 한국식으로 변용하고 발전한 것이다.

중국 문화는 한반도에 머물지 않고 바닷길을 따라 일본으로 다시 전파되었다. 일본에 전해진 칠지도 그리고 우리나라 국보 금동미륵보살반가사유상을 닮은 일본 고류지廣隆寺 목조미륵보살반가상은 당시 활발했던 한일 문명교류를 상징적으로 보여준다. 이 과정에서 전해진 대승불교, 한자, 율령律令(중국에서 유래한 법률체계) 등은 여러 부족 집단과 군장君長국가의 집합체였던 일본이 통일성을 지닌 고대국가로 발전하는 데 중요한 역할을 했다. 아키히토明仁 전 일왕이 일본 왕실의 뿌리를 백제 왕실과 연결 지은 바 있고, 역사 소설가 시바 료타로司馬遼太郎가 일본의 기원을 찾기 위해 한국과 이키壹岐·쓰시마對馬 섬을 답사한 여정을 《한나라 기행韓の国紀行》, 《탐라 기행耽羅紀行》,《이키·쓰시마의 길壹岐·對馬の道》 등에 담아 큰 반향을 일으킨 사실은 고대 한일교류가 매우 활발했을 뿐 아니라 그 역사적·지리적 중요성도 결코 작지 않았음을 보여준다.[11]

이 과정을 거치며 한중일은 서로 구별되면서도 강한 동질성을 지닌 고유한 영역을 형성했다. 하천을 포함하여 개방적이고 상호 연결된 지형 덕분에 오랫동안 통일국가가 유지되었던 중국과 달리, 한반도는 중국 대륙과 이어지면서도 지리적 경계가 뚜렷한 반도이며 일본은 열도, 즉 섬나라라는 지리적 특수성을 지닌다. 한중일이 각자의 독립성을 유지하면서도 긴밀한 지정학적·문화사적·경제지리적 관계를 형성해 온 것은 자연스러운 귀결이라 할 수 있다.

한중일의 전신, 중국 중심의 '천하'

이렇게 오래된 한중일 영역과 교류를, 엄밀한 의미에서 오늘날 한중일 영역의 직접적 토대로 보기는 어려운 면도 있다. 예를 들어 명明나라 때까지 중국 영토는 시대별로 차이가 있었으나 오늘날에 비하면 그 범위가 훨씬 제한적이었다. 만주, 네이멍구內蒙古, 신장新疆 등은 명나라와 그 이전 중국 왕조들이 온전히 지배하던 영역은 아니었다. 고려는 초·중기에 중국의 한족 왕조인 송宋나라뿐 아니라 북방 유목민 왕조인 요遼, 금金과도 외교관계를 맺어야 했으며, 원元나라, 즉 몽골제국의 시대 한중관계 역시 오늘날 한중관계의 직접적인 원형이라 보기는 어렵다.

임진왜란 이전 동아시아는 오늘날처럼 배타적인 영토주권을 가진 여러 독립국가 위주가 아니라 명나라가 종주국 노릇을 하며 조선, 대월大越(오늘날 베트남), 시암(오늘날 태국), 류큐琉毬(오늘날 오키나와) 등 주변 우방국과 조공책봉* 관계를 맺는 '천하天下'에 가까웠다. 물론 명나라의 조공책봉은 주변국을 속국으로 삼는 제도가 아니었다. 오히려 명나라는 우방국을 최대한 확보해 안보상의 이점을 얻고, 조공책봉 관계를 맺은 나라는 실제로 상당한 이익이 나는 무역활동인 조공과 명나라 조정으로부터의 책봉을 통해 정치적 정당성을 확보하는 이득을 얻는 호혜적 외교관계였다.

아울러 일본은 한자와 율령 등 중국의 제도를 많이 받아들였지만, 중국 본토와의 직접 교류가 매우 활발했다고 보기는 어려운 측면도 다분히 있다. 일본 군주의 칭호인 '천황天皇'이라는 용어 자체가 일본이 중국 중심의 천하에 느슨하고 선택적으로 포섭되었음을 시사한다. 그랬기 때문에 중국 왕조의 연호를 따르고 조공책봉 관계를 맺는 대신, 스스로 '천황'이 다스리는 나라, 즉 황제국임을 선언하고 독자적인 연호를 썼다고 봄이 타당하다. 일본은 한반도와 중국과의 교류를 이어 가면서도 필요에 따라 조공책봉 관계

....

* 전근대 동아시아에서 중국 왕조를 중심으로 주변국과 맺은 외교 및 무역 체계를 가리킨다. 조공朝貢은 주변국이 중국에 예물(공물)을 바치는 것이고, 책봉冊封은 중국 황제가 주변국 군주의 지위를 인정하는 것으로, 군신 관계의 형식적 의례이자 경제 및 문화 교류 수단이었다.

를 맺었다가 끊는 등 '선택적'이고 '단속적'인 모습을 보였다. 도요토미 히데요시豊臣秀吉가 명나라를 정벌하겠다는 구실로 임진왜란을 일으킨 일도 이와 무관하지 않다. 중국과의 교류가 제한적이고 사실상 단절에 가까운 상황에서 그는 자신의 권력과 군사력을 바탕으로 일본과는 비교할 수 없는 대국인 명나라, 나아가 인도까지 정벌하겠다는 야심을 품었던 것이다.[12]

한중일은 이처럼 선사시대부터 교류를 이어 오며 긴밀한 관계를 형성해 왔지만, 임진왜란 이전 동아시아의 지정학적·문화사적·지리적 질서를 오늘날 한중일의 직접적 토대라고 보기는 어렵다. 이러한 전근대적인 한중일의 지정학 질서는 임진왜란을 계기로 거대하고 본격적인 전환점에 접어든다.

다중스케일적 접근에 관하여

스케일은 규모, (지도의) 축척, 저울, 비늘 등을 뜻하는 영어 단어이지만, 인문지리학에서는 사건이나 현상을 인식하고 규정하는 지리적 틀을 의미하기도 한다. 예를 들어 소득 수준이나 언어 문제는 대한민국이라는 스케일에서 볼 때와 그 안의 시도 및 시군구 등 하위 행정구역 스케일에서 볼 때 전혀 다른 양상으로 나타난다. 따라서 지리적 현상은 하나의 스케일에만 의존하기보다 여러 스케일을 함께 고려하는 관점이 필요하다.

최근 지리학계에서는 지리적 현상을 특정 스케일에 한정해 이해하기보다, 서로 다른 지리적 스케일이 상호작용하는 과정 속에서 파악하려는 '다중스케일적 접근multiscalar approach'이 주목받고 있다. 이를테면 러시아·우크라이나 전쟁을 다룬 일부 연구는 이 전쟁이 단일한 원인에 의해 발생한 것이 아니라 다양한 스케일의 요인이 상호작용한 결과임을 보여준다. 우크라이나 내부의 지정학적 분단(친서방 서부 대 친러 동부), 냉전 해체 이후 동유럽 국가들의 대규모 북대서양조약기구NATO 가입과 그에 따른 러시아의 지정학적·군사지리적 위기의식 심화, 북대서양조약기구와 유럽연합EU의 동유럽 진출에 대한 러시아의 경계, 제정 러시아 시기 동부를 직접 통치하며 산업을 육성하고 서부를 간접 지배 아래 농업 중심으로 관리했던 정책, 그로 인한 우크라이나 동부 지역의 러시아계 인구 유입과 러시아어 사용 확대, 본래 러시아 영토였던 크림반도가 구소련 시기 정치적 이유로 우크라이나 공화국에 편입된 역사 등은 서로 다른 스케일(글로벌, 유럽, 러시아, 우크라이나 등)의 요인이 복합적으로 얽힌 사례이다.

이러한 상호작용을 통해 전쟁의 원인을 설명하려는 연구[13]는 다중스케일적 접근의 대표적인 예라 할 수 있다. 이 책에서도 이러한 다중스케일적 접근으로 한중일 영역을 분석해 보고자 한다.

1부

동아시아 '천하'의 파열음,
임진왜란 이후

1장

세계 해상무역 네트워크, 한중일을 삼키다

조선, 명나라, 일본 세 나라가 모두 개입한 거대한 국제전이었던 임진왜란은, 특히 조선에게는 크나큰 비극이자 참화였다. 동시에 기존의 '천하' 중심 지정학적 질서에 큰 변화를 가져오며, 오늘날 한중일 세 나라의 영역과 관계가 형성되는 직접적 토대를 마련했다. 임진왜란이 동아시아와 한중일의 현대를 여는 계기가 되었다는 견해가 제기되는 이유도 바로 여기에 있다.

에스파냐발 은과 무역선이 가져온 거대한 전환

오늘날에야 신용경제와 정보통신기술의 발달로 현금거래를 하는 빈도가 눈에 띄게 줄었지만, 지폐와 동전이 경제활동을 완전히 지배한 역사는 생각보다 길지 않다. 물론 인류는 석기시대부터 조가비 등을 원시적 화폐처럼 사용해 왔고, 고대 주周왕조나 페르시아 아케메네스왕조에서 상당한 수준의 화폐를 발행한 적도 있다. 하지만 그 자체로는 금속조각이나 종잇조각에 불과한 동전과 지폐가 물물교환을 완전히 대체하려면, 매우 정교한 경제구조가 뒷받침되어야 한다. 조선시대만 보더라도 세금과 관료의 녹봉은 쌀이나 옷감 등 현물이 중심이었고, 화폐 사용은 제한적이었다. 더구나 경제구조와 환경이 크게 다른 국제무역에서 화폐를 사용하는 일은 한층 더 어려웠다.

1492년 크리스토퍼 콜럼버스가 발견한 신대륙(아메리카대륙)은 그를 후원한 에스파냐의 식민지가 되었다. 그 땅에는 세계 최대이자 최고 수준의 금광과 은광이 있었다. 아메리카대륙의 금과 은은 그저 값비싼 보물 정도가 아니었다. 전근대 사회에서 금과 은은 세계 어디서나 높은 가치를 인정받으며 화폐처럼 쓰이는 교환수단이었다. 특히 은은 금보다는 저렴하면서도 가치가 확실한 귀금속이었기에, 세계 각지에서 이미 화폐처럼 유통되고 있었다. 예를 들어 명나라에서는 은이 화폐로 쓰였고, 중·후기에는 일조편법—條鞭法*이라 해서 은 중심의 조세제도까지 도입했다. 에스파냐가 신대륙 식민지를 통해 막대한 양의 품질 좋은 은을 확보했다는 사실은, 오늘날로 치면 미국 달러와 같은 기축통화를 손에 넣은 것에 비견할 만한 일이었다.[14] 에스파냐가 아메리카대륙에 이어 1565년 필리핀까지 손에 넣은 뒤, 에스파냐 무역상들은 이곳을 발판 삼아 기축통화 은을 앞세워 명나라와 일본까지 진출했다.

....

* 중국 명나라 때 현물세와 부역 따위 여러 세역을 화폐경제 발달에 따라 간편하게 개혁하여, 은으로 일원화해 징수한 세금제도다.

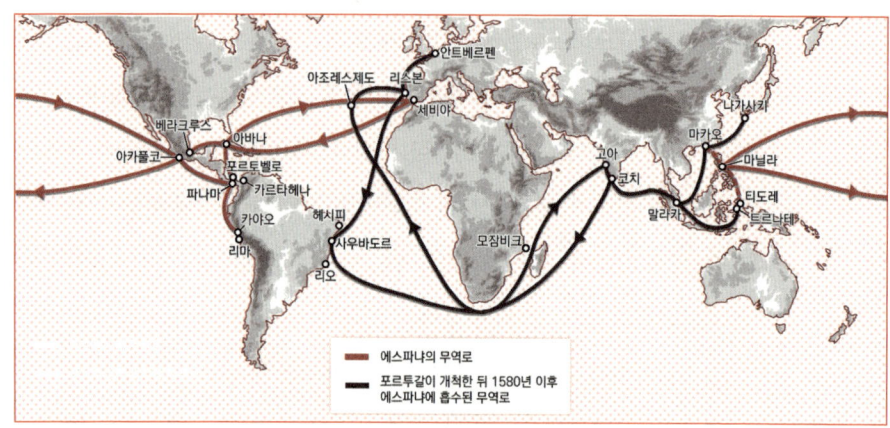

지도 내 지명: 안트베르펜, 아조레스제도, 리스본, 세비야, 베라크루스, 아바나, 마카오, 나가사키, 아카풀코, 포르토벨로, 마닐라, 파나마, 카르타헤나, 고아, 카야오, 헤시피, 코치, 티도레, 리마, 사우바도르, 말라카, 모잠비크, 리오, 테르나테

범례:
에스파냐의 무역로
포르투갈이 개척한 뒤 1580년 이후
에스파냐에 흡수된 무역로

1 16세기 에스파냐 해상무역 네트워크

16세기 전반 포르투갈은 인도 고아부터 말라카, 마카오, 일본 나가사키까지 차례로 점령하면서
중국해를 장악했다. 뒤이어 에스파냐는 1565년 필리핀제도 마닐라를 수중에 넣고 이곳을 중
심으로 아메리카의 은과 중국의 비단·도자기·향신료 등을 교환하기 시작하며, 아시아–아메리
카–유럽을 연결하는 세계 최초 해상무역 네크워크를 구축한다. 16세기 말에는 명나라와 일본
도 여기에 포섭되기 시작한다.

그전부터 아시아에서 활발히 활동하던 포르투갈 무역상 역시 에스파냐의 은을 활용해 명나라와 일본과 교역했다.

실크로드, 고선지의 서역 원정, 아랍 상인까지 방문했다는 고려의 벽란도, 원나라 때의 색목인色目人, 〈처용가處容歌〉의 주인공 처용이 서역인이었다는 이야기 등에서 보듯이, 한중일과 서양은 오래전부터 이어져 교류해 왔다. 하지만 가톨릭, 대포, 서양식 갑옷과 투구 같은 서구 문물에 더해 기축통화와도 같았던 은까지 대량으로 가져온 에스파냐와 포르투갈 무역상(이하 '에스파냐 무역상')[15]의 도래는 한중일과 서구 세계의 접점을 이전보다 훨씬 더 키우는 결과로 이어졌다.

명나라와 일본에서는 가톨릭 포교가 본격적으로 이루어졌다. 특히 일본은 전국시대戰國時代* 혼란 속에서 항쟁을 이어 가던 봉건제후 다이묘大名**와 무사들이 군자금을 마련하고 총포와 같은 신무기를 획득하기 위해 에스파냐 무역상과 적극 교역했다. 이 과정에서 다이묘 가운데 가톨릭 신앙을 받아들이는 이들이 여럿 나올 정도로 16세기 중·후반 가톨릭의 교세가 눈에 띄게 커지는 변화도 일어났다.

·······

* 1467년 오닌의 난을 시작으로 100년 넘게 이어진 일본의 분열기. 1573년 오다 노부나가가 무로마치막부를 멸망시키고, 1590년 도요토미 히데요시가 전국 통일을 이루며 마무리되었다.

** 막부시대 쇼군 아래 일정 영토를 소유하고 통치한 무사 계급 봉건영주로, 해당 지방의 행정권·사법권·징세권을 행사하며 군사 사무도 관할했다.

16세기 에스파냐가 은과 무역선을 앞세워 전 세계를 잇는 해상 무역로를 구축하자, 이렇듯 한중일 역시 그들과의 직간접적 연결이 더욱 긴밀해졌다. 그 결과 신문물뿐 아니라 은까지 유입되면서 한중일의 지정학적 질서에도 변화의 바람이 분다.

종주국 명나라–우방국 조선–변방 일본, 흔들리는 삼각 구도

임진왜란 직전인 16세기 후반 한중일의 지정학적 관계는 조선과 명나라가 '천하'라는 전근대적 관념 속에서 긴밀히 연결된 반면, 일본은 한반도와 중국으로부터 일정한 거리를 둔 채 전국시대의 내란 상태에 놓여 있었다고 설명할 수 있다. 명나라의 '천하'는 기본적으로 해금海禁 정책이라는 쇄국정책에 가까운 폐쇄적 체제였다. 16세기 중반부터 만리장성 북쪽 몽골의 위협이 심각해지면서, 명나라는 유라시아 내륙 방면의 안보에 전념하기 위해 해상무역은 물론 고기잡이까지 엄격히 규제했다. 몽골 방면에 군사 역량을 대부분 투입하면서 바다로 돌릴 자원과 여력이 크게 줄어들었고, 관리하기 힘들어진 바다라는 영역을 사실상 차단한 조치였다. 이때 조선은 '천하'의 종주국 명나라와 가장 가까운 동맹국이었다.

한편 일본은 15세기 중·후반부터 전국시대라는 혼란기에 빠져 있었다. 왕실은 12세기 후반 이후 유명무실해졌고, 천황을 대

신해 실권을 행사하던 무가정권 막부幕府*마저 오닌의 난応仁の乱

(1467~77)이라는 내란으로 권위를 크게 잃은 결과였다. 그에 따라

한반도나 중국과의 접점도 약해졌으며, 섬나라라는 지리적 조건

덕분에 100년 넘게 이어진 전국시대에도 불구하고 외세의 침략

을 피해 갈 수 있었다. 유라시아 내륙의 몽골이 가장 큰 위협이었

던 명나라에게 일본은 주된 관심사가 아니었다. 일본은 명나라에

조공을 바치기도 하고 중단하기도 했는데, 이처럼 조선과는 달리

명나라 '천하'에서 완전히 이탈하지는 않되 매우 느슨하게 이어져

있었다.

'천하'를 잠식하기 시작한 신대륙의 은

16세기 중반 이후 일본을 포함한 '천하'에는 새로운 세력이 유입

되었다. 동남아시아를 발판 삼아 건너온 에스파냐 무역상이었다.

바닷길을 따라 무역하러 온 그들을 통해 천하, 특히 명나라와 일

본에는 진기한 서구 문물과 함께 신대륙의 은이 대거 유입되었다.

　새로운 세력을 통해 막대한 양의 은, 즉 화폐 구실을 하던 귀금

속이 유입되자, 명나라가 굳건히 구축한 천하의 지정학적 질서에

도 이윽고 균열이 발생했다. 이러한 파열음은 천하라는 세계에서

·······

---

*　　막부는 원래 전쟁터에서 장군이 머무는 진지를 의미했는데, 이후 무사 계급의 우두머리
쇼군이 천황으로부터 군사 대권을 위임받아 합법적으로 국가 통치권을 행사한 정부를 일컫는다.
가마쿠라막부, 무로마치막부, 에도막부 등 12세기 말부터 19세기 중반까지 약 700년 동안 무사
들이 주도하는 막부시대가 지속되었다.

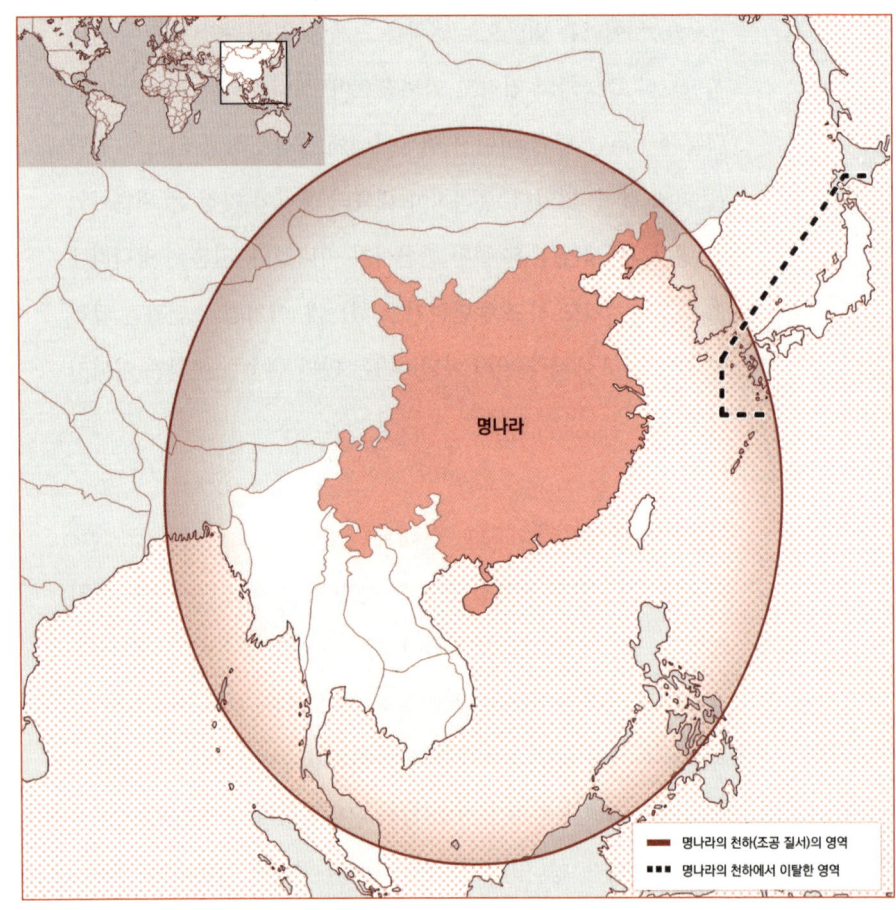

명나라의 천하(조공 질서)의 영역

명나라의 천하에서 이탈한 영역

2 명나라의 '천하'

명나라(1368~1644)는 중국 황제를 중심으로 주변국은 군주로 책봉하는 조공책봉 체제를 동아시아의 위계질서로 삼아 '천하'를 통치하고자 했다. 명나라와 인접한 조선은 천하의 영역에 속해 지속적인 조공무역 관계였던 반면, 더 먼 일본은 조공을 바치기도 중단하기도 하며 천하에서 완전히 이탈하지는 않되 느슨하게 이어져 있었다.

다소 고립된 듯한 위치에 있던 일본에서 특히 강하게 울려 퍼지기 시작했다. 당대 일본은 은의 산지였다. 은을 기축통화처럼 사용하던 에스파냐 무역상들이 명나라는 물론 일본까지 드나들며 무역하는 가운데, 일본은 동아시아 천하의 반쯤 고립된 땅에서 유럽과 동남아시아까지 잇는 국제무역의 공간으로 편입되어 갔다.

일본의 은은 에스파냐 무역상들의 교역 수단이었을 뿐만 아니라, 명나라에서는 화폐이자 납세 수단으로 쓰였다. 에스파냐가 은으로 구축한 해상무역 네트워크가 동아시아까지 뻗어 온 가운데 명나라의 은 수요는 크게 늘었고, 그 과정에서 해상무역 네트워크에 편입된 일본의 경제력과 군사력도 눈에 띄게 강해져 갔다. 한마디로 에스파냐발 은의 국제유통과 해상무역 네트워크가 조공무역에 토대한 명나라 천하의 질서를 흔드는 가운데, 그러한 천하속에서 주변부를 점유하던 일본이 해상무역 네트워크로 부를 축적하며 강력한 세력으로 대두한 것이었다.

은과 무역을 통해 상당한 이익을 얻은 일본이 더 큰 수익을 가져다줄 무역의 확대를 열망한 것은 따지고 보면 지극히 당연한 수순이었다. 문제는 천하의 종주국 명나라가 일본이 원하는 만큼 자유로운 무역을 허용하지 않았다는 사실이다. 이에 일본은 불만이 생길 뿐 아니라, 안 되면 힘으로라도 무역(또는 밀수)에 나서고자 하는 욕구가 커질 수밖에 없었다. 그러는 가운데 1590년 도요토미 히데요시가 일본을 통일하면서 전국시대라는 혼란기는 일단막을 내렸다. 일본에는 이제 100년이 넘는 전쟁 속에서 단련될 대로 단련된 세계 최정예 수준의 지상군이 수십만 명이었다. 그리고 평생을 영토 확장과 전쟁만 바라보며 살아온 야심 가득한 다이묘, 즉 전쟁터에서 고위 장수 역할을 할 무사들의 넘쳐나는 에너지를 배출할 통로가 필요해졌다.

도요토미는 신대륙의 은 유입으로 촉발된 동아시아 천하의 지정학적 변화 속에서, 통일 이후 감당하기 힘들 정도로 끓어오른 군사적·경제적 에너지를 어디로 분출했을까? 전란의 시대를 기회 삼아 하층민에서 최고 권력자로 전례 없는 출세를 한 그는, 이 시대적 도전에 외부 세계와의 전쟁이라는 방식으로 응전했다. 명나라 정벌은 다소 허황해 보이긴 해도, 은 유입이 일본의 대명 무역 수요를 크게 자극했다는 나름의 이유가 있었다. 이러한 명분을 바탕으로 전쟁계획을 세운 도요토미는, 지리적 위치의 특성상 일본과 중국을 잇는 교량이자 에스파냐 상인들과의 직접 접촉이 제한되었던 한반도에 대규모 병력을 출병했다. 1592년, 이렇게 임진왜란의 막이 올랐다.

임진왜란의 소용돌이가 '천하'를 뒤집기까지

1592년 조선에 상륙한 일본군은 그 해가 가기 전 한반도의 대부분을 장악하며, 조선 정복과 명나라 침공을 눈앞에 둔 듯했다.

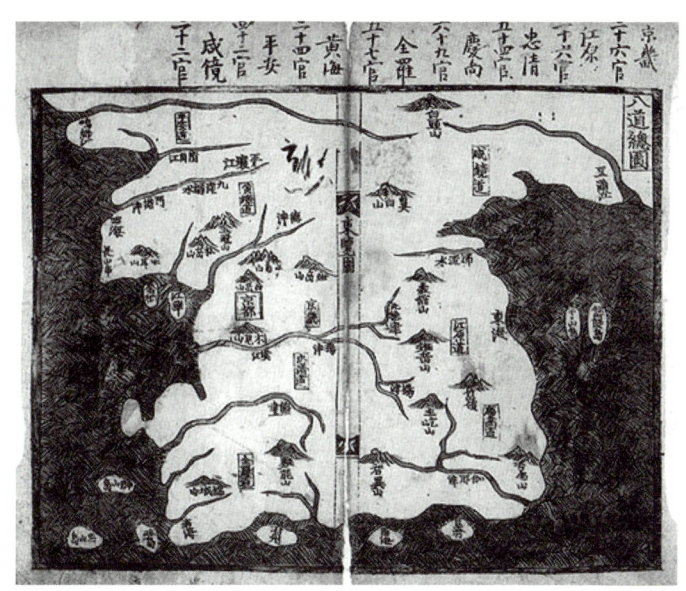

3 〈팔도총도〉, 1531년

1531년(중종 26년) 나라에서 펴낸 지리서 《신증동국여지승람》의 권두에 수록된 조선 전도, 국가 기밀 유지를 위해 산맥, 하천, 도 경계, 주요 섬 등 핵심 정보만 간략하게 표현했는데, 1592년 조선 침략을 위해 일본 장수 구키 요시타카가 제작한 〈조선국지리도〉는 이를 그대로 베낀 수준에 불과했다고 한다.

하지만 일본군은 머지않아 조선과 명나라 연합군 그리고 조선 의병의 대대적 반격에 직면해 고전하기 시작한다. 게다가 이순신이 지휘하는 조선 수군이 일본 수군을 연파하며 해상보급로를 교란한 탓에, 전쟁을 지속할 힘에 큰 타격을 입는다. 전쟁은 장기전으로 이어진 끝에 도요토미가 사망한 1598년 일본의 패배(조선으로부터 완전 철수)로 막을 내렸다.

일본이 패배한 이유는 조선의 군사적 잠재력과 (특히 수군의) 우수한 무기체계, 천하의 지정학적 질서 붕괴를 우려한 명나라의 개입, 조선 수군의 일본 해상보급로 차단 성공 등 여러 요인에서 찾을 수 있다. 하지만 여기에 일본 측의 지리적 무지도 빼놓을 수 없다. 도요토미와 일본군은 사실 애초에 조선과 명나라의 지리와 환경을 충분히 이해하지 못한 채 전쟁에 나섰다.

예를 들어 도요토미가 구키 요시타카九鬼嘉隆에게 명해 제작한 조선 지도는《신증동국여지승람東國輿地勝覽》에 수록된〈팔도총도八道總圖〉를 거의 그대로 베낀 수준에 불과했다. 앞서 언급했듯이 명나라를 정복한 뒤 인도까지 진출하겠다는 도요토미의 호언 또한 동아시아의 지리와 지정학적 질서에 대한 이해 부족에서 나온 '망상'에 가까웠다. 한반도의 기후를 제대로 알지 못했던 일본군이 겨울철 동상 등 비전투 측면에서도 적지 않게 손실을 입은 사실 또한 이러한 맥락에서 이해할 수 있다. 도요토미와 일본군의 전쟁 실패는 어쩌면 당연한 결과였다.

조선 땅을 바꾸어 놓은 왜란의 트라우마

도요토미가 죽고 일본군이 물러났으니, 조선은 평화를 되찾고 천하는 다시 한번 태평성대를 누렸을까? 안타깝게도 현실은 그렇지 않았다. 조선은 외적을 물리치고 국난을 극복했지만, 그 대가는 너무나 참혹했다. 7년 동안 국토 대부분이 전쟁터가 되면서 경작지의 3분의 2 이상이 황폐해졌고, 인구 역시 3분의 1가량 줄어들었다. 물론 조선 조정과 백성들이 전후 복구를 위한 노력을 게을리 하지는 않았으나,[16] 전쟁으로 인한 피해는 그러한 노력만으로 짧은 시일 안에 회복할 수 있는 수준이 아니었다. 이 전쟁의 여파는 이후 가까운 미래에 임진왜란과 비슷한 또 다른 도전이 닥쳤을 때 조선 사회가 대응할 수 있는 역량을 제한했으며, 동시에 사회 전반에 큰 변화를 초래했다.

이를테면 임진왜란은 엄격했던 조선의 신분제도에 동요를 불러온 계기가 되었다. 신분이 낮은 이들일수록 전쟁, 그로 인한 식량난과 경제난에 취약한 법이다. 노비를 비롯한 천민층은 전란에 더더욱 취약했다. 그러다 보니 천민층으로 갈수록 전란으로 인한 사망자가 많이 나올 수밖에 없었다. 소수의 지배층(양반)이 다수의 피지배층(상민, 천민)을 지배할 때 신분제는 안정된다. 그러나 피지배층, 특히 지배층의 특권 유지에 필수적인 천민 다수가 목숨을 잃어 그 수가 줄어들자, 신분제의 뿌리는 당연히 흔들릴 수밖에 없었다. 또한 전쟁에서 큰 공을 세워 양반으로 신분 상승한 상민과 천민이 나오는가 하면 전란으로 몰락한 양반도 생겨나면서 신분제는 점차 느슨해지기 시작했다.

한편 임진왜란은 조선인의 마음속에 거대한 집단 트라우마를 남기는 동시에, 전무후무한 국난을 극복했다는 집단 정체성과 연대 의식도 심어주었다. 물론 조선의 승리에는 명군의 참전이 일정한 영향력을 미쳤지만, 일본군과의 전투를 주도하며 그들을 격퇴한 주체는 엄연히 조선 관군과 승병을 포함한 의병이었다. 명군은 어디까지나 조선군을 도와 함께 싸운 '원병'이었다.[17] 그러다 보니 임진왜란은 조선인들 사이에서 미증유의 국난을 일치단결해 극복했다는 집단 기억이 확산하는 계기로 작용했다. 이는 조선인들, 특히 유학자이자 지배층인 사대부 사이에 퍼져 있던 '세계는 명나라를 중심으로 한 천하이며 조선은 그에 속한 하나의 영역'이라는 세계관이, 한반도라는 독자적 영역을 향한 관심으로 조금씩 바뀌어 가는 계기가 되기도 했다.[18]

물론 임진왜란을 계기로 조선인, 특히 지배층과 지식층 사이에서 천하라는 세계관이 하루아침에 무너지거나 민족주의적 영토국가 관념이 갑자기 확산한 것은 아니다. 명나라가 멸망한 이후에도 조선에는 임진왜란 때 원병을 보내준 명의 '은혜', 즉 재조지은再造之恩을 강조하는 관념이 널리 퍼져 있었다. 또한 뒤이은 청淸나라가 새로이 구축한 국제질서 역시 명나라의 질서를 상당 부분 계승한 천하였으며, 조선은 구한말까지 청나라 중심의 천하에서 대외적으로는 우호관계를 유지하려 노력했다.

하지만 임진왜란은 조선, 즉 한반도라는 영역을 천하의 구성원을 넘어 조선인(한국인)의 영역으로 재인식하게 만든 계기였다는 점에서, 한반도가 민족국가 영역으로 한층 분명해지는 중요한 변화의 단초가 되었다. 임진왜란의 집단 기억은 한국인들 사이에서 지속하여 계승되고 재생산되었으며, 이는 개화기 이후 한국인이 한반도를 민족국가의 영역으로 재편하는 데도 중대한 영향력을 행사했다.[19]

임진왜란으로 재편된 한중일 스케일

고전소설 《임진록》*에는 《삼국지연의》 속 유비의 환생인 명나라 만력제萬曆帝**가, 조선 선조가 장비의 환생이니 위기에 처한 전생의 아우를 도와달라는 관우 혼백의 간청을 받아들여 조선 출병을 결정했다는 대목이 나온다. 임진왜란 당시 명나라 군대는 조선인들에게 '천병天兵'이라 불릴 정도로 위용이 대단했다고 한다. 물론 임진왜란 당시 명나라 군사들의 비행을 기록한 사료도 있지만 말이다.

반면 '천병'이라는 별칭이나 《임진록》의 묘사와는 달리 전쟁에서 승리한 '천병의 나라'는 결과적으로 큰 손해를 입었다. 명나라는 만력제를 비롯해 어리석은 암군들이 잇따라 즉위하면서 재정난이 극심해졌고, 여기에 조선 출병까지 겹치자 가뜩이나 위태로웠던 재정은 더욱 악화하였다. 아울러 천하 체제를 향한 일본의 도전을 잠재우는 데는 성공했지만, 임진왜란은 결과적으로 천하라는 지정학적 질서에 중대한 균열을 남겼다. 명나라가 한반도에 군사적 역량을 집중하는 사이, 한반도 북쪽에서는 여진족이 세력

....

* 조선시대 임진왜란을 배경으로 영웅적 과장을 덧붙여 허구화한 역사소설로 작자와 연대는 알 수 없다. 이순신, 곽재우, 사명당 등 많은 영웅이 등장하여 도술 따위를 이용한 눈부신 활약으로 왜적을 굴복시킨다는 내용이다.

** 명나라 제13대(1563~1620) 황제 신종神宗을 일컫는 제호. 조선에서는 임진왜란 때 구원병을 보내준 은인이지만, 정작 중국에서는 명나라 멸망의 실질적 원인을 제공한 암군으로 꼽힌다. 재위 기간 거의 조정을 돌보지 않았고, 가혹한 세금 수탈로 악명을 떨쳤으며, 무리한 대규모 전쟁으로 국력 쇠퇴를 가져왔기 때문이다.

을 키우고 있었기 때문이다.

만주 일대의 반농 반유목 민족이었던 여진족은 12~13세기에 양쯔강 이북의 중국 본토까지 지배한 정복왕조 금나라를 세우기도 했지만, 명나라 시기에는 수많은 부족으로 분열해 있었다. 그들 중 랴오둥遼東 반도 일대의 부족 집단인 건주여진, 그보다 북쪽 쑹화강 유역에 살던 부족 집단인 해서여진은 명나라의 간접 지배를 받고 있었으며, 이들 가운데 일부는 조선을 상국으로 섬기며 조공을 바치기도 했다. 오늘날 연해주 일대의 야인여진은 여러 씨족과 부족으로 흩어져 있었다. 그러던 중 임진왜란으로 만주 지역에 힘의 공백이 생기자, 이를 틈타 건주여진의 지도자 아이신기오로 누르하치Aisin Gioro Nurhaci가 1616년 여진족을 완전히 통일한 뒤 옛 금나라의 후예라는 뜻인 후금後金을 세웠다. 이와 더불어 여진이라는 경멸적 명칭을 만주滿洲로 개칭했다. 후금은 천명天命이라는 독자적 연호까지 사용했으니, 임진왜란의 여파 속에서 명나라의 천하는 점차 무너지기 시작했다.

조선과 명나라가 임진왜란의 여파에 시달리는 가운데 천하마저 무너지기 시작하자, 바다 건너 일본에서도 체제의 변화와 함께 온전한 통일이 이루어졌다. 도요토미는 오늘날 일본에서 출세개운의 신으로 숭상될 만큼 전무후무한 출세를 이룬 인물이었지만, 이는 그에게 양날의 검처럼 작용하기도 했다. 애초에 하층민 출신이다 보니 대대로 그를 섬기며 진심으로 충성하는 심복이나 가신이 적어 권력 기반이 약했다. 게다가 호색한이었음에도 자식 복이 없어, 예순 가까운 나이가 되어서야 겨우 후계자가 될 친아들을 얻었다. 그는 늦둥이 아들에게 위협이 될 것을 우려해 앞서 후계자로 세워둔 조카를 숙청했고, 그와 연줄이 있던 다이묘와 무사들까지 무차별적으로 제거했다. 그 결과 수많은 다이묘와 무사를 적으로 돌리며, 가뜩이나 약한 권력 기반을 스스로 갉아먹고 말았다. 도요토미가 죽고 전쟁마저 실패하자, 정권은 풍전등화의 위기에 몰렸다.

영지의 치안이 불안하다는 구실로 임진왜란 당시 조선 출병 요청을 끝까지 거부하며 기회를 노리던 거대 다이묘 도쿠가와 이에야스德川家康는 이 기회를 놓치지 않았다. 그는 1602년 친도요토미 세력을 군사적으로 제압해 도요토미 정권을 무력화하고 에도江戶 막부를 개설하며, 1615년 도요토미 세력을 완전히 숙청해 일본을 재통일한다. 그러면서 1868년까지 이어진, 대체로 평화롭고 안정적이었던 에도시대가 시작된다. 도요토미에 의해 잠정적으로 통일되었던 일본은 임진왜란 이후 그의 몰락을 거치며 에도막부에 의해 완전한 통일을 이룬 영역으로 거듭난 셈이다. 이렇게 탄생한 일본은 이전과는 차별화된 모습으로, 일본 열도를 오늘날 일본의 직계 조상뻘쯤 되는 영역으로 구체화하는 데 성공했다.

임진왜란은 흔히 도요토미 히데요시의 헛된 야망이 불러온 참극으로 여겨지지만, 보다 심층적 원인은 단순히 도요토미 개인의 야망을 넘어선 에스파냐발 은의 유입에 따른 동아시아 지정학적 질서의 변동과 균열에 있었다. 전쟁의 결과 또한 단순히 전쟁이나 전란의 끝 또는 옛 질서로의 회귀 정도에 머무르지 않았다. 전근대 동아시아 '천하'를 뒤흔든 전쟁이 끝나면서, 명나라의 천하는 새로운 지정학적·문화지리적 영역으로 변모할 갈림길에 서게 된 것이다.

2장

17세기 기후변화가 그려낸
동아시아 대륙의 경계

임진왜란 시기부터 동아시아를 강타하기 시작한 기후변화는 앞서 다룬 천하라는 지정학적 질서의 균열과 붕괴를 가속했다. 임진왜란이라는 전화에 시달렸던 조선과 명나라는 엎친 데 덮친 격으로 그 시기 평균기온이 1℃가량 떨어지는 소빙기에 접어들었다. 1℃의 변화는 사소해 보일 수 있지만 무상일수無霜日數, 즉 서리가 내리지 않아 농사를 지을 수 있는 기간과 작물의 생육환경을 크게 바꾸어 농업 생산성에 중대한 영향을 미친다. 이렇듯 소빙기의 기후변화는 농업 생산성을 큰 폭으로 떨어뜨리며 사람들의 면역력까지 약화한 결과 전염병의 유행에도 악영향을 미쳤다.

동아시아의 소빙기는 임진왜란으로 가뜩이나 형편이 어려워진 각 나라의 부담을 가중했다. 그러면서 전쟁으로 균열이 생기고 무너지기 시작한 명나라 천하의 붕괴 속도는 한층 더 빨라지게 되었다.

소빙기, 중국 영토의
대혼란을 초래하다

후금은 건국 2년 만인 1618년, 랴오둥반도 북쪽 사르후에서 10만 명이 넘는 명군을 섬멸하며 기선을 제압했다. 이 사르후전투에서 명나라는 임진왜란 당시 조선 파병군을 지휘했던 총병 유정劉綎을 비롯해 정예병의 대다수를 잃었다. 반면 후금군의 피해는 거의 없을 정도로 미미했다. 게다가 사르후전투 이후 명나라의 대여진 지배 거점이자 수도 순천부順天府(오늘날 베이징)인근에 위치한 랴오둥반도는 결국 후금으로 넘어갔다. 1636년 후금은 국호를 대청大淸으로 개칭했고, 이것이 우리가 아는 청나라다. 그렇다면 명나라는 결국 청나라에게 멸망한 것일까?

사실은 그렇지 않다. 명나라는 사르후전투 패배 이후에도 거의 30년 가까이 존속했다. 비록 그 힘이 예전만 못해 랴오둥반도를 끝내 수복하지 못했다고는 하나, 군사력은 절대로 무시할 수준이 아니었다. 명장 원숭환袁崇煥이 지휘하는 명군은 만리장성을 요새 삼아 후금군의 공세를 연거푸 격퇴했다. 마지막 황제 숭정제崇禎帝 역시 혼란기 속에서 권력 유지에 대한 불안감을 이기지 못한 채 원숭환을 억울하게 숙청하는 등 실정을 범하기도 했지만, 스스로 검소한 삶을 실천하며 부패한 관료와 환관을 제거하고 대대적인 국정개혁을 추진했다.

명나라를 군사적으로 정복하려는 시도가 거듭 실패하자, 청나라 조정은 전략을 바꾸어 후방의 위협을 제거하고 명나라를 지리적으로 고립시키는 데 주력했다. 이에 따라 청나라는 1635년 몽골 남부(오늘날 네이멍구 자치구)를 정복해 복속시키고, 1636년에는 명나라의 최우선 우방국이자 사르후전투 당시 원군을 보냈던 조선을 침공했다. 이 병자호란은 만리장성에서 비롯한 명군의 선전이 낳은 나비효과와 같은 측면도 있었으니, 결국 청나라는 이듬해 조선의 항복을 받아내며 조선과 명의 관계를 단절시킨다.

그렇다면 명나라는 왜 결국 1646년에 멸망했을까? 이는 임진왜란 시기 시작된 동아시아 기후변화와 긴밀하게 관련된다. 소빙기의 영향으로 명나라에서는 1600년 무렵부터 기근이 잦아지며 식량난이 본격화되었다. 시간이 흐를수록 흉작과 자연재해는 더욱 빈번하고 심각해졌고, 명나라의 경제력과 국력은 점차 약화되어 갔다. 1620년대에는 임진왜란 당시의 원조를 명분으로 조선에 상당한 양의 곡물 공여를 요구할 만큼 식량 사정이 악화되었다.[20]

사실 후금의 대두 또한 동아시아 기후변화와 매우 관련이 깊다. 소빙기의 영향으로 중국 중·북부는 물론 조선과 몽골까지 황폐해지는 가운데, 건주여진의 근거지였던 랴오둥반도는 오히려 강수량이 늘고 농업 생산성이 높아지며 비교적 안정된 기반을 형성한다. 이러한 환경은 건주여진의 성장에 유리하게 작용했고, 누르하치의 여진 통일과 후금 건국 역시 그의 지도력과 군사력뿐 아니라 소빙기가 낳은 지리적 편재의 영향을 함께 받았다고 볼 수 있다.

명과 청의 교체, 기후가 가른 운명

동아시아 소빙기는 이처럼 누르하치와 건주여진에게는 천운과도 같았던 반면, 명나라는 말 그대로 심각한 내우외환에 정면으로 노출되었다. 잇따른 자연재해와 기근만으로도 국력의 기반이 흔들리는 가운데, 청나라와의 대치가 장기화되면서 재정과 군사력은 더욱 약화되었다.

17세기 초 명나라 각지에서는 민란이 연이어 일어났다. 민란의 원인이었던 기근은 소빙기의 영향으로 좀처럼 해결되지 않았고, 1628년 왕가윤王嘉胤이 체계적인 대규모 반란군을 조직하면서 민란은 체제를 뒤흔드는 군사반란으로 비화했다.

왕가윤의 난은 1631년 명나라 관군에 의해 진압된다. 하지만 기근이라는 근본 문제가 해결되지 않는 데다 만리장성에서 청나라와의 대치까지 이어지면서, 반란 진압은 일시적 안정에 그칠 뿐이었다. 이후 왕가윤의 심복이었던 이자성李自成이 1639년 또다시 대규모 반란을 일으켜 내륙지대를 차례차례 장악하며 세력을 키워 나간다. 만리장성에서 청군과 팽팽히 맞서 격전을 벌였던 명나라는 이자성의 난을 진압할 여력이 부족했다. 그사이 세력을 회복한 이자성은 명나라 후방에서 세력을 키운 끝에 1644년 대순大順의 왕으로 즉위한다. 이어 순천부가 함락되고 숭정제가 자결한다. 이로써 명나라는 청군이 아닌 내부 반란으로 멸망한다.

이 같은 명나라의 자멸은 임진왜란과 동북아시아 소빙기의 영향으로 성장한 청나라에게 또다시 천재일우의 기회를 주었다. 명나라는 스스로 무너졌고 민란 지도자였던 이자성은 명분 없이 황제를 칭했다. 이에 청나라는 '역적 토벌'이라는 명분까지 앞세워 멸망한 명나라의 영토를 획득할 수 있었다. 옛 명나라 장수와 병력을 상당수 포섭한 청나라는 순천부에서 대순군*을 어렵사리 쫓아낸 뒤, 숭정제의 시신을 수습해 황제의 예를 갖추어 장례식을 치러 주었다. 이로써 완전한 명·청 교체가 이루어진다.

동아시아의 지정학적 질서를 뒤바꾼 명·청 교체는 임진왜란 이후 만주에 형성된 힘의 공백과, 동시에 불어닥친 동아시아 소빙기의 영향을 함께 받았다. 소빙기는 17세기 초 특히 명나라를 강타해 극심한 기근을 초래했고, 체제의 모순이 쌓인 데다 임진왜란으로 국력까지 소모한 명나라는 회복하기 어려운 타격을 입었다. 소빙기의 지리적 편재는 건주여진이 후금, 나아가 대청으로 성장하는 데 중요한 조건으로 작용했다. 이렇게 명나라는 기후변화와 청나라와의 대치라는 내부와 외부 스케일의 위기를 이기지 못한 채 결국 붕괴했다. 반면 청나라는 마침내 스스로 무너진 명나라를 대신해 중국 대륙의 새로운 지배자로 자리 잡았다.

....

*   이자성이 세운 나라 '대순'의 군대. 굶주림에 지친 농민들이 명나라 정규군에 맞서 싸우기 위해 결성한 반란군 조직이다. 민중의 힘으로 제국을 무너뜨린 엄청난 사건의 주인공이었지만, 제대로 된 체계와 군기를 갖추지 못한 탓에 수도 순천부를 점령한 지 한 달 만에 무너지고 만다.

청나라의 탄생,
안정과 팽창의 이중주

명나라의 멸망과 청나라의 순천부 입성은 고난의 끝이 아니라 시작이었다. 청나라가 장악한 옛 명나라 영토는 소빙기로 인해 척박해져 있었고, 남부와 해안지대에는 명나라 잔존 세력이 여전히 세력을 떨쳤다. 국경 밖에서도 위협이 커지고 있었으니, 몽골 서부와 중앙아시아에서는 몽골계 유목민 준가르Dzungar가 세력을 키우며 준가르제국을 세우고 있었다.

한편 17세기 러시아는 예로페이 하바로프가 지휘하는 원정대를 파견해 아무르강, 즉 헤이룽강黑龍江 일대까지 진출했다. 러시아가 더 남하하면 청나라의 발원지인 만주까지 위험에 빠질 수 있었다. 이에 따라 청나라는 내부 체제의 안정뿐만 아니라, 북방에서의 외부 압력에도 효과적으로 대처해야 하는 상황에 직면했다. 하지만 청나라는 과거 중국 북부를 지배했던 그들의 시조 금나라, 그리고 중국 전역과 몽골을 아우른 원나라(몽골제국)보다 훨씬 체계적이고 안정된 통치 체제를 구축했다. 인구의 절대다수를 차지한 한족을 제도적으로 차별했던 원나라와 달리, 청나라는 몽골인 우대정책 그리고 변발과 호복 같은 만주족 풍습을 강요하는 강압적 정책을 시행하면서도 한족은 물론 영토 내 다양한 소수민족을 제도와 문화 속으로 포섭하는 데 성공했다.

청나라의 통치구조인 팔기제八旗制는 만주족이 세운 청나라가

4 예로페이 하바로프 동상, 러시아 하바롭스크

하바로프의 이름을 딴 하바롭스크는 당시 카자크 탐험가들의 주요 군사 기지였으며, 19세기
들어와 대도시로 발전하며 1958년에 하바롭스크 개항 100주년을 맞이해 시내 한가운데 그의
동상을 세웠다.

중국 대륙을 300년 가까이 통치할 수 있었던 원동력이었다. 본래
서로 다른 색과 모양의 깃발로 부족이나 군대 등을 구분하던 만주
족의 군사·행정제도였던 팔기제는, 한족과 각지의 소수민족은 물
론 전쟁 포로로 편입된 러시아인과 베트남인까지 청나라의 구성
원으로 흡수하는 장치로 기능했다. 이를 통해 청나라는 다양한 민
족이 어우러지는 다원제국의 기틀을 확고히 다졌다.[21]

청나라 조정은 체제 안정을 위해 유교와 도교 등 한족의 전통

사상과 문화도 적극 활용했다. 그 대표적 사례가 관우關羽[*] 숭배 사상이다. 관우는 이미 당·송대부터 충절의 상징으로 신격화된 인물이었다. 청나라는 관우의 충절을 강조함으로써 한족의 충심을 이끌어 내는 한편, 이민족과 맞서 싸운 민족적 영웅으로 존경받던 악비岳飛[**] 숭배의 영향력을 완화하려 했다.[22]

나선정벌, 러시아의 남진 저지

17세기 중·후반 청나라는 명나라 잔존 세력을 완전히 토벌했을 뿐 아니라, 러시아의 남진을 저지하는 데도 성공했다. 이 과정에서 청나라는 조선에 병력 지원을 요구했고 조선 조정이 이를 수용하면서 이른바 나선정벌羅禪征伐[***]이 이루어진다. 청나라는 러시아와 수십 년에 걸친 국경 분쟁 끝에 1689년 네르친스크조약을 체결하며 양국의 국경 문제를 매듭지었다. 중국사에서도 손꼽히는 성군으로 평가받는 강희제康熙帝 치세 재위(1662~1722)에 일어난 일이었다.

　청나라의 내우외환을 매듭지은 강희제 그리고 후계자 옹정제雍

....

[*]　　중국 삼국시대 촉한의 무장(?~219). 장비, 유비와 의형제를 맺고 적벽대전에서 조조의 군대를 격파하는 등 많은 공을 세웠다. 뒤에 위나라와 오나라의 동맹군에게 패한 뒤 살해되었다.

[**]　　중국 남송南宋의 무장(1103~41). 금나라와 끝까지 싸울 것을 주장하다가 재상 진회秦檜의 참소로 옥사했다.

[***]　　'나선'이란 러시아의 음차로, 17세기 조선의 조총 부대가 청나라의 요청으로 러시아 남하를 저지하기 위해 벌인 군사 작전이다. 1654년과 1658년 두 차례, 당시 헤이룽강 일대까지 세력을 확장한 러시아군과 충돌하는 청나라군을 도와 압도적 승리를 거두었다.

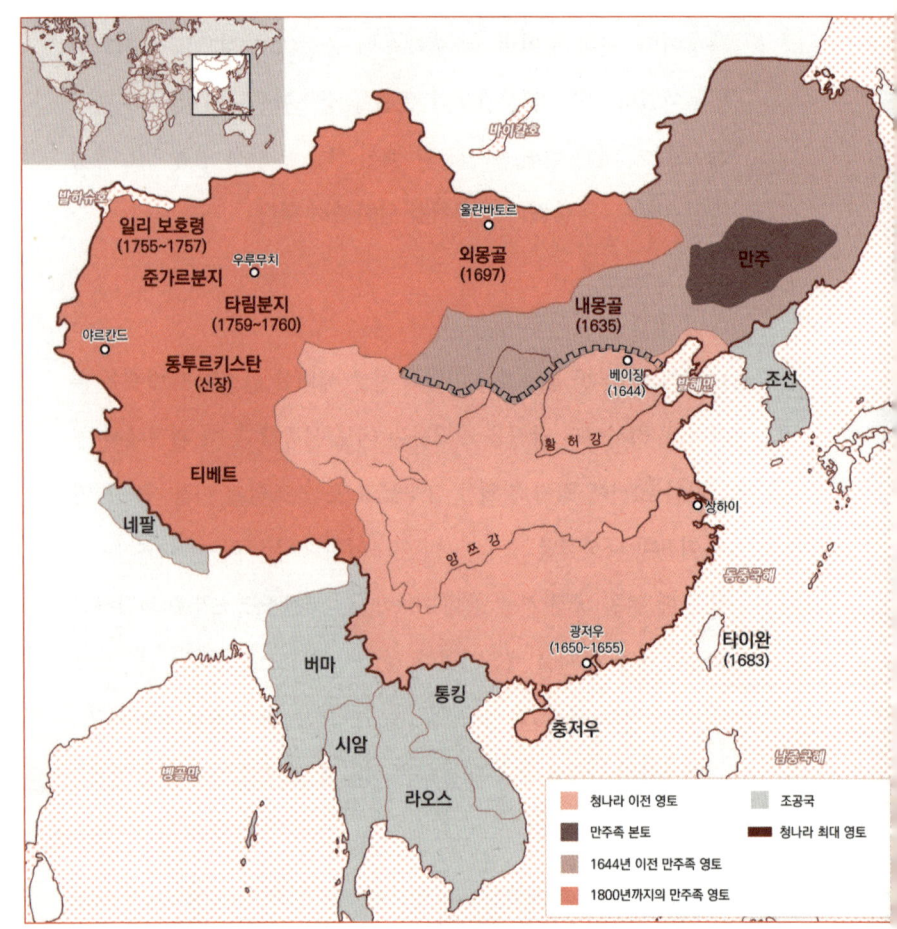

밤하슈호

일리 보호령
(1755~1757)
준가르분지
우루무치
타림분지
(1759~1760)
아르칸드
동투르키스탄
(신장)

바이칼호

울란바토르

외몽골
(1697)

내몽골
(1635)

만주

티베트

황 허 강

베이징
(1644)

발해만

조선

네팔

양 쯔 강

상하이

버마

통킹

광저우
(1650~1655)

동중국해

타이완
(1683)

시암

충저우

벵골만

라오스

남중국해

청나라 이전 영토	조공국
만주족 본토	청나라 최대 영토
1644년 이전 만주족 영토	
1800년까지의 만주족 영토	

5 청나라의 최대 영토

17세기 초반 랴오둥반도의 후금에서 비롯한 청나라는 명나라 잔존 세력을 청산하고 러시아 남진을 저지하며, 강희제부터 건륭제 재위기에 대대적으로 영토를 확장하였다. 나아가 체계적으로 제도를 정비하고 제국 내부까지 결속하여, 오늘날 중국 영토와 국가의 직접적인 토대를 완성한다.

正帝(재위 1722~35)와 건륭제乾隆帝(재위 1735~96)는 내실 있는 국가경영을 통해 정치적·경제적 안정과 번영을 이끌었다. 이들은 법령을 정비하는 한편 학문과 문화예술의 진흥에도 많은 성과를 거두었다. 무엇보다 이 시기 청나라는 한족, 특히 유학자 등 지식인과 지배층으로부터 일정 부분 정통성을 인정받으며 '오랑캐 정복왕조'를 넘어 중원의 세계제국으로 자리매김했다.[23]

건륭제는 대규모 대외 원정을 성공적으로 이끌어 유라시아 내륙의 위협이었던 준가르를 멸망시키고 서북쪽 내륙 방면으로 광대한 영토를 새롭게 얻었다.* 이렇게 확장된 영토는 명나라의 두 배에 이를 만큼 넓어졌다. 그러면서 청나라는 오랫동안 중국의 통제 밖에 있었을 뿐 아니라 역대 왕조에 위협이 되기도 했던 중앙아시아 영역까지 중국 영토로 포섭하는 데 성공했다. 위구르족을 비롯해 이들 영역에 살던 여러 민족 집단은 오늘날까지 중국 내 소수민족으로서의 정체성과 지위를 유지하고 있다. 동시에 이 영역은 엄연히 현대 중국의 영토이기도 하다. 이처럼 기후변화 속에서 전개된 명·청 교체는 단순한 왕조 교체나 영토 팽창을 넘어, 중국이라는 영역에 질적 변화를 가져오고 현대 중국 영토의 기초를 마련한 사건이었다.

....

* 예로부터 서역西域이라는 이름으로 알려진 이 지역은 건륭제 이후 '새로운 강토'라는 뜻의 신장新疆으로 불리기 시작했다. 타림분지를 위시한 중국 서북부 일대를 가리키며, 구도는 우루무치이고 주민 과반수가 위구르인으로 오늘날 신장 웨이우얼(위구르) 자치구로 이른다.

병자호란,
조선의 소중화 사상을 키우다

명·청 교체기의 소용돌이 속에서 조선은 병자호란이라는 미증유의 국난을 겪었다. 임진왜란이 끝난 지 반세기 만에 국토가 다시 전란에 휩싸인 셈이다. 청나라는 명나라와의 대치가 길어지자 지정학적으로 고립시킬 방법을 모색했고, 그 결과 일어난 청군의 조선 침공이 병자호란이었다. 병자호란의 배경에는 소빙기라는 기후변화도 일정 부분 자리 잡고 있었다. 전쟁이 장기화되고 지배 영토가 확대되면서 청나라는 안정적인 식량 확보가 절실해졌다. 그 과정에서 주요 식량 공급처였던 조선을 굴복시킬 필요성이 매우 커진 상태였다.[24]

조선은 청나라의 침공을 어느 정도 예상하고 대비도 해 두었다. 통념과 달리 조선군이 처음부터 청군을 상대로 제대로 싸우지 못한 것은 아니었다. 일부 연구에 따르면, 조선군은 산악 지형의 이점을 활용하고 조총 부대를 능숙하게 운용해 기병 중심의 청군에 상당한 손실을 입히며 선전한 것으로 보인다.[25]

하지만 조선의 대청 방어대책에는 구조적 한계가 뚜렷했다. 임진왜란에 이어 인조반정 그리고 이괄의 난* 등 국난이 이어진 데다, 소빙기까지 겹치며 국력은 크게 소모되었다. 특히 이괄의 난은 대청 방어전략에 큰 타격을 주었다. 개마고원과 태백산맥이 넓게 펼쳐진 한반도 북부의 지형 특성상 중국 세력의 침입은 평안도를 따라 이루어질 수밖에 없었다. 귀주대첩과 살수대첩에서 보듯 평안도는 한반도 대중 방어의 핵심 거점이자 군사지리적 요충지였다. 그러나 이괄의 난으로 이 지역이 크게 황폐해지고 방어 병력, 특히 기병 전력의 손실이 극심해지면서 대청 방어전략에 사실상 커다란 공백이 생겼다.[26] 이는 임진왜란 당시 이순신의 수군이 남해의 제해권을 장악했던 상황과 비교해도 훨씬 불리한 여건이었다.

그 결과 평안도에서 청군을 저지한 뒤 강화도로 천도하고, 지방의 근왕군과 연계해 청군을 격파한다는 조선의 대청 방어전략[27]은 애초부터 어그러질 수밖에 없었다. 평안도 방어선이 무력화되고 강화도마저 청군에 함락되자, 인조는 조정 신료들과 중앙군 병력을 이끌고 급히 남한산성으로 피신했다. 남한산성은 장기전을 위한 준비가 충분하지 않았고, 병력 또한 청군에 비해 열세였다. 고립된 상황에서 근왕군과의 연계도 제대로 이루어지지 못했다. 개전 두 달 만인 1637년 2월 24일 인조가 청나라에 항복하면서 병자호란은 조선의 패배로 끝난다.

임진왜란은 적어도 조선의 승리로 끝났기에, 그 과정에서 일어난 파괴와 살육과는 별개로 '국난의 극복'으로 평가될 소지가 다분하다. 반면 병자호란은 명백한 조선의 패배였다. 인조는 당시 서

....

* 1624년(조선 인조 2년)에 이괄이 주동해 일으킨 반란. 인조반정 때 공을 세운 이괄이 논공에서 우대받지 못하고 평안 부원수로 좌천되자 이에 불만을 품고 난을 일으켰다가, 반란이 실패하자 일부가 후금(後金)으로 도망해 국내의 불안한 정세를 알리며 남침을 종용했는데, 이것이 1627년(인조 5년) 정묘호란의 원인이 되었다.

울과 남한산성을 잇는 나루터였던 삼전도(오늘날 서울특별시 송파구 송파동)에서 청태종에게 세 번 엎드려 절하고 아홉 번 머리를 조아리는 삼배두고구례三拜九叩頭禮를 행하며 굴욕적인 항복 의식을 치러야 했다. 또한 소현세자와 봉림대군(훗날의 효종)을 청나라에 볼모로 보내야 했고, 수많은 조선인이 포로로 끌려가 노예에 가까운 처지에서 학대와 착취를 겪었다. 임진왜란에 비해 병자호란이 역사교육에서 상대적으로 적게 다루어지는 이유도 '국난의 극복'과 '굴욕'이라는 서로 다른 결과 때문이 아닌가 싶다.

명·청 교체와는 달리 병자호란은 조선의 멸망이나 자주권 상실로 이어지지 않았다. 청나라의 주된 목표가 조선의 완전한 복속이 아니라 명나라 정벌에 있었기 때문이다. 또한 반농 반유목 민족이었던 만주족과 민족성도 유사하고 인구밀도도 낮았던 몽골과 달리, 조선은 군사적 승리만으로 쉽게 지배하거나 복종을 이끌어 낼 만한 영역이 아니었다. 청나라는 기동전을 통해 인조의 항복을 받아냈지만, 조선을 멸망시키거나 완전히 속국화하려면 국력과 군사력이 크게 소모되고, 자칫 대명 전선마저 흔들릴 위험이 있었다.

명·청 교체 이후 조선은 청나라와 우호관계를 유지하며 교류를 이어 갔고, 청나라 중심의 '천하'를 인정하고 그 구성원이 되었다. 그러나 조선-청 관계는 조선-명 관계와는 성격에서 적지 않은 차이를 보였다. 조선은 현실적 필요에 따라 청과 조공책봉 관계를 맺었지만, 사대부들은 끝내 청나라를 유교문화와 천하의 종주국으로 받아들이기를 거부했다. 그 결과 조선 지식인 사이에서는 유교 질서의 정통인 중화中華가 명나라에서 조선으로 옮겨 왔다는 조선중화, 또는 소중화小中華 사상이 널리 확산되었다.

조선중화 사상은 사실 명나라 후기부터 조선 유학자 사이에서 점차 형성되고 있었다. 명나라에서 양명학陽明學*이 확산되며 성리학을 대체해 가자, 이를 경계한 조선의 성리학자들은 중화의 정통이 조선으로 옮겨 왔다는 인식을 갖기 시작했다.[28] 게다가 병자호란과 삼전도의 굴욕은 조선중화 사상을 한층 강화하는 계기가 되었다. 물론 조선중화 사상은 어디까지나 전근대적이고 중국 중심적인 관념론이지, 현대적 자주성을 강조하는 민족주의와는 거리가 있다. 실제로 이러한 소중화 사상이 19세기 조선의 근대화를 제약한 원인으로 작용했다는 견해도 있다.[29]

그렇다고 소중화 사상을 단지 '문약한' 조선 사대부의 자기 위안이나 사대주의로만 치부하기는 어렵다. 그로 인해 조선 지식인들의 관심사는 중국이 아닌 '중화가 이동해 온 영역'인 조선 땅, 즉 한반도로 옮겨 가기 시작했다. 이는 청나라와의 교류를 통해 수입된 다양한 문물 및 사상과 맞물리며, 한반도 중심의 지리학·역사학 연구를 포함한 실학**과 진경산수화***로 대표되는 조선 후기(17~18세기)의 자주적 문화 발달과 국력 신장에 일정 부분 이바

....

* 　성리학이 이론에만 치우쳐 실천력을 잃어가던 명나라 중기, 왕수인(왕양명)이 "복잡하게 따지기보다 선한 마음에 따라 즉시 행동하라"는 태도를 강조하며 정립한 유학의 혁신적 갈래다.

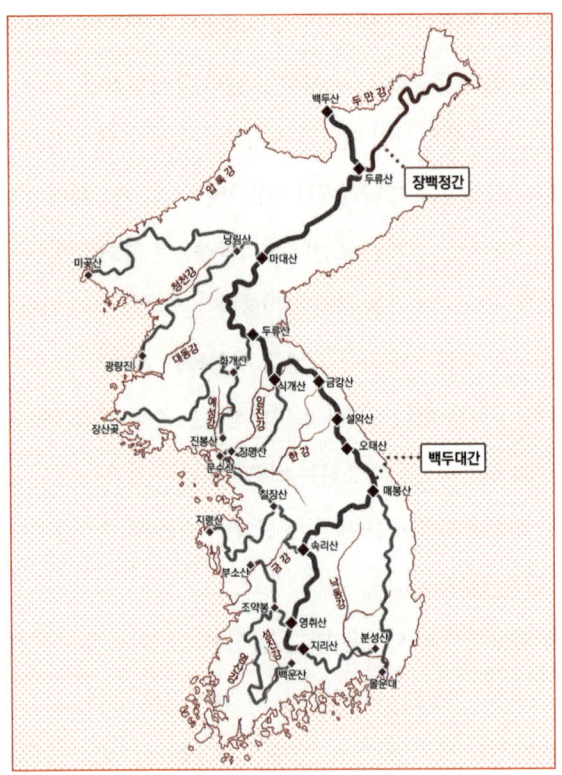

6 백두대간, 《산경표》, 1769년

'백두대간'으로 잘 알려진 1대간 1정간 13정맥 체계는 조선 후기 실학자 신경준이 지리서 《산경표山經表》를 통해 정리한 한반도의 산맥 분류 체계다. 조선 후기 지식인들이 한반도라는 영역이 지닌 독자적인 특성에 많은 관심을 기울였음을 보여주는 대표적 사례다.

1대간 백두대간(백두산—두류산—금강산—설악산—오대산—태백산—속리산—덕유산—지리산)

1정간 장백정간(원산—서수리곶산)

13정맥 청북정맥(마대산—미곶산), 청남정맥(낭림산—광량진), 해서정맥(두류산—장산곶), 임진북예성남정맥(화개산—진봉산), 한북정맥(식개산—장명산), 낙동정맥(매봉산—물운대), 한남금북정맥(속리산—칠장산), 한남정맥(칠장산—문수산), 금북정맥(칠장산—지령산), 금남호남정맥(영취산—조약봉), 금남정맥(조약봉—부소산), 호남정맥(조약봉—백운산), 낙남정맥(지리산—분성산)

10대 강 두만강, 압록강, 청천강, 대동강, 예성강, 임진강, 한강, 금강, 낙동강, 섬진강

지했다.[30] 그러면서 조선은 천하라는 다분히 유교 중심적이고 중국 중심적이었던 영역으로부터, 중국과 한층 차별화되는 문화 영역으로 변모하고 발전해 갔다. 요컨대 선사시대부터 중국과 일본 등 주변 지역과 긴밀히 연결되면서도 이들과 차별화되는 영역이었던 한반도가 명·청 교체 과정에서 일어난 병자호란과 그 산물인 조선중화 사상의 영향을 받으며 결과적으로 고유한 영역성이 더욱 강해졌다고 해석할 수 있다.

경신대기근, 위기에 다진 한반도 고유의 영역

동아시아 소빙기는 명나라뿐 아니라 조선에도 막심한 피해를 안겼다. 임진왜란 시기 시작된 소빙기는 전쟁에 더해 기근까지 불러왔고, 이후에도 식량난은 쉽게 해소되지 않았다. 특히 병자호란

....

** 　조선에서도 형이상학적 논쟁에 파묻힌 성리학을 비판하며, 일부 지식인들이 실사구시(사실에 토대를 두어 진리를 탐구함)와 경세치용(학문은 세상을 다스리는 데 실질적으로 쓰여야 함)을 내세워 개혁을 추구한 배경 학문. 《목민심서》를 쓴 정약용, 《열하일기》를 쓴 박지원, 〈대동여지도〉를 제작한 김정호 등이 대표적 실학자다.

*** 　성리학의 본산 명나라가 멸망하자 조선 지식인에겐 유교 문화의 중심을 지켜야 한다는 생각이 싹텄고, 이는 한반도 중심 사고로 이어졌다. 가상의 이상적 세계를 그리던 중국식 화풍에서 벗어나, 겸재 정선 같은 화가들이 금강산과 인왕산 등 조선의 산천을 발로 뛰며 '진경산수화'를 그리기 시작한 배경이다.

이후 조선은 청나라가 옛 명나라 영토를 완전히 장악한 1645년 무렵까지 상당한 양의 곡물을 공급해야 했다. 하지만 병자호란의 피해를 수습하던 17세기 후반, 그보다 더욱 심각한 저온 현상이 한반도 전역을 강타하며 조선 역사상 최악의 대기근이 발생한다. 1670년 경술년과 1671년 신해년에 걸쳐 일어난 경신대기근이다.*

경신대기근이 한반도를 휩쓴 두 해에는 한여름에 눈과 서리가 내리는 등 이상기후가 잇따르며 농업이 초토화되었고, 저온 속에서 전염병까지 확산되었다. 이미 17세기 내내 반복된 저온 현상과 기근에 더해 인조반정, 이괄의 난, 병자호란 등 전란까지 겹친 상황에서 일어난 경신대기근은 조선에 치명적인 타격을 안겼다. 극심한 식량난과 전염병 속에서 양반과 왕족까지 굶주림과 질병을 피하지 못했다. 두 해 동안 조선 전체 인구의 11~14퍼센트, 약 140만 명이 목숨을 잃었다.[31] 당대의 기록에 따르면 경신대기근은 임진왜란과 병자호란을 뛰어넘는 끔찍한 재난으로 전해진다.[32] 대기근은 여기에서 끝나지 않았다. 1695년 을해년부터 1696년 병자년까지 이어진 을병대기근에서는 조선 인구 전체의 25~33퍼센트, 약 400만 명에 이르는 희생자가 발생한 것으로 여겨진다.[33]

경신대기근의 피해가 심각했음에도 조선이 붕괴하거나 분열하

....

* 　경신대기근(1670~71)과 을병대기근(1695~96)이 곧바로 조선의 멸망으로 이어지진 않았다. 하지만 이상저온과 서리, 폭우와 홍수, 병충해와 전염병 유행 등의 기후변동으로 조선 후기부터 생존과 실리를 중요히 여기는 풍조가 퍼졌고, 이는 신분 질서가 무너지고 상업이 발달하는 사회 변화를 가속하였다.

지는 않았다. 조정은 대규모 인명 피해를 완전히 막지는 못했지만, 각지에 구휼소를 세워 병자를 치료하고 가용 자원으로 식량을 최대한 배급하며 민생 안정을 위해 힘썼다.[34] 심지어 을병대기근 시기에는 식량난을 해결하기 위해, 지배층 양반 사이에서 만연해 있던 청나라(오랑캐)에 대한 적개심과 무시에도 불구하고 청나라로부터 곡물을 지원받기도 했다.[35]

한편 소빙기가 불러온 대기근은 조선, 즉 한국의 영역을 한층 더 분명히 다듬어 놓기도 했다. 저온 현상으로 방한복 수요가 증가한 데다 조선의 특산물이자 주요 수출품이던 산삼의 개체 수가 크게 줄어들자, 조선인들은 산삼과 모피를 구하려고 국경을 넘어 만주로 향했다. 이 과정에서 청나라와의 국경분쟁도 잦아졌다. 결국 이를 수습하기 위해 1712년 백두산정계비가 세워진다.[36] 추위와 굶주림, 경제난이 한국과 중국 간의 경계를 한층 분명하게 만든 셈이었다.

오늘날 우리가 한국 고유의 문화로 여기는 요소 가운데에도 17세기 소빙기 대기근의 영향을 받은 것이 적지 않다. 한 예로 온돌은 이미 삼국시대부터 한반도에서 사용되어 왔지만, 조선 전기까지만 해도 하층민의 주거방식으로 여겨졌다. 왕족과 양반 등 상류층은 화로를 두고 탁자와 침상을 사용하는 입식 생활을 했다. 그러나 17세기 이상저온 현상이 이어지면서 보온에 유리한 온돌은 양반은 물론 국왕의 침소에까지 사용되었다.[37] 한마디로 '한국적인 주거생활'을 떠올리게 하는 온돌과 좌식 문화는 17세기 소빙기가 만들어 낸 산물이라는 측면도 있는 셈이다. 아울러 기근과 전염병 대유행에 따른 구휼 비용을 마련하기 위해 정부가 동전을 대량으로 주조하면서 화폐유통이 확대되었고, 이는 조선 후기 상업과 상품경제의 발달에도 일정 부분 영향을 주었다.[38]

3장

쇄국과 개항 사이, 교류가 있었다

19세기 중·후반까지 한중일 3국이 쇄국정책을 유지해 왔다는 인식은 널리 퍼져 있다. 실제로 여러 학술서와 논문에서도 조선과 청나라, 에도막부가 서구에 의해 강제 개항되기 전까지 쇄국정책을 이어 왔다고 설명한다. 조선이 쇄국정책을 고수한 탓에 근대화의 흐름에서 뒤처졌고, 결국 일본의 식민지로 전락했다는 인식도 한국인들 사이에 있는 듯하다.

'개항'이라는 용어가 시사하듯, 19세기 중·후반 이전까지 한중일 3국은 영역 밖 세력, 특히 서구와 자유롭게 교류하거나 무역하지 않았다. 에도막부는 막부의 허가 없이 서양인과 접촉하는 일을 엄격히 금지했고, 전국시대에 유입된 가톨릭 신앙도 혹독한 탄압을 받았다. 청나라 역시 명나라의 해금정책을 계승해 대외 교류를 엄격히 통제했다. 1793년 영국 정부가 보낸 매카트니 사절단*의 외교관계 수립과 개항, 자유무역 요구를 단호히 거절한 이유도 대외 개방이 체제를 위협할 수 있다는 우려 때문이었다.

....

* 　영국이 청나라 건륭제 시대 무역 불균형을 해소하고자, 1793년 조지 매카트니 백작을 특사로 파견한 외교단이다. 동양과 서양이 처음 공식 충돌한 역사적 사건이었다.

이러한 사실이 17세기부터 19세기 초까지 한중일이 완전히 쇄국 상태에 있었음을 의미하는 건 아니다. 한중일은 국력 강화와 국제 정세 파악을 위해 서구와 제한적인 접촉과 교류를 이어 갔다. 겉으로는 쇄국정책을 유지한 듯 보였지만, 실제로는 외부 세계와 선택적 개방을 이어 간 셈이다. 이렇게 유입된 서구 문물은 한중일이라는 영역에 또 다른 변화와 발전을 가져왔다.

천자국, 선택적 개방으로 선구적 세계화를 이끌다

아편전쟁(1840) 이전의 청나라는 서구 열강으로부터 '잠자는 사자'로 불렸다고 전해진다. 이는 청나라가 서구로부터 완전히 고립된 나라가 아니었음을 보여주는 단서이기도 하다. 만약 교류와 정보가 전혀 없었다면 '잠자는 사자'라는 표현이 등장하기 어려웠을 것이다.

매카트니 사절단은 비록 의도한 목적을 달성하지는 못했지만, 당시 청나라가 서구와 교류하며 세계경제 네트워크에서 이미 중요한 위치를 차지하고 있었음을 보여준다. 애초에 청나라가 서구 세계와 완전히 고립된 상태였다면, 매카트니 사절단이 중국에 자유무역을 요청할 필요성도 희박했을 것이다.

18세기까지 세계 GDP의 3분의 1을 차지하며 최대의 경제대국으로 군림했던 청나라는 차, 비단, 도자기 등의 특산물을 서구에 높은 값으로 판매해 상당한 이익을 얻었다. 수출 대금은 16세기 세계 해상무역 네트워크를 구축한 일등공신인 은으로 지급되었다. 화폐처럼 쓰인 은정銀錠의 순도가 당시 서양 은화보다 높았다는 연구 결과[39]는 청나라의 경제력과 무역 규모를 보여준다. 실제로 1757년에서 아편전쟁이 일어난 1840년까지 해상무역 세관인 해관海關의 연평균 세수는 45만 6,000냥에서 136만 5,000냥으로 두 배 이상 증가했다.[40] 즉 청나라는 철저한 쇄국의 틀에 갇힌 왕조가 아니라, 현대 자본주의가 강조하는 자유무역 방식을 시행하지 않았을 뿐 체제 안에서 잘 관리된 무역과 대외교류를 이어 온 측면이 크다.

청나라의 세계경제적 영향력은 동아시아를 넘어 한중일 스케일을 벗어난 영역에도 미쳤다. 그 대표적 사례가 미국 독립혁명의 발단이 된 보스턴 차 사건(1773)이다. 영국 동인도회사가 차 과잉 생산으로 위기에 처하자, 영국 정부는 잉여 생산분을 북아메리카 식민지에 저가로 판매하려 했다. 그런데 식민지 주민들은 이를 자신들의 상공업 활동을 방해하는 행위로 받아들였다. 이에 일부 주민들이 아메리카 원주민으로 변장해 보스턴 항에 정박한 있던 동인도회사 무역선에 난입해 선박에 실린 차 상자를 바다에 던져 버렸다. 이 보스턴 차 사건의 배경에는 중국산 차가 영국 등 서구로 대량 유입되며 차 문화가 확산한 사회적 변화가 자리 잡고 있었다. 실제로 당시 바다에 버려진 차는 모두 중국 남부에서 생산된 것이었다.[41] 즉 중국의 대외무역 확대와 차 수출 증가는 중국 스케일을 넘어 아메리카대륙의 혁명을 불러왔고, 이는 미국의 건국과 발전을 거쳐 세계사적 변화로까지 이어진 셈이다.

서구 문물을 전파한 선교사들

청나라는 비록 선택적이었으나, 서구 문물을 적극적으로 받아들인 왕조였다. 이 과정에서 예수회* 선교사가 중요한 매개자 역할을 했다. 강희제를 위시한 청나라 황제들은 예수회 선교사들을 비교적 개방적인 태도로 받아들이고, 지배 이념이나 통치 체제에 개입하지 않는다는 조건 아래 선교 활동을 허용했다. 아담 샬, 페르디난트 페르비스트 등 예수회 선교사들은 청나라 조정의 고위 관직에 임용되어 과학기술 발전에 크게 이바지했다. 청나라의 국립 천문 기관인 흠천감欽天監의 책임자였던 샬과 페르비스트는 서구 천문학을 바탕으로 기존 중국 역법을 수정한 새로운 역법인 시헌력時憲曆을 개발해 냈다. 또한 강희제는 체류 중이던 예수회 선교사들을 동원해 중국 전역은 물론 한반도까지 포함한 지도인 〈황여전람도皇輿全覽圖〉를 편찬하게 했다. 1717년 간행된 이 지도는 경도와 위도 등 서구식 지도 제작 기법을 적용한 것으로 서구의 수

....

* 　종교개혁기였던 1540년, 개신교 확산에 맞서 가톨릭교회를 지키려는 목적으로 설립된 수도회. 군인 출신 수도자인 창시자 이냐시오 데 로욜라는 엄격한 군대식 규율을 강조했고, 가톨릭 교세 유지와 확장을 위한 해외 선교에 역점을 기울였다. 16세기 중반 이후 동아시아 선교에도 큰 노력을 기울여 한중일에도 대대적인 가톨릭 전파가 이루어진다.

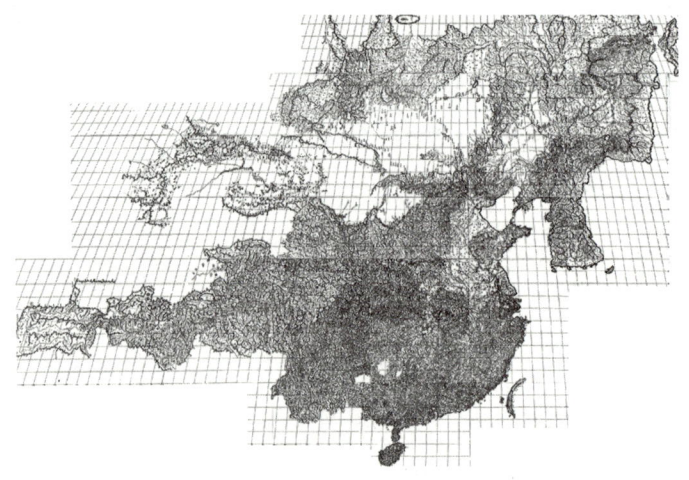

7 〈황여전람도〉, 1717년

청나라 강희제는 중국에 들어온 프랑스 출신 예수회 선교사들에게 중국의 전역 지도를 작성하라고 명령하였고, 1707년 시작된 이 작업은 1717년 〈황여전람도〉로 완성되었다. 조선은 포함되었으나 일본은 빠져 있음을 볼 수 있다. 실제 측량을 바탕으로 서양 근대 지도 제작법에 따라 작성된 이 지도는 청나라가 서학의 장점을 적극 받아들인 성과물인 셈이다.

학과 지리학을 수용한 성과였다.

강희제는 재위 말년, 가톨릭 확산이 체제를 위협할 수 있다는 우려 속에서 예수회를 비롯한 가톨릭 선교 활동을 금지했다. 하지만 이것이 중국의 완전한 쇄국을 뜻하지는 않았다. 뒤를 이은 옹정제와 건륭제 역시 통치 체제를 정비하고 영토를 확장하는 과정에서 서구와의 선택적 교류와 무역을 이어 갔다. 주세페 카스틸리오네는 강희제·옹정제·건륭제 3대에 걸쳐 활동한 이탈리아 밀라노 출신 예수회 선교사이자 궁정화가로, 청나라 전성기의 선택적 개방을 보여주는 인물이다. 그는 서구식 원근법과 명암법을 청나라 전통 화풍과 결합한 독특한 화풍을 창조해 냈다. 또한 건륭제 시기 베이징北京의 여름 별궁 원명원圓明園 안에 바로크와 로코코 건축 양식을 접목한 유럽식 정원 서양루西洋樓를 조성하는 데에도 참여했다.

청나라는 오늘날 자유무역처럼 대대적인 대외 개방은 시행하지 않았지만, 서구 문물을 선택적으로 받아들이며 부국강병과 문화 발전을 도모했다. 그 과정에서 사회와 문화 전반에 점진적인 변화와 성장이 이어졌다. 이는 청나라가 18세기까지 세계 최대의 경제 대국으로 자리 잡는 기반이 되었다.

선택적 고립?
한반도 입지의 한계 속에서

우리나라가 '근대화의 물결'에 뒤처진 채 일제의 식민지로 전락한 원인을 '공리공론과 당쟁만 일삼고 쇄국정책에서 벗어나지 못한 조선왕조와 지배층의 무능'에서 찾는 시각도 적지 않다.[42] 또한 17세기~19세기 초까지 청나라와 일본에 비해 조선이 대외 개방에 소극적이었던 듯 보이기도 한다. 하지만 한반도는 중국 대륙과 일본 열도에 둘러싸인 지리적 조건 때문에 서구 세력이 항로를 통해 접근하기에 상대적으로 불리했다. 이로 인해 서구 세력과 직접 접촉할 기회가 상대적으로 제한적이었던 것이다.

물론 조선이 서구와의 교류를 완전히 차단한 것은 아니었다. 비록 청나라를 통한 간접적 경로가 중심이었지만, 서구 문물은 꾸준히 조선에 유입되었다. 1631년 명나라에 사신으로 파견된 정두언의 행보는 중국을 통한 서구 문물 수용의 선구적인 사례를 보여준다. 그는 명나라에서 천리경千里鏡, 자명종, 홍이포紅夷砲와 같은 서구식 기계와 무기를 들여왔을 뿐 아니라,《직방외기職方外記》,《서양국풍속기西洋國風俗記》,《천문도天文圖》,《홍이포제본紅夷砲題本》등 서구 과학기술 관련 서적도 구해 조선으로 가져왔다.

17~18세기 조선은 사실 청나라와 일본에 비해 서구와의 직접적인 접점이 작았다. 서구 세력과 직접 접촉한 계기는 나선정벌, 조선에 귀화해 박연으로 개명한 네덜란드인 얀 야너스 벨테브레이, 그리고 조선에 표착했다가 훗날 본국으로 돌아간《하멜 표류기》의 주인공 헨드릭 하멜 등을 들 수 있다.

당시 조선은 현실적인 외교전략 속에서 청나라 및 일본과의 교류를 이어 갔다. 재조보은이나 소중화 사상 등 강한 반청 의식이 있었음에도 청나라와는 조공무역을 유지했고, 에도막부 성립 이후에는 막부의 요청에 따라 일본과의 통신사** 외교도 계속되었

....

*   조선 후기 1653년 일본으로 가던 도중 심한 풍랑을 만난 네덜란드 무역선 선원 64명 중 36명이 제주에 상륙했다가 13년 28일 동안 억류되었는데, 이후 탈출에 성공한 귀국선의 서기 헨드릭 하멜이 억류 생활 동안 보고 듣고 느낀 사실을 기록한 책이다.

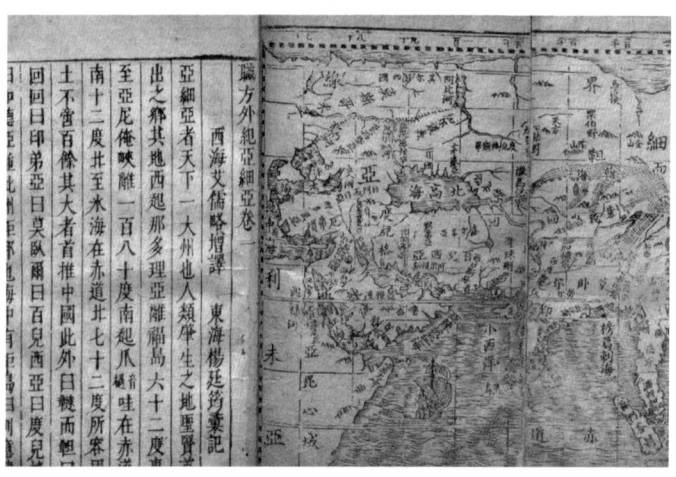

8 《직방외기》, 1623년

명나라 만력제의 명령으로 시작되어 이탈리아 예수회 학자들이 저술한 세계 지도첩으로, 조선에는 1631년 정두원에 의해 소개되었다. 일본에는 에도시대에 소개되었지만, 기독교 저작물로 금지되었다가 1720년경 이후에야 보급되었다. 서양의 최신 지리 지식을 바탕으로 동양에는 낯설었던 세계 오대주의 정보를 전달하며 중국 중심 세계관을 바꾸는 데 이바지했다.

다. 임진왜란을 일으킨 도요토미 정권이 이미 몰락한 데다, 병자호란을 겪은 조선으로서는 유사시 의지할 동맹국이 절실했으며 에도막부가 조선을 상국으로 받들겠다는 조건까지 제시했으니 따지고 보면 당연한 결과였다. 결론적으로 16세기부터 19세기 초반까

·······

** 조선 통신사는 임진왜란 이후 17~19세기에 조선 국왕이 일본 쇼군에게 보낸 대규모 공식 외교 사절단이다. 국교 재개와 평화 정착, 납치된 조선인을 데려오는 것이 주요 목적이었다. 유학, 서적, 도자기 기술 등 선진 문물을 전달하며 민간 교류도 활성화했다.

지 한중일 스케일에서 조선은 명나라 천하와는 다른 방식으로 실리를 추구하며 대외 교류를 이어 간 나라였다고 볼 수 있다.

그러는 가운데 일본보다 비교적 서구에 문호를 넓게 개방했던 청나라를 통해 서구의 문물과 과학기술이 조선에도 유입되었다. 이를 계기로 청나라의 선진 문물을 받아들여 낙후된 조선의 경제와 사회를 개혁하려는 움직임이 지배층과 지식인 사이에서 나타난다. 그 중심에는 유수원, 홍대용, 박지원, 박제가, 유득공, 이덕무 등 북학파 실학자들이 있었다. 이들은 특히 상공업의 진흥과 이를 뒷받침할 교통 인프라의 구축과 개선을 강조했다. 그뿐만이 아니었다. 청나라에 다녀온 사신들과 통신사들, 그리고 청나라 및 일본과의 무역을 통해 안경, 망원경, 자명종, 서양화 등 서구 물품도 꾸준히 유입되었다.[43] 그 결과 18세기 중·후반에는 청나라를 통해 전해진 서양 과학기술에 대한 관심이 조선 지식인과 지배층 사이에 널리 퍼졌다.[44]

정조 재위기(1776~1800)에는 서구 문물의 유입이 일정한 성과로 이어지기도 했다. 그 대표적 사례가 수원 화성이다. 북학파의 영향을 받은 정약용이 설계와 축성을 주도한 이 성은 청나라를 통해 들어온 거중기 등 서양식 기술과 건축기계, 건축기법을 활용해 건설되었다. 또한 정약용은 정조가 설치한 왕실 도서관 규장각에 소장된 청나라와 서양의 과학기술서를 참고했다. 이러한 성과는 정조가 서양 과학기술에 관심을 기울이고, 이를 국정에 일부 반영한 결과이기도 했다.

9 수원 화성, 1794~96년

조선 정조 시기 정약용이 설계와 축성을 주도한 이 성은 당시 청나라를 거쳐 유입된 거중기와
같은 신기술을 도입했다는 점에서 건축적으로 높은 평가를 받는다. 기존 성곽의 문제점을 극복
하고 우리나라에 적합한 독특한 양식을 갖추어, 동서양 과학기술의 교류를 보여주는 중요한
증거로서 유네스코 세계유산으로 지정되었다.

    다만 이러한 변화가 조선의 근본적 체제 혁신이나 본격적인 근
대화로 이어지지는 못했다. 흔히 '개혁군주'로 평가되는 정조였지
만, 그의 목표는 어디까지나 조선 체제 유지와 왕권 강화에 있었
다. 정조 재위기에는 천주교 박해가 일어났고, 성리학에 기반한 체
제의 유지에 국력이 집중되었다. 그 결과 서양 과학기술 수용은
일정한 성과에도 불구하고, 조선의 본격적 근대화나 서구화를 앞
당기기에는 뚜렷한 한계를 드러냈다.[45]

    요컨대 조선 후기의 서구 문물과 과학기술 수용은 청나라와 일

본을 거친 간접적 방식으로 이루어졌으며, 기존 체제 안에서 유용한 기술만을 선별적으로 받아들이는 모습이었다. 이러한 수용은 조선 사회를 근본적으로 바꾸지는 못했지만, 어느 정도 변화를 가져왔음은 분명하다. 또한 북학파를 비롯해 서구 문물과 과학기술 수용에 적극적이었던 인물들의 노력은 훗날 조선의 개화사상 형성에 중요한 밑거름이 되었다.

에도막부의 근대화를 앞당긴
선택적 줄타기

1637년 에도막부의 신앙 금지 조치에 반발한 가톨릭교도 그리고 에도막부와의 전쟁과 정쟁에서 패배해 숙청되거나 몰락한 무사들이 합세하면서 시마바라島原(일본 나가사키현 소재)에서 반란이 일어난다. 이후 일본에서는 가톨릭 신앙이 철저히 금지된다. 이는 무역 이익과 조총 등 무기 확보를 위해 에스파냐 무역상은 물론 가톨릭 선교사와의 접촉을 마다하지 않았고, 일부 다이묘가 직접 개종까지 했던 전국시대 말기와는 사뭇 다른 모습이었다. 에도막부는 인간의 평등을 중시하는 가톨릭의 교리를 정권 질서를 위협하는 사상으로 여겼고, 시마바라의 난은 그러한 우려가 현실화될 수 있음을 보여주는 사건이었다.

철저히 탄압받은 가쿠레키리시탄

에도막부 초기 센다이仙臺(오늘날 일본 미야기현의 현청소재지로, 에도시대에는 미야기현 전역을 센다이라 불렀다)의 다이묘 다테 마사무네伊達政宗는 에도막부 체제가 아직 완전히 뿌리 내리지 못한 틈을 타 에스파냐와 교황청과의 연합을 모색하며, 에도막부를 타도할 목적으로 유럽에 사절단을 파견했다. 그러나 사절단이 돌아오기도 전 에도막부 체제가 완전히 자리를 잡음으로써, 즉 구 도요토미 세력이 완전히 제거되자 다테는 계획을 완전히 포기하고 체제에 순응하는 길을 택했다. 일본 통일 이후 체제 안정을 도모하던 에도막부에게 가톨릭교회는 더 이상 활용 가능한 세력이 아니라, 통제해야 할 반체제 세력일 뿐이었다. 지하로 숨어든 가톨릭 신자들은 불교 신앙으로 위장한 채 구전으로 신앙생활을 몰래 이어 갔고, 가쿠레키리시탄隱れキリシタン(숨은 그리스도교인이라는 뜻)이라 불렸다. 이들은 메이지유신 이후 세상 밖으로 나왔지만 200년이 넘는 세월 동안 교리가 크게 달라진 로마 가톨릭교회와 끝내 동화하지 못했다.

한편 에도막부가 완전히 금지한 대상은 가톨릭 신앙이었지 서구 세력과의 교류와 교역은 아니었다. 물론 다이묘와 민간인, 민간 집단의 대외 접촉과 무역은 엄격히 통제했다. 하지만 정권 유지와 이익 창출을 위해서는 무역을 통한 수익 확보, 필요한 서구 문물의 수용, 그리고 국제 정세에 관한 정보 파악이 불가피했다.

때마침 유럽에서는 개신교를 신봉한 상공업 신흥 강자 네덜란드가 에스파냐로부터 독립을 선포하고 원양무역에 본격적으로 진출하고 있었다. 포르투갈로부터 인도네시아를 빼앗은 네덜란드(정확히는 네덜란드 동인도회사)는 아시아 무역로의 독점을 노리며, 어떠한 선교 활동도 하지 않는다는 조건 아래 에도막부에 독점적 교역권을 요구했다. 에도막부는 네덜란드의 요청을 수락했고, 이로써 일본의 선택적 대서양 교역은 두 세기가 넘도록 이어졌다.

인공섬 데지마에 꽃피운 난학

일본과 네덜란드의 교역은 규슈 서쪽 끝 항구도시 나가사키_{長崎} 앞바다에 조성된 인공섬 데지마_{出島}에서 이루어졌다. 네덜란드 무역상에게 필요한 인력인 관료와 상공인, 노동자는 물론 유녀_{遊女}(기생)까지 머물렀던 데지마는 에도시대 일본의 선택적 대외 교역과 개방을 상징하는 공간이었다. 에도막부는 관계자 외 일본인의 출입을 철저히 통제한 이곳을 통해 네덜란드로부터 필요한 정보와 기술과 문물만을 받아들이는 한편, 체제를 위협할 수 있는 그리스도교의 유입은 차단하려 했다.

시마바라의 난 이후 1853년 미국 해군 동인도함대 사령관 매슈 페리가 일본의 개항을 강요할 때까지, 서구에서 유입된 요소가 에도막부의 체제에 큰 위기를 불러온 적은 없었다. 이런 점에서 데지마를 통해 필요한 외부 요소만 선택적으로 받아들이고, 위협 요소를 차단하려 했던 에도막부의 정책은 상당히 성공적이었다고 평가할 수 있다.

10 나가사키만 데지마의 모습

전경 한가운데 보이는 부채꼴 모양의 인공섬이 에도시대 쇄국정책 속에서도 유일하게 서양(네덜란드)과의 교역이 허용되었던 데지마 무역항이다. 일본이 네덜란드 상인들과의 교류만 허락한 이유는 무역이 주 관심사이지 전도가 목적이 아니었기 때문이라고 한다. 1630년대 나가사키만 풍경을 묘사한 병풍을 1836년 카와하라 케이가가 복원했다.

　　하지만 데지마를 통해 유입된 서구, 특히 네덜란드의 지식과 학문, 기술은 단순히 에도막부의 정치적·경제적 이익에만 머물지 않았다. 네덜란드 상인들을 통해 전파된 서양 학문과 과학기술은 일본 지식층 사이로 퍼져 나갔고, 난학蘭學이라는 새로운 학풍이 창조되는 결과로 이어졌다. 난학이라는 명칭은 네덜란드를 한자로 화란和蘭(네덜란드의 중심부인 홀란트주의 음차 표현)이라 표기한 데서 유래했다. 난학에 관심을 보인 일본 학자들은 네덜란드어를 배우고 관련 서적을 번역했으며, 18세기에는 난학을 가르치는 교육기관인 난학숙蘭學塾이 일본 각지에 세워졌다.

서양 학문인 난학의 유행은 일본의 사상과 학문에 상당한 영향력을 행사했다. 비록 에도막부라는 강고한 체제 안에서 이루어진 변화와 발전이었지만, 서구 과학기술의 유입은 일본 학문과 과학기술에도 큰 변화와 발전을 가져왔다. 특히 의학 분야에서 그 영향이 두드러졌다. 해부학을 중심으로 한 서구 의학이 전해지면서, 중국 의학이 주류였던 일본 의학은 새로운 발전을 맞이했다. 이밖에도 수학, 천문학, 지리학, 군사학 등 다양한 학문과 과학기술 분야에 난학이 퍼지며, 일본의 학문과 사상 및 과학기술은 양적으로나 질적으로 큰 변화를 겪었다.

이처럼 겉으로는 쇄국정책을 유지하는 듯 보였지만, 에도시대 일본의 지식사회에서는 난학이 확산되며 서구의 지식과 기술, 학문과 사상을 수용할 지적 기반이 형성되고 있었다. 일본 각지에 세워진 난학숙이 훗날 메이지유신 시기 근대화를 주도한 공간적 기반이 되었다는 사실은 이와 절대로 무관하지 않다. 훗날 미국 함대가 일본에 개국을 강요했을 때, 막부와 서구 세력을 타도하고 왕실(천황)을 복위하려던 존왕양이尊王攘夷 세력 역시 서구 문물과 과학기술의 우수성은 인정했다. 이러한 인식의 바탕에는 난학이 있었고, 이는 메이지시대 근대화로 이어지는 중요한 배경이 되었다.[46] 일본 근대화의 토대가 된 난학은, 에도막부의 선택적 개방을 상징하는 데지마에서 싹텄다고 해도 지나친 말은 아니다.

2부

**'근대화'라는 이름으로
제국의 각축장이 되다**

4장

무역 불균형이 초래한 비열한 참극, 아편전쟁

1840년 일어난 아편전쟁은 중국 중심의 천하라는 한중일 세계관을 완전히 흔들어 놓았다. 천자국이었던 청나라가 '서양 오랑캐' 영국에 무력하게 완패했으니 말이다. 이 사건을 계기로 한중일의 지도자들과 선각자들은 중국이 더 이상 천하, 즉 세계의 중심이 아니라는 사실, 그리고 그보다 훨씬 부강한 서구 국가들이 존재한다는 현실을 분명히 깨닫기 시작했다.

조선과 청나라, 일본은 강력한 서구 제국주의 열강의 침투라는 현실을 인식하고, 서구 문물을 받아들이며 근대화를 위한 노력에 박차를 가했다. 그러나 세 나라의 운명은 서로 다른 방향으로 나아갔다. 조선과 청나라는 근대화와 부국강병을 위한 숱한 노력에도 불구하고 외세의 침략에 시달리며 쇠락해 갔다. 반면 서구 열강의 침입을 피해 갈 수 있는 지리적 입지조건을 지녔던 일본은, 이를 바탕으로 근대화와 산업화를 차근차근 진행하며 아시아에서 유일한 제국주의 열강으로 거듭났다. 그러면서 한중일은 천하라는 질서를 완전히 벗어나 '근대화'의 물결 속에서 '근대 동아시아'의 지정학적 질서로 재편되었다.

천자국은 어쩌다
서양 오랑캐에 완패하였나?

―――

16세기 후반 에스파냐의 은 유입, 나선정벌, 실학, 일본의 데지마 교역에서 볼 수 있듯이 한중일은 이미 18세기 이전부터 서구 세계와 연결되어 있었다. 또한 17세기 명·청 교체 이후 비록 명나라의 천하와는 질적으로 상당 부분 달라졌지만, 여전히 청나라를 중심으로 한 천하라는 전근대 세계의 지정학적 질서 속에 있었다.

아편전쟁은 천하의 중심이던 천자국 청나라가 '서양 오랑캐'에 무너졌다는 점에서 한중일 지배층과 지식인 사이에 거대한 파문과 충격을 불러왔다. 그러나 그 여파는 단순한 충격에 그치지 않았다. 아편전쟁에서 패배한 청나라는 서구 세력을 '선택적으로 걸러내고 받아들일' 능력을 상실했고, 이는 중국 중심 동아시아의 전근대적 지정학 질서와 국제관계를 근본적으로 붕괴시키는 계기가 되었다.

무역수지 적자를 만회할 제국의 술수

19세기 초 영국은 산업혁명을 선도하고 나폴레옹전쟁*에서 승리하며 유럽 최강국으로 자리매김했을 뿐 아니라, 해외 식민지를 꾸

....

* 　영국은 1805년 트라팔가해전에서 프랑스-스페인 연합함대에 대승한 후 1815년 워털루 전투에서 나폴레옹 부대를 격파하기까지, 프랑스와 대적한 일명 나폴레옹전쟁에서 연승하면서 이후 100여 년 동안 해상 패권을 장악하고 세계 최강국으로 우뚝 선다.

준히 확장하며 세계적 강국으로 성장해 갔다. 그런 영국에게 청나라는 눈엣가시와도 같은 존재였다. 영국 내 경제성장과 함께 차, 비단, 도자기 등 중국산 재화의 수요가 늘어났지만, 청나라는 영국의 자유무역 요구를 수용하지 않았다. 그러다 보니 영국의 대청 무역수지 적자는 날이 갈수록 커졌다. 영국은 중국산 사치품의 대가로 은을 지불했고, 수입이 늘어날수록 무역적자와 함께 귀금속 은의 유출도 확대되는 악순환이 심화되었다.

영국으로서는 대청 무역적자를 해소하는 일이 시급했다. 매카트니 사절단의 파견도 바로 이러한 배경에서 이루어졌다. 하지만 청나라 조정은 매카트니 사절단의 요구를 단호히 거절했고, 영국 역시 동아시아의 대국을 상대로 전쟁을 벌이는 일은 부담이 매우 크며 승산도 희박하다고 판단했다. 당시 청나라는 막대한 인구를 바탕으로 수공업 제품을 대량 생산하고 있었고, 그 결과 산업혁명이 막 궤도에 오른 영국의 공산품은 청나라 시장에서 큰 경쟁력을 갖기 어려웠다. 심지어 영국이 청나라에 수출하던 인도산 면직물도 청나라산 면직물 생산량이 증가하면서 가격 경쟁력을 잃어가고 있었다.

이러한 상황에서 영국 정부가 내놓은 묘책은 아편의 대청 밀수출이었다. 아편은 당시 마취제로도 쓰였지만, 강한 중독성과 환각작용 때문에 이미 서구에서는 위험한 약물로 여겨지고 있었다. 마침 영국은 아편의 주요 산지인 인도를 차례로 식민지화하며, 인도 대부분을 속국이나 식민지로 삼아 가던 터였다. 인도에서 생산한

아편을 청나라에 밀수출하여 아편 중독자가 급증하면 그 대가로
은이 지불되어 사치품 수입으로 빠져나간 은을 상당 부분을 회수
할 수 있다고 본 것이다.

'천하'의 소멸을 알린 신호탄, 백년국치의 시작

영국은 18세기 후반부터 청나라에 아편을 밀수출하기 시작했고,
얼마 지나지 않아 청나라 전역에서 아편 중독이 빠른 속도로 확산
해 갔다. 사태의 심각성을 인지한 청나라 조정은 1799년 아편 금
지령을 내리고 강력한 단속에 나섰지만, 별다른 성과를 거두지 못
했다. 이 시기 국가 기강이 해이해지면서 한족 비밀결사인 백련교
도의 난[*](1796~1805)이 일어났고, 영국이 막대한 자금을 투입해
조직적으로 아편 밀수출을 주도하자 단속은 더욱 어려워졌다. 제
8대 황제 도광제道光帝 재위기(1820~50)에 이르러 아편 문제는 감
당하기 어려울 만큼 심각해졌고, 청나라 조정은 1838년 청백리로
명성이 높던 임칙서林則徐를 흠차대신으로 임명해 아편 밀수의 주
요 통로였던 광둥성에 파견했다. 임칙서는 영국 마약상을 상대로
무력까지 동원해 단속한 끝에, 2만 상자가 넘는 막대한 양의 아편
을 압수해 전량 폐기했다.

....

[*]   백련교는 중국 송나라 시기부터 내려온 민간 불교의 일종이다. '미륵불이 내려와 고
통받는 세상을 구원하고 새로운 세상을 연다'는 신앙이 당시 어지럽던 청나라 상황과 맞물려
널리 확산한 데다가, 정부가 대대적 소탕 작전을 벌이니 생존 위기에 몰린 교도들이 조직적
으로 저항하며 사태가 커졌다.

11 아편을 흡연하는 청나라 사람들 모습

18세기 후반 영국에서 밀수출된 아편은 청나라를 빠른 속도로 잠식하였고, 1799년 청나라 조정
은 아편 금지령을 내리고 대대적 단속에 나섰지만, 별다른 성과를 거두지 못했다. 영국은 이를 빌
미로 아편전쟁까지 일으켰으며, 중국은 전쟁이 끝난 뒤에도 수십 년이 넘도록 경제와 사회에 심
각한 타격을 입었다.

　영국의 대청 아편 밀수출은 당시의 기준에서도 지극히 비윤리
적인 행위였으며, 영국 내부에서도 이를 비판하는 목소리가 나올
정도였다. 하지만 1839년 영국 의회는 사유재산(아편)과 자유무
역(아편 밀무역) 침해에 대한 응분의 조치를 명분으로 내세워 결국
중국과의 전쟁을 결의했다. 찬성 271표 대 반대 262표, 불과 9표
차의 접전이었다. 이로써 1839년 아편전쟁이 시작되었다.
　아편전쟁에서 영국은 약 2만 명의 병력을, 청나라는 20만 명에
달하는 병력을 투입했다. 하지만 전력과 달리 청군은 연이어 패했

12 〈네메시스〉, 에드워드 던컨, 1843년경

제1차 아편전쟁(1839~42) 당시 영국 동인도회사 소속 철갑 증기함 네메시스호가 청나라 목조 범선 함대를 격파하는 장면이다. 천자국 청나라가 영국군에 패배한 이 전쟁으로 인해 중국은 서구 열강을 비롯한 외부 세력의 유입을 선택적으로 걸러낼 역량을 상실했고, 그 결과 한중일도 차례로 새로운 지정학 질서의 쓰나미에 내몰렸다.

다. 무엇보다 결정적 요인은 해군력의 차이였다. 영국군은 증기기관 철갑함에 최신형 함포를 탑재하고, 근대적 지휘통솔 체계와 군사교리에 따라 육해군과 해병대를 유기적으로 운용했다. 반면 청나라 수군은 구식 화포를 탑재한 목조 범선에 의존했고, 지휘통솔 체계와 군사교리는 뒤처져 있었으며 군 기강마저 크게 흔들렸다. 1842년 영국군이 난징南京을 봉쇄하자, 청나라는 더 이상 전쟁을 이어 갈 수 없었고 결국 항복했다. 그 결과 체결된 난징조약으로 청나라는 홍콩을 영국에 할양하고, 광저우廣州·샤먼·푸저우·

닝보·상하이의 다섯 항구를 개방했으며, 서구 열강에 자유무역을 허용하고 영국에 막대한 전쟁 배상금을 지불해야 했다. 이른바 '백년국치百年國恥'의 막이 올랐다.

천자국 청나라가 영국군에 참패한 아편전쟁은 중국을 중심으로 하는 천하 체제에 돌이킬 수 없는 거대한 균열을 남겼다. 이로써 청나라는 서구 열강을 비롯한 외부 세력의 유입을 선택적으로 걸러낼 역량을 상실했다. 난징조약은 영국뿐만 아니라 프랑스, 러시아, 독일 등 중국과 동아시아 진출을 노리던 서구 제국주의 열강이 중국에 개항을 강요하고 동아시아로의 침략을 본격화하는 결정적인 계기가 되었다. 그와 함께 중국은 물론, 이미 흔들리기 시작한 천하라는 전근대적 지정학 질서에 속해 있던 한중일 세 영역이 제국주의와 근대화라는 새로운 지정학 질서 속으로 내몰리기 시작하는 것은 당연한 수순이었다.

《해국도지》, 지리서 100권이 열어젖힌 세계관 대전환

천하의 중심이던 청나라가 영국과의 전쟁에서 맥없이 패배했다는 사실은 한중일 세계를 큰 충격에 빠뜨렸다. 한중일의 지배층과 지식인 사이에서는 세계의 중심이 더 이상 중국이 아니며, 지금까지 인식해 온 것보다 훨씬 강대한 서구 세계가 존재한다는 자각이

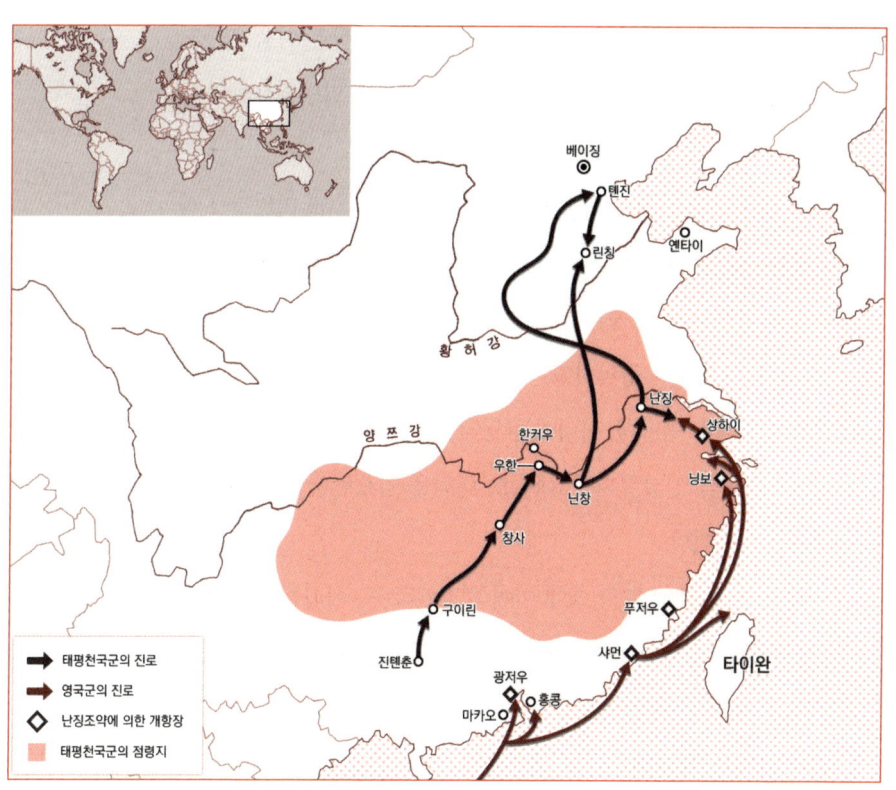

13 태평천국군과 영국군의 이동 경로

멸만흥한을 내세운 태평천국 세력은 만주족의 영향력이 비교적 약했던 중남부 대부분을 장악

하는 위세를 떨쳤다. 초기에는 중립을 표방했던 영국은 상하이 조계지(외국인 거주지)와 무역

이권이 위협받자, 이곳을 중심으로 1860년대 초부터 적극 개입하여 청나라 정부 편에서 태평

천국군을 진압하는 데에 핵심적 역할을 했다.

확산되어 갔다.

아편전쟁의 패배는 만주족 지배층의 권위에도 큰 타격을 주었다. 두 세기 가까이 지배를 받아 온 한족들의 저항은 더욱 거세졌고, 그 결과 태평천국운동(1851~64)이 일어났다. 멸만흥한滅滿興漢, 즉 만주족을 몰아내고 한족을 부흥시키자는 구호 아래 일어난 한족 부흥 운동은 그리스도교 교리를 차용한 신흥종교 비밀결사 배상제회拜上帝會*의 지도자 홍수전洪秀全이 주도했다. 만주족의 영향력이 비교적 약했던 중국 남부에서 세력을 키운 태평천국은 한때 중·남부 대부분을 장악하고, 청나라 남부의 중심지 난징까지 점령하며 위세를 떨쳤다. 청나라는 영국군의 지원을 받아 간신히 태평천국운동을 진압했지만, 대규모 내란을 겪으면서 국력 소모는 더욱 심각해졌다.

물론 청나라는 아편전쟁에 이어 태평천국운동이라는 큰 위기를 겪었지만 하루아침에 무너지지는 않았다. 조선왕조와 에도막부 역시 아편전쟁 이후에도 각각 70년, 30년가량 존속했다. 하지만 패전과 강제 개항뿐 아니라 내전까지 겪은 청나라는 물론, 조선과 일본의 지배층과 식자층 사이에서는 아편전쟁이 남긴 충격과 위기의식은 점점 퍼져 갔다.

....

* 　배상제회는 '상제(하느님)를 숭배하는 모임'이라는 뜻으로, 서양 기독교 사상을 중국식으로 재해석한 특징을 지닌다. 태평천국운동의 심장부로서, 모든 인간은 상제의 자녀로 동등한 형제자매라는 평등사상을 내세워 민심을 얻었고, 만주족을 멸하고 한족의 나라를 세우자는 민족주의를 결합해 세력을 키웠다.

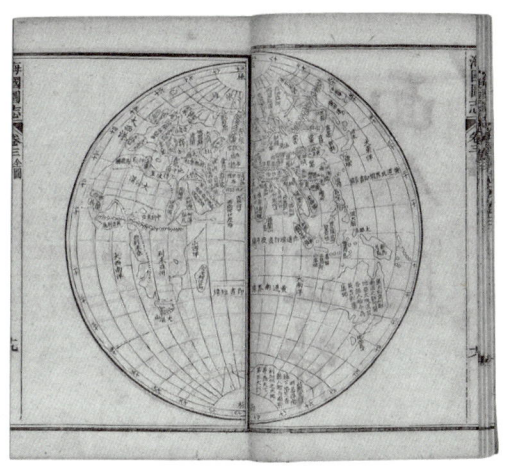

14 《해국도지》, 1842년

청나라 학자 위원이 지은 세계 지리서로 세계 각국의 지세, 산업, 인구, 정치, 종교 등 다방면에
걸쳐 서술하였다. 1844년 중국에서 초간본 출간 이후 조선에는 1845년, 일본에는 1950년대에
전해졌다. 한중일의 선택적 교류 속에 반쯤 미지로 남아 있던 외부 세계를 소상하고 상세히
전하며, 혁명적인 세계관의 대전환을 불러온 중요한 자료였다.

    이러한 충격을 더욱 증폭시킨 것은 청나라 학자 위원魏源이 편
찬한 세계 지리서 《해국도지海國圖志》였다. 이 책은 청나라가 아편
전쟁에 패한 1842년에 편찬이 시작되어 1844년 초간본 50권이
간행되었고, 1852년에는 100권짜리 증보판이 나왔다. 세계 각국
의 지리뿐 아니라 역사, 정치, 사회, 문화, 경제까지 폭넓게 다루
고 있다. 오늘날의 기준에서 보면 정교하게 편찬된 백과사전에 가
까운 책이지만, 당시 한중일 세계에서 여전히 반쯤 미지로 남아
있던 외부 세계를 구체적이고 생생히 전하며, 세계관의 대전환을

불러온 중요한 자료였다.[47] 아편전쟁이 국력과 군사력, 과학기술의 측면에서 천하 질서에 회복 불가능한 균열을 낸 사건이었다면, 《해국도지》는 지식과 세계관의 측면에서 천하라는 관념에 사실상의 사형선고를 내린 계기였다고 볼 수 있다. 《해국도지》 간행 이후 청나라에서 서양 연구가 활발해지고, 《영환지략瀛環志略》(1848) 등 세계 지리서가 잇따라 간행된 사실[48]은, 《해국도지》가 불러온 인식의 전환과 영향력을 잘 보여준다.

《해국도지》는 초판 간행 이듬해인 1845년, 청나라에 외교사절로 다녀온 권대긍에 의해 조선에 전해졌다. 이후 사대부 계층에 필독서처럼 보급되며 외부 세계에 대한 견문을 넓히는 데 결정적인 역할을 했다.[49] 개화파의 선구자로 평가되는 최한기의 학문적 활동은 《해국도지》가 조선 지식층과 개화파에 미친 영향을 잘 보여준다. 그는 《직방외기》, 《영환지략》, 정약용의 《지구도설地球圖說》, 신유한의 일본 기행문 《해유록海遊錄》 등을 참고하고 《해국도지》의 내용을 바탕으로 세계 지리서 《지구전요地球典要》(1857)를 저술했다. 《지구전요》는 조선 지식층의 세계인식을 새롭게 바꾸고 개화사상의 형성에도 중요한 영향을 주었다.[50] 이 책은 '쇄국'이라는 통념과 달리, 이미 1850년대 조선 지식층이 서구 세계를 상당한 수준으로 인식하고 있었음을 보여준다. 또한 다른 참고문헌들이 17~18세기에 저술되었음을 고려하면, 《해국도지》가 얼마나 큰 영향을 주었는지가 더욱 분명해진다.

《해국도지》는 1850년대 일본에도 전해져 일본의 사상과 세계관, 정치 질서에 중대한 변화를 불러왔다. 한 예로 에도시대 말기에 활동하며 메이지유신에도 직접적인 영향을 미친 난학자 요시다 쇼인吉田松陰, 사상가이자 교육자 요코이 쇼난橫井小楠, 도사土佐(오늘날 일본 고치현) 출신 정치가 요시다 도요吉田東洋 등은《해국도지》를 접한 뒤 개혁 지향적인 사상과 정책을 발전시켜 나갔다.[51] 이들의 문하생이거나 그 영향을 강하게 받은 인물들은 훗날 메이지유신을 주도한 이른바 '유신지사惟新志士'로 성장했다. 에도시대부터 서구 세계와 선택적으로 교류하며 난학을 발전시켜 온 일본의 상황을 고려하면,《해국도지》는 일본 지식인들의 세계관에도 혁명적인 변화를 일으키며 메이지유신의 토대를 마련한 저작으로 평가할 수 있다.

5장

지리적 입지가 갈라놓은 19세기 한중일 근대화의 다중스케일

아편전쟁 이후 한중일 세 영역은 서구 세력의 대대적인 진출과 침략에 직면할 수밖에 없었다. 산업혁명과 산업자본주의를 바탕으로 압도적 경제력, 기술력, 군사력을 얻은 제국주의 열강은 세계 각지에서 식민지 쟁탈전을 벌이고 있었다. 이는 산업자본주의를 유지하는 데 필요한 값싼 원료를 공급받고(착취하고), 본국에서 생산한 공산품을 판매할 시장을 마련하기 위해 해외 식민지가 필요했기 때문이다. 이미 아프리카와 인도, 동남아시아에 광대한 식민지를 확보한 서구 열강이 아편전쟁 이후 동아시아로 진출한 것은 자연스러운 흐름이었다.

서구 열강의 침략은 주로 서쪽에서 이루어졌고, 그들은 자국의 이익을 충족할 자원과 이권을 원했다. 한중일은 서로 다른 지리적 입지조건을 지니고 있었기에 제국주의 열강의 접근성이 달랐고, 따라서 접근하는 관점과 방식 또한 달라질 수밖에 없었다. 나아가 지리적 입지조건 차이라는 제국주의 세계 스케일의 요인 및 환경은, 각국 내부의 정치적·지정학적 상황이라는 국가 스케일 요인 및 환경과 맞물리며 한중일 근대화의 양상과 성패에 중요한 영향력을 미쳤다. 한마디로 한중일 근대화의 성패는 다중스케일의 지리적 입지조건과 환경에 지대한 영향을 받으며 서로 다른 방향으로 나타났다.

'잠자는 사자'에서 '동아시아의 환자'로 전락한 대륙

매카트니 사절단이 청나라 조정에 자유무역을 요구한 까닭은 무엇일까? 영국을 비롯한 서양 국가들이 얻을 수 있는 자원과 재화가 중국에 매우 풍부했기 때문이다. 비단과 차, 도자기 같은 중국산 물품은 오래전부터 서구에서 귀하게 여겨졌고, 보스턴 차 사건과 아편전쟁에서 알 수 있듯이 18~19세기에는 중국 상품에 대한 수요도 크게 늘어났다. 서구 열강 입장에서 청나라, 특히 무역에 유리한 해안지대는 막대한 이익을 기대할 수 있는 매력적인 땅일 수밖에 없었다.

서구 열강이 탐낸 남중국해와 만주

제국주의 시대의 지정학적 질서는 서구 열강이 청나라에 간섭하고 침공할 이유를 더해 주었다. 19세기 중·후반 서구 열강은 인도를 넘어 천연자원이 풍부하고 인구가 많은 동남아시아로 침략의 방향을 돌리고 있었다. 중국의 중·남부 해안지대는 남중국해를 통해 이 지역과 맞닿아 있어, 제국주의 열강이 침략하기에 유리한 지리적 조건을 갖추고 있었다. 여기에 프랑스가 세력을 확대하던 인도차이나반도의 베트남은 전통적으로 청나라를 비롯한 중국의 여러 왕조와 조공책봉 외교관계를 맺어 온 지역이었다. 이로써 청나라와 서구 열강의 충돌은 피하기 어려운 흐름이 되었다.

아편전쟁 이후에도 청나라와 영국, 프랑스 사이의 충돌은 계속되었다. 영국은 청나라에 무역 확대와 아편 합법화를 강요했고, 이는 제2차 아편전쟁(1856~60)으로 이어졌다. 한편 베트남을 침략해 차례로 보호령과 식민지로 편입하던 프랑스는 베트남을 완전히 지배하기 위해 명목상 그 종주국이던 청나라와 전쟁을 벌였다. 이것이 청프전쟁(1884~85)이다.

청나라는 이 전쟁에서 모두 패배했다. 쇠락해 가는 가운데 마지막까지 영향력을 유지하던 베트남마저 완전히 프랑스의 보호령으로 넘어가자, 청나라의 지정학적 가능성은 더한층 위축되었다. 사실 청나라는 이미 18세기 말부터 쇠퇴의 조짐을 보이고 있었다. 내부 부패, 한족의 이반, 건륭제 시기의 무리한 대외 원정에 따른 재정난이 누적되고 있었기 때문이다. 여기에 아편전쟁과 이후 서구 열강과의 연이은 전쟁, 그리고 태평천국운동까지 겹치면서 몰락은 돌이킬 수 없는 단계로 접어들었다.

청나라 북쪽 만주 일대는 또 다른 제국주의 열강인 러시아의 위협에 정면으로 노출되었다. 청나라 건국 초기부터 이미 국경분쟁을 겪어 온 러시아는 19세기 중앙아시아 대부분을 새 영토로 획득하며, 영국과 세계 패권을 다투는 강대국으로 대두해 있었다.

19세기 초반부터 러일전쟁까지 영국과 러시아가 벌인 이 패권 다툼을 그레이트 게임Great Game*이라 부른다.

러시아가 쇠퇴한 오스만제국을 압박해 흑해를 장악하고 지중해로 진출하려던 시도는 크림전쟁(1853~56) 패배로 한때 좌절된다. 그러나 이후 튀르크와의 전쟁(1877~78)에서 승리해 오스만제국을 굴복시키고 그 지배 아래 있던 슬라브계 민족들을 독립시켜 우방으로 만든다. 또한 19세기 후반에 이르러서는 부동항**을 확보하고 해양세력인 영국과의 경쟁에서 우위를 차지하기 위해 동아시아와 태평양으로 진출한다. 러시아는 서구 열강과의 전쟁에서 패해 궁지에 몰린 청나라를 상대로 외교적 중재를 구실로 삼아 1858년 아무르강 이북의 영토에 이어, 1860년에는 연해주를 빼앗고, 나아가 연해주에 군항 블라디보스토크를 세워 태평양과 동아시아 진출의 거점을 마련한다.

....

*   19세기 러시아가 중앙아시아를 장악하고 인도 북쪽 국경까지 내려오자, 이에 위협을 느낀 영국이 주도한 패권 갈등이다. 세계 최강 해군력을 자랑하던 영국과 막강한 육군력을 바탕으로 남하하던 러시아의 충돌로, 이때 제국주의 강대국들이 그은 자의적 국경선은 오늘날까지도 중앙아시아와 중동 분쟁의 불씨가 되고 있다.

**   러시아는 세계에서 가장 넓은 영토를 가졌지만 해양 진출에는 최악의 조건을 지닌 나라다. 북극해는 1년 중 대부분이 얼어붙어 배가 다닐 수 없고, 발트해는 서구로 가는 통로이지만 스칸디나비아반도가 입구를 틀어쥐고 있다. 이에 얼지 않는 항구[不凍港]를 찾아 흑해와 지중해 그리고 태평양 방향 극동아시아로 끊임없이 남하를 시도하며 얼음과의 전쟁을 벌여왔다.

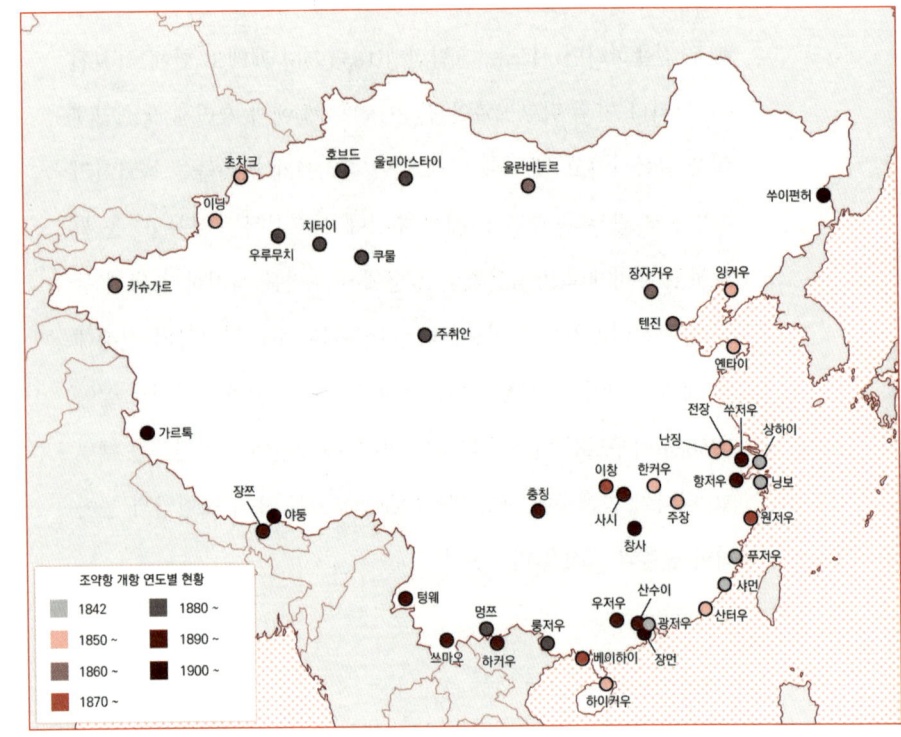

초차크
호브드
울리아스타이
울란바토르
쑤이펀허
이닝
치타이
우루무치
쿠물
카슈가르
장자커우
잉커우
톈진
옌타이
주취안
전장 쑤저우
난징 상하이
가르툭
이창 한커우 항저우 닝보
충칭 원저우
장쯔 사시 주장
야둥 창사 푸저우
샤먼
텅웨 산수이 우저우 산터우
멍쯔 룽저우 광저우 장먼
쓰마오 하커우 베이하이
하이커우

조약항 개항 연도별 현황
1842   1880 ~
1850 ~ 1890 ~
1860 ~ 1900 ~
1870 ~

15 청나라 조약항 개항 순서

청나라는 1842년 난징조약으로 광저우, 푸저우, 샤먼, 닝보, 상하이 5개 항구를 처음 개항한 후,
1858년 톈진조약과 1860년 베이징조약으로 양쯔강 연안과 북방까지 개항지가 점차 늘었다.
남동쪽 해안에서 출발해 북부와 내륙으로 확대된 개항 순서는 청의 몰락과 열강의 침탈 과정을
보여준다.

태평천국의 난 그리고 양무운동의 한계

제국주의와 그레이트 게임이라는 19세기 지정학적 흐름 속에서 청나라는 남쪽의 서유럽 열강과 북쪽의 러시아 사이에 끼인 채 침략과 이권 침탈에 시달렸다. 주요 도시와 항구에는 서구 열강의 치외법권 지대인 조계지租界地가 설치되었고, 수많은 해안과 내륙 하천의 항구는 조약항이라는 이름으로 개항을 강요당했다. 심지어 연해주마저 러시아에 넘어갔다. 한때 세계 최강국이었던 청나라는 이처럼 외세의 침탈에 시달리며, '동아병부東亞病夫', 즉 동아시아東亞의 환자病夫라는 불명예스러운 별명까지 얻게 되었다.

물론 청나라가 이러한 내우외환을 수수방관하기만 한 것은 아니었다. 태평천국의 난 진압을 주도한 이홍장李鴻章, 증국번曾國藩, 좌종당左宗棠 등 고위 관료는 1861년부터 이른바 양무洋務운동이라 불린 근대화 개혁을 추진했다. 청나라의 문화와 체제는 유지하되 서구의 우수한 과학기술, 특히 군사기술을 대대적으로 도입해 부국강병을 이루려는 시도였다.

양무운동은 나름의 성과도 거두었다. 한 예로 1871년 이홍장이 설립한 근대식 함대 북양수사北洋水師는 청나라에서도 손꼽히는 권신이었던 그의 막대한 재정 지원에 힘입어 1880~90년대 초 동아시아 최강의 해군으로 성장했다. 또한 좌종당은 1876년 신장에서 위구르족이 일으킨 반란을 진압해, 신장이 오늘날 중국 영토로 이어지는 데 결정적인 공헌을 했다.[52]

하지만 이미 부정부패와 비효율이 깊이 뿌리내린 구체제를 근본적으로 개혁하지 않은 채 서구의 물질적 요소만을 받아들인 양무운동은 그 한계가 뚜렷했다. 강력하고 값비싼 무기를 도입하는 일은 가능했을지 몰라도 전근대적 사회구조와 문화가 그대로 남아 있었기에, 산업화라든지 자본주의의 발달처럼 청나라의 체질을 완전히 근대적으로 탈바꿈할 개혁이나 혁신은 이루어지기 어려웠다. 한 예로 1890년대 청나라의 실권자였던 자희황태후慈禧皇太后, 즉 서태후西太后가 북양수사 운영자금을 포함한 해군예산을 자금성에 딸린 대규모 정원인 이화원 중건과 자신의 회갑연 개최 등에 유용하는 어처구니없는 비리를 저지를 정도였다.[53] 정치적 실권을 독점한 태후가 이처럼 전횡과 국정농단을 별다른 견제 없이 자행할 수 있었던 부패한 전근대적 체제가 그대로 유지된 현실에서 양무운동이 목적을 달성하리라 기대하기는 현실적으로 불가능에 가까웠다.

19세기 중·후반 청나라는 제국주의 열강에게 매력적인 지리적 입지조건을 지닌 나라였다. 아편전쟁 이후 서구 열강을 상대로 연전연패한 청나라는 이미 심각해진 내부 문제에 외환까지 더해지며 잠자는 사자에서 동아시아의 환자로 전락했다. 내우외환 속에서도 공고한 기득권과 구시대적 체제와 문화는 쉽게 바뀌지 않았고, 이는 청나라의 회복 가능성을 더욱 약화시켰다. 그사이 과거 천하의 변방에 있던 바다 건너 섬나라는 조용히 힘을 키우며, 무너져 가는 천자국 자리를 대신할 한중일의 새로운 주역으로 떠오를 준비를 차근차근 진행하고 있었다.

극동의 매력 적은 땅에서 성취한
섬나라의 근대화와 산업화

"참으로 작은 나라가 개화기를 맞이하려 한다."

메이지시대와 러일전쟁 시기 일본을 다룬 시바 료타로의 대하소설《언덕 위의 구름》에 나오는 문장이다. 일본 전역의 면적은 약 37만 8,000제곱킬로미터로 영국의 1.5배, 한반도의 1.4배, 남한의 4배에 이른다. 영토 대국은 아니지만 '참으로 작은' 소국이라고 부르기도 어렵다. 하지만 일본의 지리적 위치를 당시 제국주의 세계 질서와 관련지어 살펴보면, 일본은 '참으로 작은' 나라까지는 아니더라도 '참으로 외진' 나라임에는 분명했다.

일본은 아시아 북동부에 위치한 섬나라다. 동남아시아나 중국에 비해 천연자원도 풍부하지 않았다. 물론 17~18세기에는 은이 풍부했다지만 19세기 무렵에는 일본의 은도 대부분 고갈되었다. 무엇보다 산업자본주의 경제에 전력을 기울이던 제국주의 열강 입장에서는 지리적으로 가깝고 고무, 석탄, 석유, 주석 등 산업에 필수적인 자원이 풍부한 동남아시아가 훨씬 매력적인 지역이었다. 게다가 아무리 제국주의 열강의 경제력과 군사력이 막강했다 하더라도, 인도와 동남아시아를 식민화하고 중국의 이권을 침탈하는 데는 시간과 인적·물적 자원이 상당히 소요될 수밖에 없었다. 영국이나 프랑스 입장에서 일본은 침략의 우선순위 밖으로 밀려나 있었다.

일본과 지리적으로 가장 가까운 제국주의 열강은 러시아였다. 실제로 일본은 19세기 초반 바다를 통한 러시아의 침입을 겪기도 했다. 더욱이 19세기 후반 러시아는 부동항을 확보하고 그레이트 게임에서 우위를 점하기 위해 태평양 방면으로 진출하고 있었다. 세계적 강국 러시아가 본격적으로 침공할 경우, 일본은 국가 존망의 위기에 내몰릴 수밖에 없었다.

러시아는 19세기 말까지는 일본에 심각한 위협을 주지 않았다. 러시아와 일본 사이에는 만주, 즉 청나라 영토가 있었기 때문이다. 러시아 입장에서 태평양에 진출하려면 일본에 앞서, 러시아 영토와 육지로 이어진 만주 일대를 장악하는 편이 훨씬 현실적이고 효과적이었다. 19세기 중·후반에 러시아가 중국으로부터 연해주를 할양받고 만주에 세력을 투사한 까닭도 그 때문이었다. 연해주를 완전히 러시아 영토로 만들고 만주에서 러시아의 영향력을 확고히 하는 데는 당연히 많은 노력과 시간이 필요했다. 더욱이 러시아는 유럽과 아시아에 걸친 거대한 대륙 국가이고 영토의 면적만 보면 아시아 영토가 유럽 영토보다 훨씬 광대하지만, 그 중심부는 아시아가 아니라 유럽 러시아다. 그러다 보니 러시아가 동아시아에 할당할 수 있는 역량에는 한계가 따를 수밖에 없었다.

일본은 1853년 미국 해군 동인도함대 사령관 페리 제독의 무력 시위에 굴복해 서구 열강에 강압적으로 개항했다. 하지만 미국이 일본을 식민지나 속국으로 삼기에는 두 나라 사이의 거리가 너무 멀었다. 게다가 미국에서는 연방의 통합과 중앙정부의 권한을 중시하는 북부, 그리고 각 주의 독립성을 강조하는 남부 사이 갈등이 극에 달해 있었고, 이는 남북전쟁(1861~65)으로 폭발했다. 이 와중에 미국이 일본을 속국이나 식민지로 삼을 여유는 없었다. 남북전쟁의 후유증을 수습한 미국이 일본보다 훨씬 작고 동쪽에 위치한 하와이를 병합한 해는 일본이 국력을 크게 키운 1898년이었다.

침략은 없는 성공적 서구화

이렇듯 일본의 지리적 위치는 제국주의 열강이 쉽게 침략할 수 있는 곳도, 그들에게 특별히 매력적인 지역도 아니었다. 그 덕분에 일본은 에도막부가 미국을 비롯한 서구 열강의 압력에 굴복해 권위를 잃은 뒤에도 식민지나 속국으로 전락하지 않았다. 대신 오랫동안 유명무실해졌던 천황과 왕실의 권위를 되살리려는 왕정복고 운동인 메이지유신을 성공적으로 이어 갈 수 있었다.[54] 애초에 존왕양이, 즉 천황을 옹립하고 서양 오랑캐를 배척한다는 보수적 목표 아래 시작된 메이지유신은, 서구 문물이 대대적으로 들어오면서도 그들의 침략은 받지 않았던 지리적 상황 속에서 서구화와 근대화를 동시에 이끌어 냈다.

일본은 이처럼 제국주의 열강이라는 외세의 치명적 위협을 지리적 위치 덕분에 비껴갈 수 있었고, 메이지유신을 통해 에도막부라는 구체제를 무너뜨림으로써 근대화를 가로막던 제도적·문화적 장애물도 제거했다. 그 결과 일본은 1870년대 이후 빠른 속도로 근대화와 산업화를 이룩하며, 동아시아에서 유일한 근대 산업

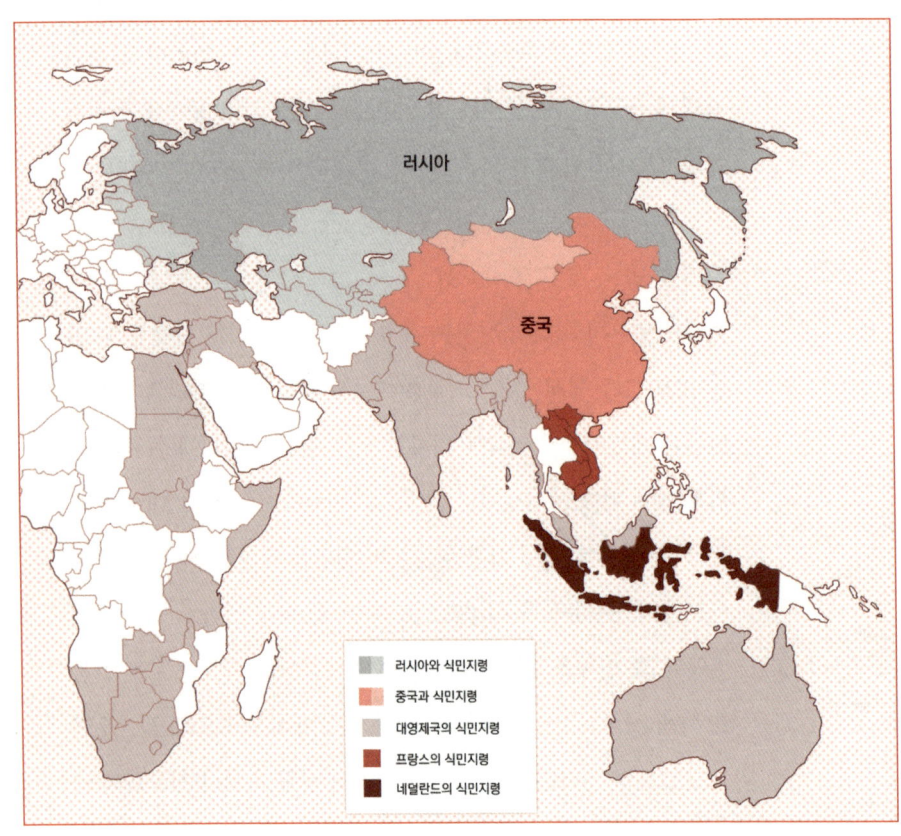

러시아

중국

러시아와 식민지령

중국과 식민지령

대영제국의 식민지령

프랑스의 식민지령

네덜란드의 식민지령

16 19세기 말 아시아 지정학

인도와 동남아시아, 청나라 남부는 유럽 열강과 미국의 침략을 받아 식민지나 조계지로 전락
했고, 러시아는 중앙아시아를 정복하고 연해주를 통해 태평양 방면으로 진출을 꾀했다. 일본은
동북아시아의 섬나라라는 지정학적 위치 덕분에 아시아 남부를 노리던 유럽 열강과 미국의 침략도,
청나라로부터 만주를 빼앗으며 태평양 방면을 노리던 러시아의 침략도 비껴갈 수 있었다.

국가이자 제국주의 열강으로 성장할 수 있었다.

한 예로 1880~90년대 일본에서는 대규모 면직물 공장이 잇따라 설립되며 영국산 면직물을 국내시장에서 거의 밀어냈다. 이어 1890년대 후반에는 조선과 청나라로 면직물을 대량 수출하는 면직물 수출국 자리에까지 올랐다.[55] 영국산 공장제 면직물이 인도의 수공업 면직물 산업을 몰락시키고 인도 경제를 영국에 종속시켜 식민지로 삼았음을 고려하면, 일본이 이처럼 단기간에 근대화와 산업화 그리고 근대 자본주의 체제로의 전환을 이룬 것은 기적에 가까운 성과였다. 그리고 일본의 공장제 면직물은 영국이 인도를 상대로 그랬던 것처럼 조선의 수공업 면직물 산업에 심각한 타격을 입혔고, 이는 조선이 결국 일제의 식민지로 전락하는 데도 큰 영향을 미쳤다.[56]

이처럼 서구 열강의 침투가 상대적으로 어려웠던 지리적 조건 속에서 추진된 일본의 근대화와 산업화는, 외적으로는 매우 빠른 성공을 거둔 듯 보였지만 내적으로는 또 다른 한계를 안고 있었다. 무엇보다도 국가의 경제력과 국력의 성장에 비해 시민계급의 성장이 제대로 이루어지지 못했다. 메이지유신은 애초에 조슈長州 (오늘날 일본 야마구치현)와 사쓰마薩摩 (오늘날 일본 가고시마현 서부)를 중심으로 하는 반反 에도막부 세력이 주도한 '위로부터의 왕정복고'였다. 이 때문에 시민혁명과 산업혁명을 거치며 산업자본주의를 발전시킨 서구 열강과 달리 시민계급의 충분한 성장을 가져오기에는 한계가 많았다. 정부 주도의 근대화와 산업화가 강력하게 추진되는 가운데 정격유착과 같은 부조리도 심각해졌고, 시민과 노동자 계급은 정치와 경제의 중심부에서 소외되어 갔다.[57] 그러다 보니 메이지유신을 통해 근대국가로 거듭난 일본은 출발부터 다분히 권위주의적이고 국가주의적인 체제와 문화를 강하게 띠게 되었다. 이는 훗날 일본은 물론 동아시아 전체가 거대한 침략전쟁의 소용돌이에 휘말리는 데에도 상당한 영향을 미치게 된다.

요충지에서 버텼으나 막지 못한 한반도의 불평등조약

19세기 조선의 지리적 입지조건은 청나라나 일본에 비하면 상대적으로 제국주의 열강의 침략이 늦어질 수 있는 환경이었다. 한반도는 동아시아의 북쪽에 자리 잡고 있고, 동쪽으로는 일본 열도가 태평양과의 사이를 가로막는 완충지대 역할을 했다. 또한 러시아가 연해주를 획득하기 전까지는 러시아와 직접 국경을 마주하지도 않았다. 물론 18세기에서 19세기 초반에 이르기까지 황당선荒唐船이라 불린 서양 선박이 한반도 근해와 해안지역에서 여러 차례 발견되었고, 이는 조선 조정과 지배층에게 서구 세력의 침략 위험성에 대한 경각심을 일깨웠다. 그러나 이러한 사건들은 서구 세력의 대규모 침략 행위로 연결되지는 않았다.

한편 19세기에 이르러 조선은 체제 내부의 모순이 본격적으로 드러나기 시작했다. 강력한 왕권 강화책을 추진하던 정조가 1800년 승하하고 어린 왕세자가 즉위(순조)하자, 안동 김씨와 풍양 조씨 등 조선의 유력 가문들이 권력을 장악하며 이른바 세도정치가 전개되었다. 왕권은 크게 약해졌고, 부정부패는 날이 갈수록 심각해져 갔다. 이러한 정치적 부조리 속에서 사회적 모순이 깊어지면서 홍경래의 난*과 같은 민란이 곳곳에서 일어났다.

　하지만 세도정치의 부조리와 잇따른 민란에도 불구하고, 강력한 중앙집권 국가였던 조선 체제가 곧바로 붕괴될 조짐을 보인 것은 아니었다.[58] 민란은 온전한 혁명으로 이어지지 못한 채 어떤 식으로든 모두 진압되었다. 이러한 정치·사회적 상황 속에서 등장한 홍선대원군은 부국강병을 내세우며, 대외적으로는 쇄국정책을 추진하고 대내적으로는 강력한 왕권 강화와 천주교 박해를 시행했다. 한편 쇄국정책을 유지하면서도 국방력 강화를 위해 서구 군사기술의 도입과 연구에도 적극적으로 나섰고, 이는 병인양요**와 신미양요***에서 조선군이 프랑스와 미국의 정예 함대와 해병대를

·······

* 　특정 가문과 지역이 권력을 독점하는 조선의 세도정치가 극에 달한 가운데, 특히 차별이 심했던 서북 지역(평안도)에서 일어난 민중 봉기. 몰락 양반, 상인, 노동자, 농민 등을 폭넓게 포섭하여 이북 8개 고을을 단숨에 점령하며 5개월 넘게 이어졌으나, 정주성 항전에서 홍경래가 전사하며 진압되었다.

** 　1866년(고종 3년)에 홍선대원군의 가톨릭 탄압(병인박해) 당시 처형된 프랑스 선교사들에 대한 보복을 명분으로 프랑스 함대가 강화도를 침범했다가 격퇴된 사건이다.

*** 　1871년(고종 8년)에 미국 군함이 강화도 해협에 침입한 사건으로, 대동강에서 불탄 제너럴셔먼호 사건을 빌미로 조선과의 통상조약을 맺고자 했으나 실패하고 물러갔다.

격퇴하는 성과로 이어지기도 했다.[59]

하지만 체제의 모순이 완전히 해결되지 않은 상황에서 철저히 조선왕조 체제의 수호를 목표로 한 흥선대원군의 개혁에는 분명한 한계가 있었다. 한 예로 흥선대원군은 일본에서 근대식 대포를 수입해 이를 복제함으로써 서구의 침공에 대비하려 했지만,[60] 우수한 대포를 충분히 확보하려는 계획을 실현하는 데는 성공하지 못했다. 조선의 공업 생산능력과 공학기술 자체가 서구는 물론 이미 근대화를 추진 중이던 일본보다도 현저히 뒤처져 있었기 때문이다. 완벽에 가까운 체제의 대변혁이 뒤따른다 하더라도 서구의 과학기술과 자본주의를 따라잡으려면 상당한 노력과 시간이 필요했는데, 조선왕조 체제의 근원적 변화가 없는 피상적인 근대화 시도로는 이러한 변혁을 이루기 어려웠다.

흥선대원군이 섭정에서 물러난 지 2년 뒤인 1875년, 조선의 군사 요지였던 강화도의 초지진과 영종도는 일본 해군의 측량선 운요雲揚호의 공격을 받아 크게 파괴되었다. 운요호는 애초에 전투 임무를 수행하기 위한 함선이 아니라 배수량 245톤에 불과한 소형 측량선이었고 탑승 병력도 20여 명 남짓이었다. 그럼에도 불과 몇 년 전 프랑스와 미국 함대의 침공까지 격퇴했던 강화도의 조선군은 제대로 대응하지 못했다. 두 차례 양요로 이미 피해가 누적된 데다, 흥선대원군 하야 이후 강화도에 충분한 국방예산이 투입되지 못하면서 한성으로 바로 이어지는 수도방위의 거점인 강화도의 방어태세가 크게 약화된 점도 중요한 원인이었다.

17 소형 목조 범선 운요호

일본은 1875년 부산 초량왜관에 1차로 운요호를 보내 통상을 앞세워 무력시위를 벌였으나
실패한 후, 2차로 강화도 초지진 앞바다에 나타나 영종도를 점령했다. 1854년 미군 함대의 무력
도발에 가나가와 조약으로 강제 개항 협정을 맺은 일본이 똑같은 수법으로 1876년 강화도조약을
체결하고 조선을 강제 개항시킨 셈이다.

　이렇듯 조선은 서구 열강의 접근로에서 상대적으로 떨어져 있
어 청나라나 일본에 비해 서구 세력의 본격적인 침투가 비교적 늦
었다. 세도정치로 인한 체제의 문란과 사회의 부조리가 심해져 가
는 가운데 민란까지 일어났지만, 조선왕조는 여전히 공고해 체제
전복이나 대대적인 혁명으로 이어지지는 않았다. 하지만 그런 가
운데 왕권과 국방력을 강화해 조선의 중흥을 꾀했던 흥선대원군
의 개혁 역시, 제국주의 세력의 대대적 침투라는 전 세계 스케일
에서 일어난 도전을 근본적으로 막아내기에는 한계가 있었다. 그

결과는 운요호사건을 계기로 일본과 체결할 수밖에 없었던 불평
등조약, 곧 조선의 개항을 강요한 강화도조약으로 이어졌다.

동북아시아 지각변동을
가져온 전쟁의 물결

아편전쟁으로 청나라의 천하는 무너졌고 이후 청나라는 서구 열강과의 전쟁에서 연패하며 이권은 물론 영토까지 빼앗겼지만, 한중일이라는 스케일에서는 여전히 종주국처럼 군림했다. 청나라는 특히 1882년, 조선의 구식 군대가 일본군 교관이 지도하는 신식 군대와의 차별에 반발해 일으킨 임오군란을 진압한 뒤, 구식 군대의 지도자 역할을 하던 홍선대원군을 납치하고 조선에 수천 명의 병력을 주둔시키며 내정간섭을 노골화했다. 이어 1884년 12월 4일 김옥균, 박영효, 서광범, 서재필 등 급진개화파 인사들이 일본 공사관의 지원 아래 민씨 일파를 몰아내고 혁신 정부를 세우고자 갑신정변을 일으키자, 청군은 이를 무력으로 진압했다. 갑신정변을 지지하던 일본 공사관은 청나라와 일본 사이의 국력 차이를 고려해 청나라와의 정면 충돌을 피하고자 갑신정변에서 손을 뗐다.

이 같은 한중일의 지정학적 구도는 급박하게 재편될 수밖에 없는 상황이었다. 일본은 근대화에 박차를 가하며 국력을 날로 키워갔고, 청나라는 양무운동을 통해 근대화를 시도했으나 그 한계가 뚜렷한 가운데 날이 갈수록 쇠퇴해 갔다. 그리고 한중일이라는 스케일 밖에서는 태평양 진출을 노리던 러시아가 만주를 넘어 한반도까지 영향력을 뻗어 오고 있었다.

청일전쟁, 청군과 일본군은 왜 한반도에서 격돌했을까?

강화도조약, 임오군란, 갑신정변 등을 거치며 조선의 정치적 혼란은 심해졌고, 근대화를 위한 노력 역시 뚜렷한 성과를 거두지 못했다. 조선은 효과적인 체제 변혁을 이루지 못한 채, 사회의 모순과 부조리는 더욱 깊어졌다. 이러한 내우외환 속에서 쌓인 불만은 결국 1894년 갑오농민전쟁, 곧 동학농민운동으로 폭발했다. 동학東學*은 19세기 후반 최제우가 창시한 종교로, 유교·불교·도교의 전통 사상을 바탕으로 하면서도 무극대도無極大道, 인내천人乃天, 시천주侍天主의 핵심 교리를 내세우며 혼란에 지친 민중의 폭넓은 지지를 얻었다.[61] 사기충천한 동학농민군은 관군을 상대로 연전연승했고, 결국 조정은 갑오농민전쟁의 근거지였던 전라도 일대에 동학농민군의 자치기구인 집강소 설치와 운영을 허가하는 타협안

....

* 서학(천주교)에 대응한다는 의미로 최제우가 창시한 한국 고유의 종교. 끝없는 영원한 진리를 뜻하는 '무극대도', 사람이 곧 하늘이라는 의미인 '인내천', 내 안에 한울님을 모신다는 뜻인 '시천주'를 신앙의 원리로 삼았으며, 새로운 세상이 열린다는 '후천개벽'을 지향하여 폭정을 제거하고 백성을 구한다는 '제폭구민'을 행동 강령으로 삼았다.

에 동의했다.

하지만 조선 조정은 동학농민운동의 성과로 등장한 집강소 개혁을 용인할 의도가 없었다. 이러한 혁명은 전제군주 정권인 조선왕조의 체제 유지를 흔들 수밖에 없었기 때문이다. 조선 조정은 상국 노릇을 하며 내정간섭을 이어 오던 청나라에 동학 농민군 토벌을 위한 군사 지원을 요청했다.

문제는 청군이 갑신정변을 진압하는 과정에서 일본과 체결한 톈진조약(1885)에 있었다. 이 조약은 앞으로 청·일 양국 가운데 한 나라가 조선에 출병할 경우 다른 한 나라도 자동으로 출병하도록 규정하고 있었다. 일본은 이를 명분으로 조선에 군대를 파견한다. 일본군은 조선 관군과 협력해 우금치전투에서 동학 농민군의 주력을 격파한 뒤, 1894년 6월 경복궁을 점령하고 조선에 개혁을 강요하는 등 극심한 내정간섭을 일삼으며 청나라와의 대립을 한층 고조시켰다. 이어 같은 해 7월 25일 일본 연합함대가 아산만 근해 풍도에 주둔하던 청나라 북양수사 소속 군함을 기습 공격하면서 청일전쟁의 막이 올랐다.

며칠 뒤 8월 1일, 일본은 청나라에 공식적으로 선전포고했다. 개전 당시 외적인 전력은 청군이 우세했다. 일본군이 24만 명이 조금 넘는 병력을 동원한 반면, 청나라는 35만 명이 넘는 병력을 투입했다. 해군력의 격차는 이보다 더욱 컸다. 북양수사의 기함이자 당대 동양 최강의 군함이라 불리던 독일제 철갑함 정원定遠함과 동급함 진원鎭遠함은 각각 배수량 7,500톤으로, 일본 연합함대의 기함인 배수량 4,500톤급 방호순양함 마쓰시마松島함보다 거의 두 배에 가까운 거대한 규모였다. 함대 전체의 전력 역시 북양수사가 일본 연합함대보다 우세했다.

하지만 질적 수준은 청군이 일본군의 상대가 되지 못했다. 아편전쟁 이후 내우외환이 이어지면서 청나라는 국력이 급격히 쇠퇴했다. 1850년 4억 3,000만 명이던 인구가 1873년에는 3억 5,000만 명으로 급감할 정도[62]였다. 가뜩이나 흔들리던 토대 위에서 추진된 양무운동은 낡은 체제를 혁신하지 못한 채, 기존 체제의 한계 안에 머무른 개혁에 그쳤다. 더욱이 서태후가 해군 군자금을 유용해 이화원 개축과 자신의 회갑연에 무단으로 사용한 사례에서 알수 있듯이, 부정부패와 국가기강 해이 역시 심각한 수준이었다. 결정적으로 청나라는 부정부패와 비효율적인 세제, 미성숙한 금융경제 구조로 인해 군비조달 능력에 중대한 결함을 안고 있었다.[63] 그 결과 청군은 지휘통솔 체계가 비효율적이고 구식이었으며, 군기도 문란했다. 훈련은 물론 무기와 장비의 유지·보수조차 제대로 이루어지지 못했다. 메이지유신 이후 체제를 일신하고 꾸준히 근대화를 추진해 온 일본과는 여건이 판이하게 달랐다.

지정학 질서를 송두리째 뒤바꾼 시모노세키조약

1894년 9월 17일 압록강 근해에서 벌어진 황해해전에서 북양수사는 세계적 자랑거리였던 기함 정원함을 비롯해 주력함 12척 가운데 5척을 잃으며 참패했다. 일본 연합함대도 기함 마쓰시마함

18 《황해해전 대승》, 고바야시 키요치카, 1894년

일본 해군이 청나라 북양수사 함대를 격파하는 장면을 그린 우키요에. 평안북도 앞바다에서 벌어져 압록강해전이라고도 부르는 이 전투에서 일본 연합함대는 주력함을 한 척도 잃지 않고 대승을 거두었다. 이후 결국 청일전쟁에서 패배한 청나라는 조선에 대한 주도권을 포기하고 한반도에서 축출되었다.

을 비롯한 주력함 몇 척이 적잖은 피해를 입었지만, 높은 훈련 수준과 사기를 바탕으로 과감한 돌진과 함포 속사사격을 감행해 북양수사에 치명타를 입혔다. 연합함대는 주력함을 단 한 척도 잃지 않았다.

북양수사 제독 정여창丁汝昌은 진원함으로 기함을 옮긴 뒤 잔존 병력을 이끌고 산둥山東성 동부의 항구도시 웨이하이威海로 철수했지만, 황해해전 이후 북양수사는 함대로서의 기능을 사실상 상실했다. 소속 군함들이 해상포대 수준으로 전락한 가운데, 개전 초부터 제해권을 확보한 일본군은 청군의 위협 없이 자유롭게 작전과 보급을 이어 갈 수 있었다.

한반도 북부와 랴오둥반도를 무대로 이어진 지상전에서도 일본군은 청군을 연파한다. 1894년 9월 15일 새벽, 일본군 1만 7,000명이 청군 1만 4,000명이 주둔한 평양성을 향해 공세를 개시한다. 청군은 일본군의 공격을 예상하고 독일제 대포를 배치하는 등 비교적 치밀하게 대비하고 있었다. 하지만 청군은 일본군에 비해 지휘체계가 크게 뒤떨어지고 문란했으며, 훈련 수준까지 낮아 독일제 대포와 같은 신무기의 성능조차 제대로 발휘하지 못했다. 이튿날 아침 일본군이 평양성에 입성하면서 전투는 일본군의 승리로 끝났다. 청군의 사상자가 5,000~6,000명에 달한 반면, 일본군 사상자는 약 500명에 그쳤다. 이 전투로 청군은 한반도에서 축출된다.

평양을 손에 넣은 일본군은 청나라로 진격한다. 일본 해군이 황해의 제해권을 완전히 장악한 가운데, 오야마 이와오大山巖가 지휘하는 일본 육군 제2군은 10월 하순 랴오둥반도의 항구도시 뤼순旅順에 상륙해 하루 만에 이곳을 점령한다. 이어 야마가타 아리토모山縣有朋 휘하의 제1군도 한반도에서 북상해 랴오둥반도로 진격한다. 겨울 동안 추위와 청군의 저항에 부딪히지만, 1895년 1~2월 일본군은 랴오둥반도 전역을 장악한다. 이후 진로를 산둥반도로 돌려 2월에는 웨이하이까지 점령한다. 패전을 수습하지 못한 정여창은 책임을 지고 음독자살하고, 진원함을 비롯한 북양수사 소속 잔존 군함들은 일본에 나포되어 일본 해군에 편입된다. 이로써 청일전쟁은 일본의 승리로 끝났다. 북양수사는 사실상 궤멸하고, 이

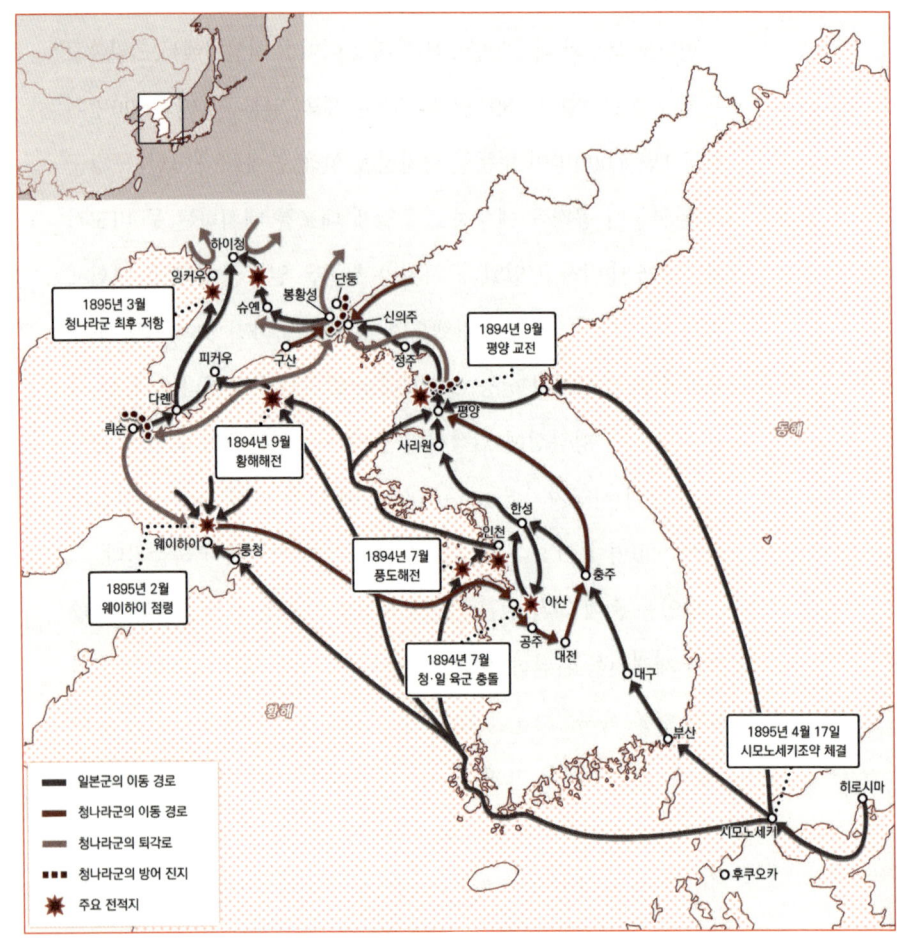

청나라군 최후 저항

1895년 3월
청나라군 최후 저항

1894년 9월
평양 교전

1894년 9월
황해해전

1895년 2월
웨이하이 점령

1894년 7월
풍도해전

1894년 7월
청·일 육군 충돌

1895년 4월 17일
시모노세키조약 체결

하이청
잉커우
단둥
슈옌
봉황성
신의주
피커우
구산
정주
다롄
뤼순
평양
사리원
한성
인천
충주
웨이하이
룽청
아산
공주
대전
대구
부산
히로시마
시모노세키
후쿠오카
발해
황해

일본군의 이동 경로
청나라군의 이동 경로
청나라군의 퇴각로
청나라군의 방어 진지
주요 전적지

19 청일전쟁 주요 전투

1894년 풍도해전으로 발발한 청일전쟁은 내륙으로 이어져 평양에서 최대 규모의 지상전을 벌인 끝에 일본군이 청군을 한반도에서 몰아낸다. 이어 황해해전에서 승리한 일본군이 황해의 제해권을 장악하고 중국 본토인 랴오둥반도와 산둥반도를 침공해 뤼순과 웨이하이를 차례로 점령하면서 1895년 종전협정 시모노세키조약으로 마무리된다.

는 곧 양무운동의 한계를 드러내는 결과로 이어진다.

청일전쟁의 종전협정인 시모노세키조약(1895년 4월)은 한중일의 지정학적 질서를 송두리째 뒤바꾸었다. 청나라는 조선을 완전한 자주국으로 인정한 채 철수해야 했으며, 랴오둥반도와 타이완 등지까지 일본에 빼앗겼다. 이미 '동아병부'라 불리던 청나라는 한중일 스케일에서도 그 영향력을 완전히 상실했다. 비록 랴오둥반도는 일본의 지나친 팽창을 견제한 러시아, 프랑스, 독일의 압박 때문에 조약 체결 직후 청나라에 반환되었지만, 일본은 그 대가로 거액의 배상금을 얻어냈다. 그뿐만이 아니었다. 일본은 서구 열강으로부터 최혜국 대우, 즉 그들과 동등한 열강임을 공식적으로 인정받는 데 성공했다. 메이지유신 이후 정부 주도의 근대화와 부국강병에 전력을 기울여 온 일본은 청일전쟁의 승리를 계기로 마침내 제국주의 열강의 일원으로 발돋움했다.

한편 조선은 형식적으로는 대외적으로 완전한 자주독립국가로 인정받았지만, 실제로는 제국주의의 쓰나미에 더욱 깊이 노출되었다. 평양을 비롯한 국토가 외세의 전쟁터가 되며 막대한 피해를 입었으나, 이에 대한 정당한 배상은 끝내 이루어지지 않았다. 동학농민군은 물론 조선 조정마저 유린한 일본은 청나라를 제거함으로써 한반도 침략과 식민화에 나설 명분과 실력을 노골적으로 손에 넣게 되었다.[64]

러일전쟁, 세력 균형을 무너뜨린
내륙과 해양의 치열한 접전

청일전쟁을 통해 일본과 청나라의 관계는 완전히 역전되었지만, 동아시아 패권을 노리던 전승국 일본은 청나라보다 훨씬 강한 적과 마주했다. 바로 연해주를 확보하고 만주에서 지배력을 키워 가던 제정 러시아였다. 대륙 국가 러시아는 19세기 중앙아시아 대부분을 새로운 영토로 획득하며, 해양 국가 영국과 세계 패권을 다투던 강국이었다.

1898년 러시아는 청나라와의 협약으로 하얼빈과 다롄을 이으며 만주를 가로지르는 둥칭철도의 부설권을 확보하고, 철도 보호를 구실로 수만 병의 병력을 만주 일대에 배치했다. 이어 1899년부터 1901년 사이 청나라의 비밀결사 의화단義和團이 조정의 은밀한 지원을 받으며 부청멸양扶淸滅洋, 즉 청나라를 도와 서구 열강을 타도한다는 구호 아래 반란을 일으킨다. 러시아는 의화단의 난 진압을 명분으로 만주를 보호령으로 삼은 뒤, 동아시아 영토인 극동 러시아 주둔 병력을 증강한다. 여기에는 청일전쟁의 결과에 불만을 품은 일본의 침공에 대비하려는 목적도 포함되어 있었다.

1901년 일본에서는 대러 유화파였던 이토 히로부미伊藤博文가 네 번째 총리직에서 물러나고, 가쓰라 다로桂太郎가 신임 총리로, 고무라 주타로小村壽太郎가 신임 외무대신으로 취임했다. 한반도를 완전히 병탄한 뒤 만주로 진출하려는 야심찬 구상을 품고 있던 고무라는, 1903년 외교 채널을 통해 러시아에 1897년 대한제국으로 개칭된 조선을 일본의 보호국으로 인정하라고 요구했다. 이는 전쟁 명분을 확보하려는 압박이었고, 러시아는 고무라의 요구를 거절했다. 이 과정에서 고종은 대한제국을 중립국으로 선언하고 유럽 열강에 지원을 호소했으나, 성과를 거두지 못했다. 결국 러시아와 일본의 전쟁은 시간문제가 되었다.

러시아와 일본의 전쟁은 얼핏 보기에는 거인과 난쟁이의 싸움이었다. 러시아는 영국과 세계 패권을 다투는 세계 최강국이었고, 일본은 이제 막 열강의 반열에 오른 수준이었다. 군사력에서도 러시아군은 상비군만 100만 명이 넘고, 유사시에는 수백만 명 이상을 동원할 수 있었다. 반면 일본이 동원할 수 있는 병력은 최대 30만 ~40만 명 수준이었다. 그러다 보니 전쟁이 일어날 경우 일본의 승산이 희박하다고 판단한 이토 히로부미는 러시아와의 개전을 막기 위해 동분서주했다.

하지만 지리적 스케일을 동아시아로 좁히면 이야기는 달라진다. 러시아의 중심지는 상트페테르부르크와 모스크바 일대의 유럽 러시아였고, 러시아군 주력도 이곳에 배치되어 있었다. 더욱이 러시아는 20세기 초에 접어들면서 극심한 빈부격차, 지배층의 부정부패, 귀족 등 특권층과 민중 간의 대립 등 내부적 모순이 심화되어 혁명 세력이 고조되는 내부 위기에 직면해 있었다. 이러한 사정으로 유럽에 주둔한 병력을 동아시아 방면으로 대거 차출할 여력이 없었다. 러일전쟁이 발발한 1904년 무렵에는 시베리아 횡단철도 노선이 완공되지 않아, 러시아의 동아시아 영토는 유럽과 철도로 완전히 연결되지 못했다. 그 결과 유럽 러시아에서 무려 7,000킬로미터나 떨어진 극동 러시아로 대규모 병력과 물자를 수송하는 일은 더욱 어려웠다.

한편 태평양 방면에서는 그레이트 게임의 또 다른 축인 영국과 에스파냐로부터 필리핀을 빼앗으며 태평양에서 세력을 확장하던 미국이 일본을 지원했다. 일본은 영국에게 러시아를 견제할 핵심 파트너였고, 미국에게는 필리핀 영유권을 인정해 줄 '말 잘 듣는' 우방으로서 가치가 컸다. 이에 영국과 미국은 일본에 거액의 차관을 제공하는 한편, 영국에서 건조된 최신예 전함 미카사三笠를 비롯한 다수의 신무기와 군 장비, 전쟁 물자를 지원했다.

극동에 밀어닥친 러시아 원정군

1903년 겨울, 일본은 오야마 이와오를 총사령관으로 한 15만 명 규모의 4개 야전군으로 구성된 러시아 원정군을 조직했다. 반면 러시아는 일본군의 전력을 청일전쟁 직후인 1895년 수준으로 과소평가했고, 1904년에 극동 러시아를 침공하리라고는 예측조차 하지 못했다. 극동군 사령관 알렉세이 쿠로파트킨 역시 러시아가 자랑하던 정예 기병대만으로도 일본군을 충분히 격파할 수 있다고 낙관했다. 이러한 오판 속에서 러시아 태평양함대는 한반도를 사이에 둔 뤼순과 블라디보스토크에 전력을 분산 배치하는 전략적 실책을 범했다.

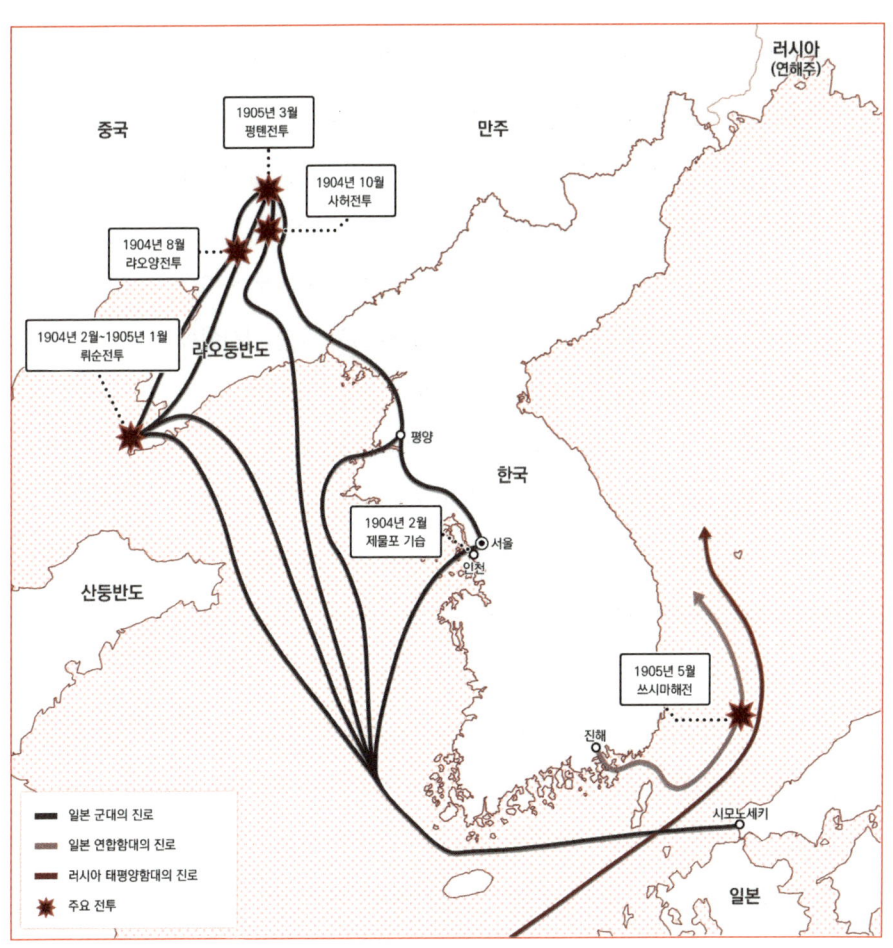

중국

러시아
(연해주)

만주

1905년 3월
펑톈전투

1904년 10월
사허전투

1904년 8월
랴오양전투

1904년 2월~1905년 1월
뤼순전투

랴오둥반도

평양

한국

서울
인천

1904년 2월
제물포 기습

산둥반도

1905년 5월
쓰시마해전

진해

시모노세키

일본

■ 일본 군대의 진로
■ 일본 연합함대의 진로
■ 러시아 태평양함대의 진로
✸ 주요 전투

20 러일전쟁 주요 전투

1904년 제물포 기습에 이어 뤼순으로 진격한 일본군은 치열한 소모전 끝에 러시아 함대를 전멸
시키고, 동시에 만주에서는 랴오양전투, 사허전투, 펑톈전투를 차례로 승리하며 지상전을 마무리
한다. 1905년 쓰시마해전에서 전쟁의 종지부를 찍은 일본은 마침내 한중일 스케일에서 지배적
위치를 확립한다.

6장 동북아시아 지각변동을 가져온 전쟁의 물결

1904년 2월 9일 일본 연합함대는 뤼순항을 기습 공격해 정박 중이던 러시아 태평양함대 전력의 절반에 가까운 군함들의 발을 묶었다. 이튿날 일본이 러시아에 정식으로 선전포고하면서 러일 전쟁의 막이 올랐다. 전쟁은 일본군 수뇌부의 기대만큼 유리하게 전개되지는 않았다. 만주에 상륙한 일본 육군은 개전 초 연승을 거두며 북진을 이어 갔지만, 이는 사실 쿠로파트킨의 의도에 따른 것이었다. 10만 명에 불과한 극동군을 지휘한 그는 유럽 러시아에 서 증원병력과 물자가 도착할 때까지 일본 육군을 만주 내륙 깊숙 이 유인한 뒤 전력과 사기가 소진되면 섬멸할 계획이었다.

한편 일본 연합함대 사령장관 도고 헤이하치로東鄕平八郎는 작전 참모 아키야마 사네유키秋山眞之 등의 조언에 따라 봉쇄된 뤼순항 의 러시아 태평양함대 전력을 섬멸하려 했으나, 해안포와 태평양 함대 소속 군함들의 결사적인 저항에 가로막혀 번번이 실패했다. 이에 일본 육군은 뤼순항이 내려다보이는 감제고지* 203고지를 점령한 뒤, 포병의 포격을 통해 뤼순항의 러시아 태평양함대를 섬 멸하려는 계획을 세웠다. 하지만 203고지 공략을 맡은 제3군 사 령관 노기 마레스케乃木希典와 참모진은 203고지의 러시아군 요새 를 상대로 무리한 정면돌격만 반복하다 연거푸 격퇴당하는 졸전 을 이어 갔다. 제3군에서는 전사자만 1만 명이 넘었고, 노기의 두 아들도 포함되어 있었다. 이 와중에 러시아는 발트함대를 중심으

....

* 적의 활동을 살피기에 적합하도록 주변이 두루 내려다보이는 전략적 요충지를 뜻한다.

로 각지의 함대에서 차출한 군함을 총동원해 제2태평양함대를 편성하고, 이를 극동으로 파견해 태평양함대 전력과 합류한 다음 일본 연합함대를 격멸한다는 계획을 세웠다.

문제는 시간이 흐를수록 전세가 점차 일본 측으로 기울었다는 점이다. 쿠로파트킨의 후퇴와 지연전에 치중한 전술은 장병들의 불만과 사기 저하를 불러왔고, 시베리아 횡단철도가 완공되지 못한 탓에 유럽 러시아로부터의 보급과 증원도 원활하지 못했다. 결정적으로 1904년 12월 6일 203고지마저 함락되었다. 러시아 원정군 총참모장 고다마 겐타로兒玉源太郎가 노기의 제3군 지휘권을 일시적으로 장악한 뒤, 대구경 공성포를 총동원해 러시아군 요새를 집중 포격하고 보병으로 우회 공격한 결과였다. 이에 따라 뤼순마저 일본군의 손에 넘어갔고, 러시아 태평양함대 전력의 대부분이 소멸했다. 이후 일본군은 뤼순 방면의 제3군까지 주공하던 펑톈奉天(오늘날 중국 지린성 선양시) 공략에 합류하면서, 만주에서의 지상전은 더욱 일본에 유리한 방향으로 기울어 갔다.

펑톈전투(1905년 2월 20일~3월 10일)에서 일본 육군은 끝내 러시아 극동군을 패퇴시켰다. 하지만 쿠로파트킨은 잔존 병력을 잘 수습해 질서정연하게 철수했고, 러시아 극동군과 비슷한 수준의 인명 손실을 입은 일본 육군은 작전 한계에 봉착해 더 이상 추격하지 못했다.

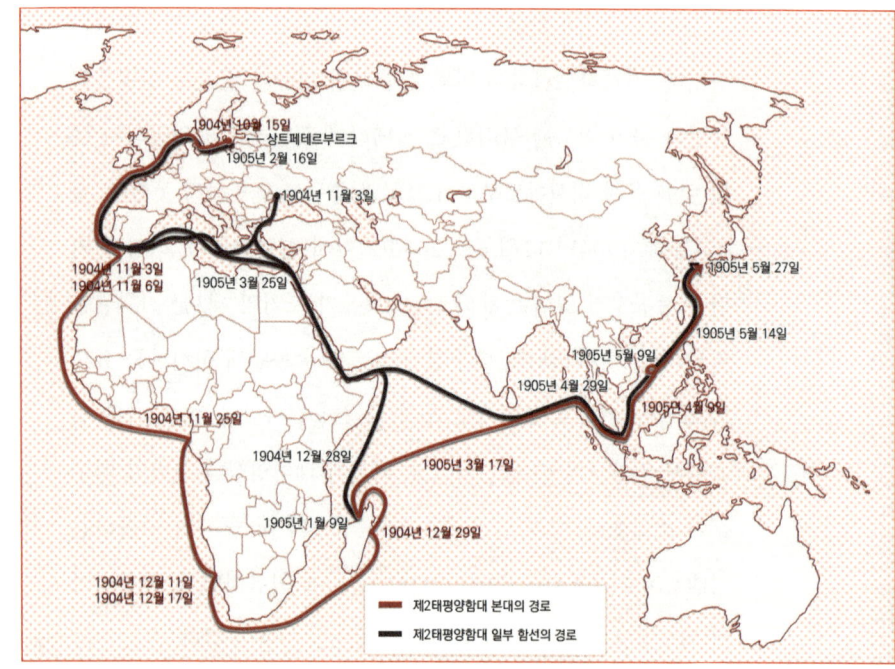

1904년 10월 15일
1905년 2월 16일
상트페테르부르크

1904년 11월 3일

1905년 5월 27일

1904년 11월 3일
1904년 11월 6일

1905년 3월 25일

1905년 5월 14일

1905년 5월 9일

1905년 4월 29일

1904년 11월 25일

1905년 4월 9일

1904년 12월 28일

1905년 3월 17일

1905년 1월 9일

1904년 12월 29일

1904년 12월 11일
1904년 12월 17일

■ 제2태평양함대 본대의 경로
■ 제2태평양함대 일부 함선의 경로

21 러시아 제2태평양함대 이동 경로

러일전쟁 당시 러시아 제2태평양함대는 1904년 상트페테르부르크에서 출발하여 7개월 동안
지구 반 바퀴를 도는 경로를 거친다. 즉 유럽에서 아프리카를 돌아 인도양과 동남아시아를 거쳐
최종적으로 대한해협(쓰시마해협)으로 진입했으니, 오랜 항해와 보급 문제로 전투력이 크게 저하
된 러시아군은 일본군에 대패하고 만다.

바다로 급격히 확장된 일본의 패권

전쟁의 최종 승패는 해전에서 결정되었다. 러시아 제2태평양함대 는 당대 세계 제해권을 장악하던 영국의 방해 때문에, 영국이 장 악한 수에즈운하와 주요 항구를 제대로 활용하지 못한 채 동아시 아까지 먼 항로를 우회 항해해야 했다. 세계 언론은 이처럼 전무 후무한 수준의 항해를 성공적으로 이끈 제2태평양함대 사령관 지 노비 로제스트벤스키의 통솔력과 항해술에 찬사를 보냈지만, 그 사이 제2태평양함대 장병들의 피로는 누적되었고 긴 항해를 하느 라 포술 훈련에 충분한 시간을 할애하지 못했다.

1905년 5월 27일 대한해협 근해에서 제2태평양함대와 조우한 일본 연합함대는 갑자기 항로를 좌현으로 급변침했다. 함대가 종 대를 이루어 교전하던 상황에서 내려진 도고의 명령은 파격 그 자 체였다. 하지만 이는 군함의 구조를 활용해 적을 포위하고 섬멸하 려는 도고와 아키야마의 통찰에 따른 것이었다. 종대로 전투를 벌 이면 일부 함포만 사격할 수 있지만 함체를 적을 향해 횡대로 배 치하면 모든 함포를 동원할 수 있다. 고무래 정 T 자를 연상시키 는 이 전법은 이른바 정자전법으로 불린다. 오랜 항해로 지친 데 다 훈련마저 제대로 받지 못한 제2태평양함대 장병들은 분전했지 만, 정자전법을 구사한 연합함대에 참패했다. 이튿날 제2태평양함 대는 극소수의 보급함과 소형 함선을 제외한 거의 모든 군함을 잃 었고, 로제스트벤스키는 포로로 붙잡혔다. 반면 연합함대의 피해 는 크지 않았다. 이로써 바닷길을 찾던 대륙 국가 러시아의 해군

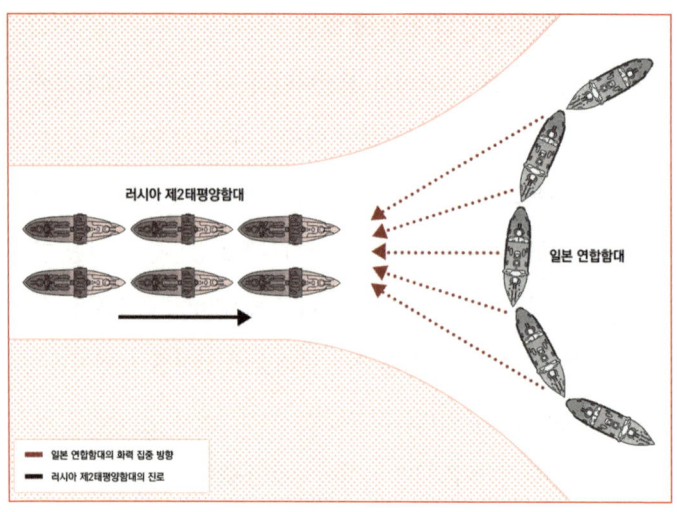

일본 해군이 대마도해전(쓰시마해전)에서 활용한 정자전법은 일렬로 항해하는 적의 머리 방향을 아군 함대가 가로질러 막으며 화력을 집중하는 전술로, 이순신 장군의 학익진과 유사한 전법으로 보인다.

력은 사실상 소멸했다. 지상전에서도 지리멸렬한 후퇴를 거듭하며 펑톈까지 일본군에 내준 러시아는 해군력마저 소멸한 탓에 전쟁을 더 이상 이어 갈 여력을 완전히 잃었다. 결국 일본은 청일전쟁에 이어 러일전쟁에서도 승리를 거두었다.

러일전쟁의 승리로 일본은 한중일 스케일에서 지배적 위치를 확립했다. 청나라의 위협은 이미 청일전쟁으로 사라졌고, 청나라보다 더 강하고 거대했던 러시아의 위협마저도 러일전쟁으로 제거되었다. 비교적 외진 지리적 입지 덕분에 다른 두 나라와 달리

근대화와 부국강병을 이어 갈 수 있었던 일본은 이 전쟁의 승리로 한중일 스케일을 압도하는 존재로 부상했으며, 세계 스케일에서도 그 위상을 무시하기 어려운 제국주의 열강으로 완전히 자리매김했다.

반면 러일전쟁에서 일본이 거둔 승리는 한반도와 중국 스케일에서는 크나큰 재앙으로 이어졌다. 무엇보다 한반도가 그 위협에 정면으로 노출되었다. 러시아 세력이 사라진 상황에서, 일본과 달리 온전한 근대화와 부국강병에 성공하지 못한 대한제국*은 일본의 침략에 그대로 노출되고 말았다.[65] 그리고 일본에 의해 외교권과 국방권 등을 차례로 침탈당한 끝에, 1910년 을사늑약**으로 국권을 완전히 상실했다. 을사늑약은 고종의 정상적인 재가를 거치지 않아 국제법상 무효였지만, 힘의 논리 앞에서 이러한 부당함은 제때 바로잡히지 못했다.

러일전쟁의 결과는 시간이 흐르면서 중국에도 큰 위협으로 다가왔다. 일본은 러일전쟁에서 승리하고 한반도마저 병탄함에 따라 만주, 나아가 중국 본토를 침략할 지리적 발판을 확보했다. 이

....

* 1897년(조선 고종 34년)에 자주 국가임을 선포하기 위해 새로 정한 우리나라 국호. 왕을 황제라 칭하고 연호를 광무光武라고 정하여 근대화를 추진했으나, 1910년 국권을 빼앗기고 말았다.

** 1905년(대한제국 광무 9년)에 일본이 한국의 외교권을 빼앗고자 무력을 동원하여 강제로 맺은 조약. 고종 황제는 끝까지 비준(승인)하지 않고 1907년 헤이그에서 열린 만국평화회의에 이준 등 특사를 파견해 늑약의 부당함을 알리려 했으나, 이를 빌미로 일본에 의해 강제 퇴위되었다.

후 일본의 만주와 중국 침략은 사실상 예견된 수순이었다. 실제로 1920~30년대 일본의 대륙 침략이 본격화되었고, 이는 한중일 스케일은 물론 세계의 역사와 지정학적 질서에도 중대한 파문을 일으켰다.

3부

'내전'에서 '세계대전'까지, 분열과 팽창의 악순환

7장

광대한 대륙의 분열, 끝없는 내전의 비극

한중일의 지정학적 질서를 근원적으로 뒤흔든 러일전쟁은 '제0차 세계대전'이라고도 불린다. 러일전쟁으로 러시아가 해군력을 잃고 그레이트 게임에서 패배한 틈을 타 독일의 영향력이 눈에 띄게 커졌고, 이에 따른 제국주의 열강 간 역학관계와 지정학적 질서 변화가 결국 양차 세계대전으로 이어졌다는 논리에서다.[66]

'제0차 세계대전'이라는 은유가 시사하듯, 러일전쟁 이후 일본의 한반도 병탄은 한중일에 격동과 전쟁의 시대를 여는 신호탄과도 같았다. 20세기 초 한중일은 제국주의와 식민주의, 파시즘과 공산주의가 격렬히 휘몰아치는 가운데 분쟁과 전쟁의 소용돌이로 빨려 들어간다.

청일전쟁 패배에 이어 의화단의 난으로 큰 타격을 입은 청나라는 강국의 입지는 물론 국가로서 존속할 힘마저 잃어버린다. 1911년 쑨원孫文이 이끈 중국혁명동맹회(이하 동맹회)가 신해혁명을 일으키고, 이듬해 청나라는 멸망한다. 신해혁명을 주도한 세력은 중화민국中華民國의 개국을 선언한다. 민국은 공화국을 중국식으로 표현한 말이다. 시민혁명으로 청나라를 무너뜨리고 세운 중화민국은 아시아 최초의 민주공화국이라 할 만했다.

하지만 중화민국은 중국을 완전히 지배하는 데 실패한다. 청나라 멸망 후 중국은 여러 군벌이 지배하는 분열 상태로 접어든다. 이러한 중국의 분열은 한중일 스케일에서 일어난 또 다른 지정학적 변화와 맞물리며 한중일을 전쟁의 소용돌이로 몰아넣는다. 이미 대한제국을 병탄하며 제국주의 팽창 노선을 노골화한 일본이, 중국의 분열을 틈타 중국 침략에까지 나서기 시작한 것이다.

미완의 신해혁명, 아시아 최초 민주공화국의 분열로

쑨원은 오늘날 중국과 타이완 양측에서 국부처럼 존경받는다. 그는 한족의 독립과 발전을 추구하는 민족주의, 정치적 민주화를 가리키는 민권주의, 경제적 평등을 추구하는 민생주의로 이루어진 혁명 사상, 즉 삼민주의를 제창했다. 이는 신해혁명이 단순히 한족의 만주족 저항운동이나 청나라 타도를 넘어, 전근대 체제를 무너뜨리고 근대적 민족국가와 민주주의 국가로 나아가게 한 이념적 토대였다.

이러한 이유로 쑨원은 오늘날 중국에서는 공산혁명의 길을 연 기념비적 인물로, 타이완에서는 문자 그대로 국부로 널리 존경받는다. 하지만 신해혁명은 '미완의 혁명'이라 부를 만한 측면도 다분했다. 쑨원과 동맹회는 짧은 시간에 혁명의 열기를 중국 전역으로 확산하며 청나라를 뒤덮고 중화민국을 선포했지만, 체계적이고 조직적인 군사력은 충분히 갖추지 못했던 탓이다.

근대화를 가로막은 군벌들의 다툼

이는 청나라 말기 중국의 인문지리적 환경과 관계가 깊다. 영토 대국인 청나라는 말기에 국가 기강이 문란해지면서, 각 지역의 군사령관이나 군사 지도자들이 군벌화되는 경향이 강했다. 광대한 영토는 중앙정부가 지방군을 완벽하게 통제하는 데에 어려운 환경으로 작용했거니와, 국가 기강이 흔들리면서 중앙정부의 기능마저 크게 약해진 탓이었다.

한 예로 이홍장은 베이징北京과 톈진天津 일대를 근거지로 한 육·해군 집단인 북양군의 수장이었다. 그런데 청일전쟁 당시 평양 전투에서 청군이 패한 배경에는, 이홍장이 자기 병력의 소진을 막기 위해 휘하 부대에 소극적으로 전투에 임하라고 지시한, 다시 말해 청나라 조정의 장군이라기보다 독립 군벌처럼 행동했다는 사실이 중요한 이유로 작용했다. 아울러 증국번은 후난湖南성 일대를 근거지로 한 군사 집단인 상군湘軍의 지도자였다.

그런 상황에서 신해혁명으로 청나라 조정이 완전히 무너지자, 말기부터 이미 반독립 세력처럼 행동하던 군사 지도자들을 형식적으로나마 묶어 두던 통제력마저 완전히 사라졌다. 혁명 이후 그들은 혁명정부와 대총통 쑨원에 충성하는 대신, 자신의 이익을 위해 각자 움직이며 이합집산했다.[67] 그리고 혁명정부는 그들을 통

23 홍헌제제 위안스카이 동전

홍헌제제 당시 발행된 동전의 앞면에는 황제 위안스카이의 초상이, 뒷면에는 황제를 상징하는
용과 '중화제국 홍원기원中華帝國 洪憲紀元'이라는 문구가 새겨져 있다.

제할 힘이 없었다. 이로써 군벌 시대의 막이 오른다.

　군벌 시대를 연 인물은 이홍장의 뒤를 이은 북양군벌 지도자 위안스카이袁世凱였다. 위안스카이는 본래 청나라 조정으로부터 신해혁명군을 진압하라는 명을 받지만, 오히려 혁명군과 손잡고 마지막 황제 선통제宣統帝의 퇴위를 강요해 청나라의 명맥을 끊은 인물이다. 그는 군사력을 앞세워 혁명 체제와 중화민국 체제를 인정하는 조건으로 쑨원에게서 중화민국 대총통 자리를 넘겨받는 데 성공했다. 하지만 이어 중화민국 수도를 난징에서 자신의 근거지인 베이징으로 옮기고 의회를 해산한 뒤, 측근들로 구성한 추밀원을 열어 스스로 홍헌제洪憲帝로 즉위하며 1915년 중화제국을 선포한다(홍헌제제). 동맹회는 그 과정에서 위안스카이에 맞서 혁명

(계축전쟁)을 일으켰지만 그의 군사력을 이기지 못한 채 실패했고, 쑨원은 일본으로 망명해야 했다.

위안스카이의 전횡은 동맹회 등 공화주의 세력은 물론, 권력 공백 속에서 군벌화한 중국 남부의 군사 지도자들에게까지 반감을 샀다. 쑨원과 동맹회는 중국 남부의 여러 군벌 세력과 제휴해 위안스카이를 타도하기 위한 호국전쟁(1915~16)을 일으킨다. 결국 위안스카이는 황제 자리에서 물러난 뒤 곧 병사한다.

하지만 호국전쟁도 중국의 통일이나 중화민국의 안정을 이루지 못했다. 중화민국 정부와 동맹회는 여전히 중국을 완전히 장악하지 못했다. 그들에게는 군벌 세력의 충성을 확실히 이끌어 낼 정치적·군사적 역량이 부족했다. 군벌마다 차이는 있었지만 그들이 호국전쟁에 참여한 동기도 공화주의나 조국 수호 의지라기보다는 위안스카이의 독재와 전횡을 막으려는 측면이 컸다. 그러다 보니 제정의 부활이나 위안스카이의 독재를 막았을 뿐, 중국을 제대로 통일하지는 못했다. 위안스카이의 실각 이후 호국전쟁에 참여한 세력들과 옛 위안스카이 휘하의 세력들은 완전히 군벌화하여, 영토 확장과 권력 확보를 위한 내전을 이어 간다.

북벌, 국민혁명군의 허와 실

신해혁명과 호국전쟁 이후, 동맹회와 중화민국 정부의 정치력 및 군사력 부족이 중국의 분열로 이어졌음을 절감한 쑨원은 1919년 동맹회의 조직을 대대적으로 개편해 중국국민당(이하 국민당)을 결성한다. 이어 1924년에는 소련의 영향으로 형성된 중국공산당(이하 공산당)과 제휴(제1차 국공합작)하고, 군벌 세력을 진압하여 중국을 완전히 통일하기 위한 군사조직인 국민혁명군을 창설한다. 쑨원은 1925년 3월 12일 사망하지만, 그의 유지는 후계자 장제스蔣介石에게 이어져, 같은 해 7월 1일 장제스가 이끄는 국민당이 광저우에서 중화민국 국민정부를 수립한다. 이어 신계계군벌(광서군벌)의 리쭝런李宗仁과 바이충시白崇禧가 광시廣西성을 통일한 뒤 국민정부에 합류한다. 이들은 비교적 진보적인 정강과 정책을 내세우며 세력을 키우고 정적을 제거하는 과정에서 이미 1920년 전후부터 쑨원 세력과 제휴해 온 터였다. 자신들의 생존과 번영을 위해서는 정통성을 지닌 중앙정부와의 협력이 필수적이라고 판단해 국민정부에 합류한 것이다.[68]

1925년 국민정부 출범 당시, 그들이 장악한 지역은 광둥廣東성과 광시성뿐이며, 그 면적도 중국 전체 면적의 10분의 1에 미치지 못했다. 다른 지역은 여전히 여러 군벌이 나누어 지배하며 영토 확장과 권력 확대를 노리고 전쟁을 이어 갔다. 한마디로 국민정부는 엄연히 주권을 가진 중국의 정부였지만, 지리적 스케일에서 보자면 광둥성과 광시성만을 지배하는 정부에 불과했다. 군벌들의 영역을 온전하게 흡수한 뒤에야, 중국 스케일 전체를 온전하게 지배하는 진정한 의미에서의 '국민'정부가 될 수 있을 터였다.

1926년 국민정부는 북벌을 선언하고, 장제스는 국민혁명군 총사령관에 취임한다. 국민혁명군은 직계군벌의 양대 거두 쑨촨팡孫

傳芳과 우페이푸吳佩孚 세력, 그리고 장쭤린張作霖 휘하 봉계군벌 방면의 세 방향으로 북벌을 전개한다. 당시 직계군벌과 봉계군벌의 병력은 도합 100만 명에 이를 만큼 규모가 컸다. 하지만 군벌군 병력의 질적 수준과 사기는 현격히 낮았고, 계속된 군벌전쟁으로 전력 소모도 누적된 상태였다. 쑨촨팡과 우페이푸 세력은 국민혁명군의 북벌 앞에 연패하고, 직계군벌은 결국 몰락해 국민정부에 흡수된다.

더욱이 펑위샹馮玉祥의 서북국민군과 옌시산閻錫山의 진계군벌은 북벌 과정에서 국민정부에 협력한다. 이들은 신계계군벌처럼 군벌 세력 가운데 비교적 진보적인 이념과 정책을 내세우며, 국민정부가 북벌로 승기를 잡자 잽싸게 협력하는 길을 선택했다. 한 예로 펑위샹은 그리스도교 신앙을 장려하고 개혁 성향의 행보를 보이며, 훗날 중국의 지도자가 되는 덩샤오핑鄧小平을 영입하는 등 민족주의 세력이나 진보 성향 인사들의 지지를 받았다. 특히 산시성을 기반으로 한 진계군벌은 봉계군벌, 직계군벌, 서북국민군 등 훨씬 강한 세력에 둘러싸인 지리적 입지조건에 놓여 있었기에, 지도자 옌시산은 능수능란한 외교 교섭을 통해 지정학적 고립이라는 약점을 극복할 필요성이 절실했다.

북벌의 마지막 남은 장애물인 봉계군벌의 저항은 예상치 못한 사건으로 막을 내린다. 친일 행보를 이어 가던 장쭤린이 일본의 만주 침략이 노골화되는 가운데 협력을 끊으려고 하자, 만주에 주둔하던 일본군 부대 관동군關東軍은 1928년 폭탄테러를 자행해 그

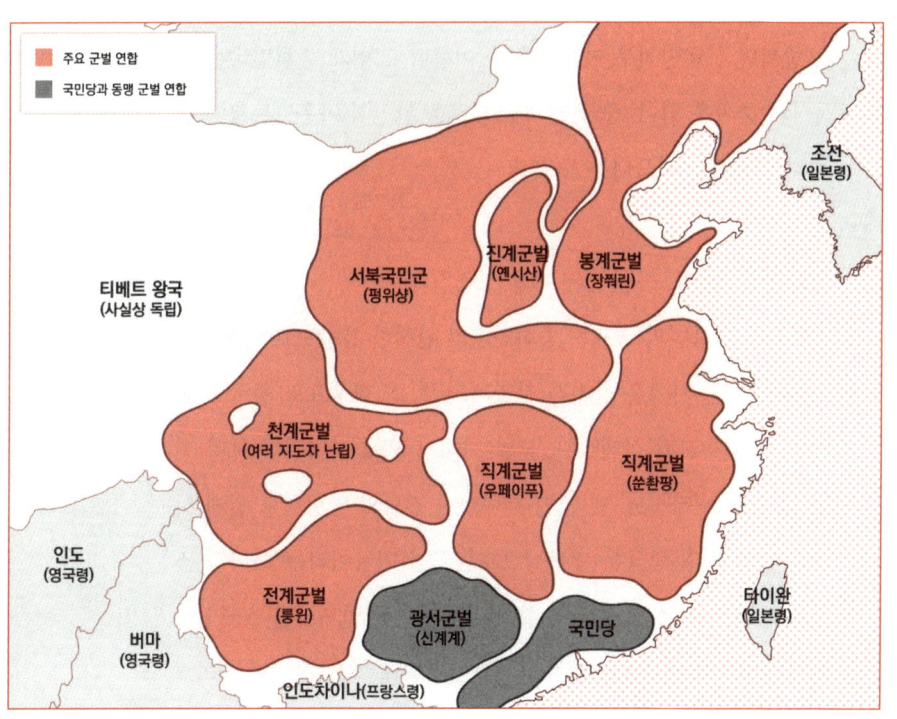

주요 군벌 연합
국민당과 동맹 군벌 연합

조선
(일본령)

티베트 왕국
(사실상 독립)

진계군벌
(옌시산)

봉계군벌
(장쭤린)

서북국민군
(펑위샹)

천계군벌
(여러 지도자 난립)

직계군벌
(우페이푸)

직계군벌
(쑨촨팡)

인도
(영국령)

전계군벌
(룽윈)

광서군벌
(신계계)

국민당

타이완
(일본령)

버마
(영국령)

인도차이나(프랑스령)

24 1920년대 중반 중국 군벌 분포도

국민혁명군(장제스)은 광서(신계계)군벌과 손잡고, 양쯔강 일대 화북을 장악한 직계군벌(우페이푸와
쑨촨팡)을 시작으로 북벌을 전개한다. 서북을 기반으로 한 서북국민군(펑위샹), 산시성을 기반으로
한 진계군벌(옌시산)에 이어 만주를 기반으로 한 가장 강력한 세력 봉계군벌(장쭤린) 무력화를
마지막으로 1929년 마침내 국민정부 통합을 이룬다.

를 사살한다. 하지만 일본이 장쭤린 대신 꼭두각시로 세우려 했던 그의 아들이자 후계자 장쉐량張學良은 도리어 국민정부와 접촉해 북벌에 협력한다. 이로써 신해혁명 이후 18년 만인 1929년 중국은 중화민국 국민정부 아래 통일을 이룬다. 그렇게 중화민국은 명목상의 중국을 넘어, 중국 전체 스케일을 완전히 아우르는 진정한 '중화'민국으로 거듭나는 듯했다.

중화민국, 군벌, 공산당의 다중스케일

안타깝게도 북벌의 종료는 중화민국의 완전한 통합으로 이어지지 못했다. 20년 가까운 정치적 분열과 군벌 간 항쟁으로 중국의 국력은 크게 소진된 상태였다. 군벌 시대가 오래 이어지다 보니 지역 간 격차는 커지고, 옛 군벌 세력이나 잔당의 영향력도 쉽게 사라지지 않았다. 중국은 명목상으로는 중화민국이라는 하나의 스케일로 변모한 듯 보였으나, 실제로는 완전히 일체화된 스케일이 아니라 테두리만 하나로 이어진 채 여전히 수많은 간극과 장벽으로 분단된 스케일에 가까웠다.

더욱이 북벌 과정에서 국민정부에 공을 세운 군벌들은 북벌이 끝난 뒤에도 자신들의 권리를 주장하며 여전히 군벌처럼 행세했다. 한 예로 리쭝런, 바이충시, 펑위샹, 옌시산 등은 1930년 북벌 이후 국민정부의 군축에 반발해 중원대전*을 일으킨다. 이러한 군벌군의 저항은 같은 해 바로 실패로 끝났는데, 국민당이 승리할 수 있었던 배경에는 마찬가지로 군벌인 장쉐량의 동북군(봉계군의 후신)이 국민정부에 협조한 사실도 중요하게 자리 잡고 있었다. 이로써 장쉐량은 만주와 중국 북부에서 강력한 세력을 지닌 또 다른 군벌로 자리매김한다.[69]

게다가 국민정부의 공산당에 대한 대처는 중화민국의 내부 분열과 정치적 불안에 기름을 붓는 결과를 초래한다. 대국적 견지에서 공산당과의 제휴를 거리끼지 않았던 쑨원과 달리, 장제스는 철저한 반공주의 노선을 견지하며 1926년 공산당에 대한 대대적인 숙청에 나선다. 이로써 국민정부와 공산당은 내전(제1차 국공내전, 1926~36)에 돌입한다. 장제스가 취한 반공주의 정책의 타당성이나 필요성에 대한 논의는 별개로 하더라도, 이는 결과적으로 북벌을 상당 기간 연장하는 결과를 가져왔다.[70]

이렇듯 중국은 국민정부의 북벌이 성공한 뒤에도 중원대전이 일어나고 동북군이 대두하는 등 군벌 스케일의 영향력이 여전히 적잖게 남아 있었고, 공산당 스케일까지 무시할 수 없을 만큼 커져 있었다. 한마디로 중국의 지정학적 상황은 외적으로는 중화민국 스케일로 통일된 듯 보이지만, 북벌로도 군벌 스케일의 흔적과 분단을 완전히 지우지 못한 상태였다. 여기에 장제스와 국민정부가 기를 쓰고 제거하려 한 공산당은 오히려 확고한 지리적 스케일

....

* 북벌 성공 이후에도 이어진 국민정부 장제스와 지방 군벌들의 패권 다툼으로 인해 1930년 5월부터 10월까지 황하 이남 중원 지역에서 총 100만 병력이 충돌하는 대전투가 벌어진다. 이 중원대전에서 국민당이 승리하여, 패한 군벌들은 세력이 위축되고 장제스는 중국 최고 지도자로 자리매김한다.

을 굳히기까지 했다. 이렇게 분단과 분열이 이어진 중국 내부 스케일의 지정학적 상황은, 팽창주의 성향이 강한 일본이라는 외부 세력이 중국 침략을 노골화할 수 있는 국면을 조성하는 결과로 이어지고 만다.

중원의 분열을 틈타
팽창하는 섬나라의 야욕

중국 스케일에서 일어난 지정학적 분열은, 일본에게는 하늘이 준 기회였다. 청일전쟁과 러일전쟁을 거치며 아시아의 유일한 제국주의 열강으로 확고히 자리매김한 일본은, 한반도 병합에 만족하지 않고 한중일 전역으로 그 지배력을 확장하려는 야심을 드러낸다. 이미 약체화할 대로 약체화한 청나라가 끝내 멸망하자, 중국의 여러 군벌은 이합집산하며 서로 항쟁하는 영역들로 분열한다. 일본은 이 혼란을 틈타 만주와 중국 침략에 유리한 여건을 조성한다.

연해주와 시베리아까지 노린 출병

한중일 스케일 밖에서 일어난 대사건인 러시아혁명은 일본의 야심에 기름을 부으며 만주와 중국 침략을 부추기는 결과를 낳았다. 러일전쟁으로 이미 동아시아에서 팽창할 힘을 잃은 제정 러시아는 1917년 혁명으로 완전히 무너지고, 뒤를 이은 소련은 1918년

3월 독일과 항복에 가까운 불평등 강화조약을 맺으며 제1차 세계 대전의 승전국 자격도 얻지 못한다. 더욱이 영국, 미국, 프랑스 등 자본주의 열강은 공산주의의 확산을 막기 위해, 1922년까지 이어 진 러시아내전에서 반혁명 백위군을 지원한다. 극동 러시아까지 소련의 영토가 뻗어 있었으나 지리적 거리 탓에 소련 공산정부의 영향력이 약하고 백위군 세력이 오래도록 강하게 이어졌으니, 일 본은 개입할 명분도 충분했다. 연해주와 시베리아 스케일로 세력 을 확장하고 팽창할 절호의 기회였다. 이에 일본은 총병력 7만 명 을 투입해 극동 러시아는 물론 시베리아의 바이칼호 일대까지 개 입한다.

시베리아 출병은 결국 실패로 끝났다. 이 일로 물가가 폭등하는 등 사회 문제도 뒤따랐다. 하지만 러일전쟁으로 랴오둥반도 일대 에 관동주關東州라는 조차지租借地를 얻은 일본은, 이곳을 발판으로 삼아 만주 침략을 이어 간다. 출병으로 시베리아 스케일까지 팽창 하지는 못했지만, 한반도 스케일을 넘어 만주 스케일, 나아가 중국 스케일까지 팽창하는 데는 어느 정도 영향력을 행사한 셈이다. 이 에 따라 일본은 남만주철도 주식회사(이하 만철)를 설립하고, 1919 년에는 만철이 건설한 철도를 수비하기 위한 군대인 관동군을 조 직한다.

1920년대 후반에 접어들면서, 일본에서는 군부가 걷잡을 수 없 을 만큼 폭주하며 만주 침략에 기름을 부었다. 그 배경에는 글로 벌 스케일에서 일어난 정치·경제의 변화가 자리 잡고 있었다. 일

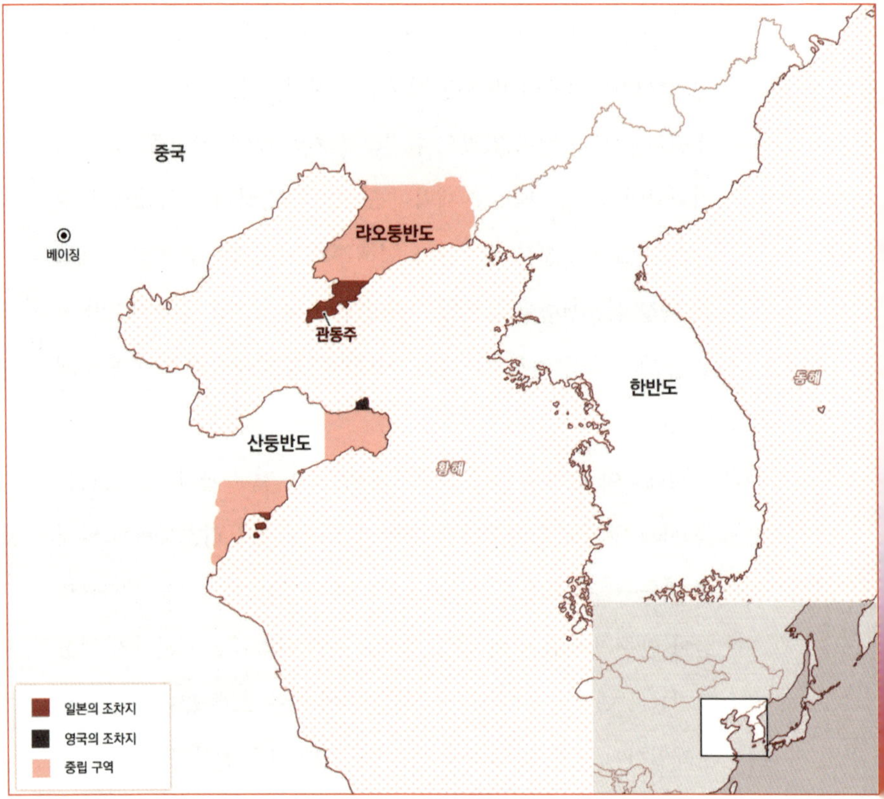
중국
베이징
랴오둥반도
관동주
산둥반도
황해
한반도
동해
일본의 조차지
영국의 조차지
중립 구역

25 관동주

관동주는 만리장성 동쪽 끝 관문 산하이관山海關의 동쪽이라는 뜻에서 비롯한 이름으로, 러일 전쟁에서 승리한 일본이 조차지로 1905년에서 1945년까지 통치한 랴오둥반도 최남단을 가리킨다. 일본은 이곳을 발판 삼아 연해주와 만주로 영향력을 넓히고자 1918년 시베리아 출병까지 감행하는 등 끝없이 팽창을 시도했다.

본은 제1차 세계대전(1914~18)에 연합군의 일원으로 참전해 승전국이 되고, 전후에는 유럽 열강의 경제가 피폐해진 틈을 타 공산품 수출이 급증하며 호황을 톡톡히 누렸다. 그러나 1920년대 이후 연합국에 속했던 유럽 열강의 경제와 산업이 되살아나면서, 품질이 조악했던 일본제 공산품의 경쟁력은 눈에 띄게 떨어졌다. 게다가 1929년 대공황이 일어나면서 열강 중 경제력과 기술력, 산업생산력이 약한 축에 들었던 일본 경제는 심각한 타격을 입었다. 경제와 사회의 혼란이 가중되는 가운데, 일본인들 사이에서는 무능하고 부패한 민간관료와 기업인을 대신해 청일전쟁과 러일전쟁 등에서 연전연승하며 국위를 선양한 '청렴하고 유능한' 군부가 집권해야 한다는 여론이 확산했다. 그러면서 견제할 장치가 없을 정도로 커진 군부의 영향력은, 메이지유신 이후 국가적으로 장려된 천황 숭배와 결합하며 일본을 군부가 지배하는 천황제 파시즘* 국가로 변모하게 했다.

. . . .

* 20세기 초반 이탈리아 사상가 조반니 젠틸레가 이념적 토대를 다진 정치사상으로, 대개 다음과 같은 특성을 갖는다. ① 소수 엘리트 집단이 대중을 지배해야 한다고 간주 ② 극단적으로 신화화된 집단주의적·국가지상주의적·경찰국가적 성격 ③ 극단적 반공주의 ④ 팽창주의 ⑤ 독재권력에 대한 대중의 열광적이고 맹목적 지지.
이러한 점에서 구소련의 스탈린 체제나 중국의 마오쩌둥 체제, 북한 체제는 파시즘으로 분류하지 않으며, 5번 항목 기준으로 나치 독일과 파시스트 이탈리아만이 파시즘 정권에 해당한다는 견해도 있다. 하지만 1930~45년의 일본은 선거를 통해 집권하지 않았을 뿐, (주로 우파 성향) 대중의 지지를 받아 권력을 장악한 데다 ①~④의 요건을 충족하기에, 대개 파시즘 정권으로 분류한다.

만주사변, 폭주하는 군부

천황제 파시즘 체제 아래에서 일본 군부는 이전부터 노려 오던 중국과 만주 방면으로 폭주한다. 그 과정에서 처음에는 2만 명을 밑도는 규모의 철도경비대였던 관동군은, 수십만 병력을 거느린 정예 야전군으로 크게 성장한다. 그리고 군벌들이 각축전을 벌이던 중국의 지정학적 상황은, 관동군과 일본의 만주 침략에 그야말로 안성맞춤이었다.

거대한 중국이 분열해 있었기에 일본은 중국 스케일 전체의 힘과 상대해야 하는 부담이 적었다. 또한 군벌의 특성상 그들의 이해관계를 앞세우면 만주 침략을 한층 더 용이하게 추진할 수 있었다. 앞서 언급했듯이 봉계군벌 지도자 장쭤린이 친일 행각을 이어가며 만주에서 세력을 넓히던 관동군과 협력했던 까닭도 여기에 있었다. 군벌인 장쭤린 입장에서는 장기적으로 중국의 안보를 위협할 일본에 저항하기보다 그들과 협력해 눈앞의 기득권과 영토를 지키는 편이 훨씬 이익이 되는 선택지였기 때문이다.

어찌 되었든 장쭤린은 자신의 기득권과 영토를 최우선시하는 군벌이었고, 일본의 만주 침공이 용인할 수 있는 수준을 넘어서자 결국 일본과의 협력관계를 청산하기에 이르렀다. 자칫하면 봉계군벌이 관동군의 꼭두각시로 전락하고, 그들이 지배하던 영토마저 관동군에 넘어갈 위험이 커졌기 때문이다. 이처럼 만주 침략의 꼭두각시로 부리려던 계획이 뜻대로 풀리지 않자, 관동군은 장쭤린을 폭살한다. 이어 1931년에는 만주 펑톈 근처 류타오후^{柳條湖}

26 1931년 만주사변 당시 관동군

일본 관동군이 1931년 류타오후 사건을 조작해 일으킨 만주사변 당시 치치하얼에 입성하는 관동군 병력의 모습. 서쪽으로 내몽골, 북쪽으로 러시아와 국경이 맞닿은 헤이룽장성의 당시 성도 치치하얼을 점령함으로써 일본은 남만주를 비롯해 북만주까지 세력을 확장한다.

에서 철도를 폭파한 자작극을 빌미 삼아, 만주 침공을 개시한다.

이때 만주를 지키던 동북군 사령관 장쉐량은 부저항으로 일관하며 만주 전역을 관동군에 내준다. 그 결과 1932년 만주에는 퇴위한 선통제를 허수아비 황제로 내세우고 관동군이 실권을 장악한 일본의 괴뢰국 만주국이 수립된다. 이 모든 과정은 민간정부의 통제를 완전히 벗어난 일본 군부와 관동군의 독단이 빚어낸 결과였다. 이로써 그전까지 중국 스케일에 속해 있던 만주는 일본이 지배하는 스케일로 넘어간다. 이는 한중일 스케일 전체가 일본의 팽창주의

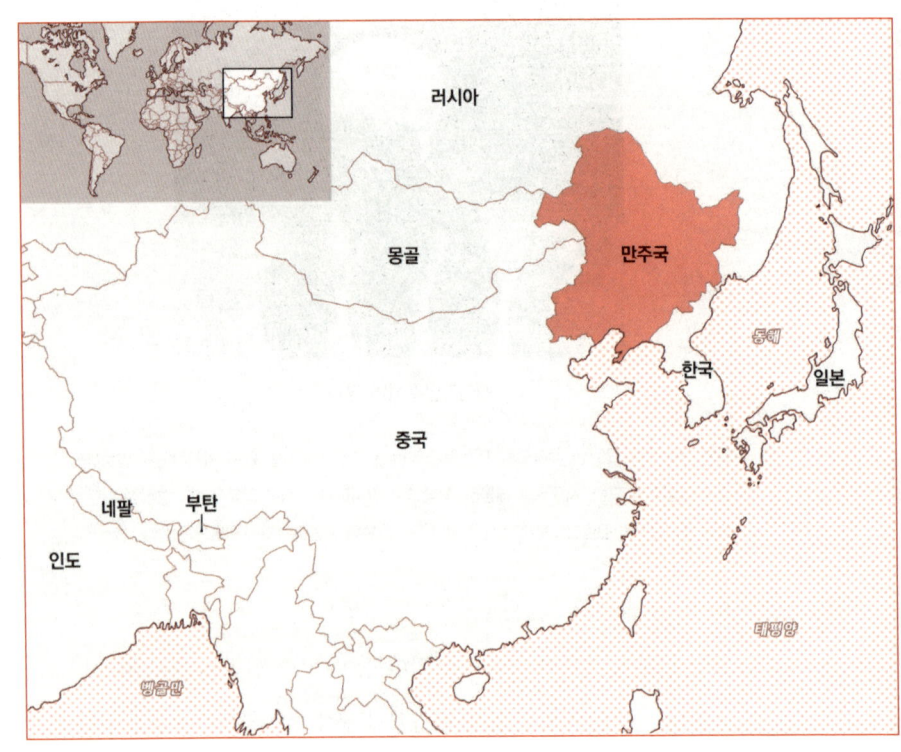

러시아

몽골

만주국

중국

한국

동해

일본

네팔

부탄

인도

벵골만

태평양

27 만주국

일본은 1932년 청나라 선통제를 내세워 만주국이라는 괴뢰 국가를 세우고, 관동군이 실권을
장악한다. 이에 만주를 비롯해 중국과 한반도는 일본 군부 팽창주의와 침략주의의 무대로 급
변하고 만다.

와 침략주의의 무대로 변하기 시작했음을 알리는 신호탄이었다.

만주사변 당시 동북군은 20~30만에 달하는 대군이었다. 반면 관동군이 동원했던 병력 규모는 1만 명을 조금 넘는 수준이었다. 그런데도 중국은 만주를 일본에 고스란히 넘겨주고 말았다. 여기에 대해서는 여러 해석이 있다. 먼저 장제스가 일본과의 전쟁보다 공산당 토벌을 우선시하는 바람에 만주를 '전략적으로 포기'했다는 견해가 있다.[71] 규모만 거대했을 뿐 일본군에 비해 무장과 훈련 수준 및 사기가 현저히 열악했던 동북군의 현실을 인지한 장쉐량이, 일본군과 무리한 전쟁을 벌이기보다 영토를 포기하더라도 세력만큼은 온존하기를 선택했다는 견해도 있다.[72] 이 견해에 따르면 공산당이 지배한 스케일이 국민정부로 하여금 만주 스케일을 포기하게 만드는, 즉 '스케일이 또 다른 스케일을 구축한' 일이 일어났다고도 해석할 수 있다.

한편 동북군은 만주사변이 일어나기 2년 전인 1929년 소련과의 국경분쟁인 봉소奉蘇전쟁에서도 참패한 바 있다. 동북군은 규모는 컸지만 그 전투력은 기대 이하였으며, 이는 동북군만의 문제가 아니라 군벌군 대부분의 문제였다. 물론 북벌 이후 군벌군은 형식상 국민혁명군에 편입되지만, 앞서 언급했듯이 국민정부는 옛 군벌 세력을 완전히 흡수하지 못한다. 군벌의 영향력은 줄어들었을 뿐 여전히 무시할 수준도 아니었다. 이외에 북벌과 중원대전의 여파, 공산당과의 대치 등 내부 문제에 시달리던 장제스가 일본과의 무력충돌 대신 오늘날 국제연합United Nation, UN의 전신 격인 국제연맹League of Nations의 중재를 통한 외교적 해법을 찾기 위해 일부러 부저항을 명령했으나, 그 시도가 실패하면서 결과적으로 일본이 만주를 차지하게 되었다는 견해도 존재한다.[73]

만주사변 당시 중국이 부저항으로 일관하며 만주를 일본에 어이없이 내준 까닭에 대해서는 여러 견해가 나름의 타당성을 지니지만, 그중 어느 하나만이 옳다고 속단하기는 어렵다. 하지만 신해혁명 이후 20년 가까이 이어져 왔고 북벌의 '성공' 이후에도 완전히 봉합되지 못한 중국의 지정학적 분열상이 영향력을 발휘했음은 부인하기 어렵다. 일본 스케일에서 팽창할 대로 팽창한 천황제 파시즘은 만주를 장악하여 중국 침략의 발판을 확보하고, 군벌의 난립과 국공 분열로 자국의 역량을 하나로 모으지 못한 채 분열해 있던 중국 스케일을 그 힘의 배출구로 삼으며, 한중일을 혼란과 전쟁의 불구덩이로 몰아넣는다.

한국 항일운동 세력은 왜 소련 및 중국과도 손을 잡았을까?

이처럼 1920년대 후반부터 1930년대에 이르는 시기, 한중일은 중국이 분열한 가운데 일본이 식민지 조선(한반도)을 지리적 발판 삼아 중국까지 침략하는 양상을 보인다. 그렇다고 해서 식민지 조선이나 중국이 일본의 침략에 무력하게 당하고만 있지는 않았다.

식민지 조선과 중국은 다양한 스케일에서 여러 방식으로 일본의 침략에 저항하며, 때로는 일본 내부 스케일에서도 이러한 제국주의 침략행위에 맞선 저항에 연대한다.

독립과 항일의 지리적 거점들

만주 지역은 일찍부터 한국 독립운동과 항일운동의 지리적 근거지로 자리매김한다. 한반도와 인접하면서도 적어도 만주사변 이전까지는 일본의 지배력이 온전히 미치지 못한 영역이었기에 독립운동가들과 항일운동 세력이 활동하기에 안성맞춤인 조건이었다.

1900년대 들어 일제의 국권침탈이 노골화하고 독립운동과 항일운동에 대한 탄압도 거세지는 가운데 수많은 독립운동가와 민족운동가들은 일제의 탄압을 피해 만주에서 독립운동과 국권회복운동을 이어 간다. 일제의 침략으로 한반도는 독립운동과 항일운동을 제대로 이어 가기 어려운 스케일이 되었으니, 만주에서 독립운동과 항일운동이 활발해진 것은 따지고 보면 당연한 일이었다. 신민회의 활동은 그 선구적 사례였다.

1907년 이회영, 안창호, 이시영, 이동녕, 김구, 김규식 등이 주도해 결성한 비밀결사인 신민회는 국권회복을 목표로 삼고, 만주를 일제의 탄압을 피해 국권회복운동과 독립운동을 실천할 수 있는 지리적 무대로 인식한다. 이들은 만주로의 이주와 개척에 많은 힘을 쏟는다. 이에 따라 신민회는 간도 서부에 독립운동 기지인 삼원보三源浦를 세우고, 이곳에 자치기구인 경학사耕學社, 독립군

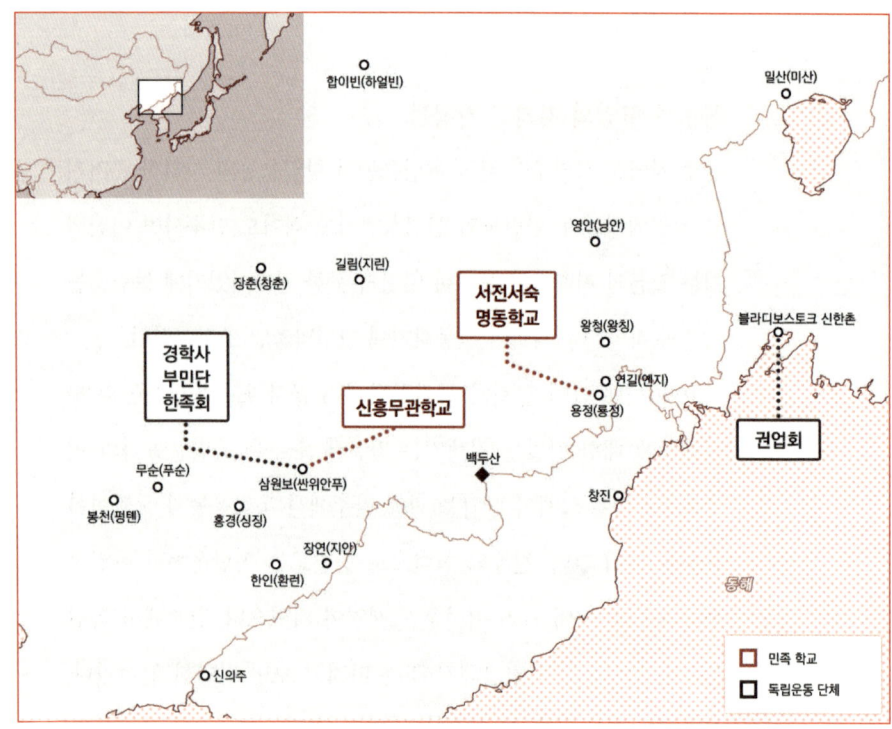

28 1910년대 항일독립운동 기지

만주는 일제의 탄압을 피한 한국 항일독립운동의 지리적 근거지였다. 남만주(서간도) 삼원보를
중심으로 자치기관 경학사(이후 부민단, 한족회로 확대)와 독립군 양성기관인 신흥강습소(이후 신흥
무관학교 설립)가, 동만주(북간도)에는 민족 교육 거점으로서 서전서숙과 명동학교가, 연해주에는
훗날 대한광복군정부 수립의 모태가 되는 권업회가 자리를 잡고 활동을 펼쳤다.

양성기관인 신흥강습소 등을 설립해 국권회복을 위한 실력양성을 도모한다. 신민회는 1911년 일제의 탄압(105인 사건)으로 해산되지만, 그들의 노력은 신흥강습소의 후신인 신흥무관학교 설립으로 이어진다. 신흥무관학교는 이후 수많은 독립운동 인력을 양성한다.

1919년 3·1운동을 계기로 조직적 독립운동의 필요성이 더욱 절실해졌다. 이에 따라 수립된 상해 임시정부(중국 상하이), 대한국민회의(러시아 블라디보스토크), 한성정부(한반도) 등 임시정부 조직들은 같은 해 9월 15일 상하이에서 대한민국 임시정부로 통합한다. 상하이는 중국 본토에 있어 만주보다 일본의 방해를 비교적 덜 받는 지역이었고, 이미 한중일 스케일을 대표하는 국제도시였기에 임시정부 활동에 더욱 적합한 지리적 조건을 갖추고 있었다. 여기에 더해 1921년 아무르강 유역의 소련 도시 스보보드니(자유시) 인근 극동 러시아를 근거지로 활동하던 한인 독립군 부대들을 소련군이 강제로 해산한 사건인 자유시 참변이 일어난다. 또한 1920~21년 일본군은 간도 일대 한인을 대상으로 대량 학살을 자행하는 경신참변을 일으킨다. 이러한 일련의 사건들은 독립운동의 지리적 무대가 극동 러시아와 한반도 북부, 간도 일대에서 중국 본토로 옮겨가는 중요한 계기로 작용했다.[74]

만주사변이 발발하면서 식민지 조선과 중국 간의 항일·반제국주의 연계는 더욱 뚜렷해진다. 내부 분열과 위기가 끊이지 않던 중국은 외부 스케일의 위협까지 겹치며 위기에 빠졌고, 일본의 위협을 견제할 동맹자가 절실했다. 한편 영토를 상실한 채 외국 스케일에서 활동해야 했던 식민지 조선의 독립운동 세력에게도 이는 불안정과 고립이라는 중대한 위기를 일정 부분 극복할 수 있는 지정학적 기회였다.

만주사변 직후인 1932년 쌍성보전투와 1933년 대전자령전투는 만주에서 활동하던 독립군 단체와 중국 국민혁명군 및 의용군과 자경조직이 연합해 일본군과 만주군을 격파한 전투다. 만주사변 이후 식민지 조선과 중국의 항일·반제국주의 연계가 본격화되고 있음을 보여주는 사례였다. 특히 윤봉길의 홍커우 공원 의거(1932년 4월 29일)는 대한민국 임시정부와 중국 국민정부 간의 항일 협력에 중요한 분수령으로 작용했다. 만주사변으로 일본을 견제할 동맹 세력이 절실했던 장제스와 국민정부에게 홍커우 공원 의거는 주목할 수밖에 없는 대사건이었고, 그 결과 이후 중일전쟁 시기(1937~45) 대한민국 임시정부와 중국 국민정부 사이에 강력한 연대가 이루어지는 데 적지 않은 영향을 미쳤다.[75]

국가와 민족 스케일을 넘나드는 반제국주의 저항운동의 연대는 일본 스케일에서도 예외가 아니었는데, 오키나와는 그 대표적 장소다. 이곳은 16세기까지 류큐琉球라 불리며 일본 문화의 영향을 받긴 했지만 별개의 문화와 언어를 지닌 영역이었다. 한반도, 중국, 일본 사이의 중계무역으로 번영하던 류큐는 17세기 초반 일본 사쓰마 세력*의 침략을 받아 그들의 속국이 되며, 1879년에는 일본에 완전히 병합된다. 이후 오키나와 원주민은 일본 내에서 사실상 2등 시민으로 대우받으며 차별과 박해에 시달린다.

20세기에 들어서자 오키나와 원주민 사이에서는 스스로를 일본의 침략과 착취 대상이 된 내부식민지**로 인식하는 흐름이 나타나고, 이에 맞선 저항운동도 확산한다. 그러는 가운데 구시 후사코久志芙紗子, 요기 세이쇼與儀正昌, 미야기 소宮城聰 등 오키나와의 지식인과 문화예술인 층에서는 마찬가지로 일본의 침략을 받던 식민지 조선, 중국 본토, 타이완 등지와의 동질 의식과 연대 의식이 형성되기 시작한다.[76] 아울러 일제강점기에 활동한 한국 문인 김사량 역시, 타이완 작가 룽잉종龍瑛宗과의 서신 교류 과정에서 19세기 후반 일본의 식민지가 된 타이완의 언어와 문화를 보전할 것을 당부했고,[77] 1940년에 발표한 〈조선의 지식층과 문화朝鮮の知識層と文化〉라는 논문에서는 오키나와 원주민에게 오키나와어 사용을 금지하고 일본 본토의 표준 일본어만을 강요하던 실태를 사례로 들어 일제의 조선어 폐지론을 비판하기도 했다.[78]

일본은 국가 스케일 측면에서 보면 팽창주의를 노골화하며 한

....

* 　사쓰마 세력은 에도시대 일본 규슈 남부를 지배했던 세력으로, 조슈 세력과 함께 근대 일본을 탄생시킨 메이지유신의 양대 주역이다. 일본 남쪽 끝에 위치해 중앙정부(에도막부)의 간섭을 덜 받았으며, 오키나와를 속국으로 삼아 설탕 무역과 해외 밀무역으로 막대한 부를 축적했고, 일본 해군의 막강한 파벌을 형성했다.

** 　제국주의 일본의 팽창 과정에서 일본 본토와 지리적으로 연결되었지만, 정치·경제·문화적으로 본토(메이지정부)에 식민지처럼 종속되어 차별받은 지역을 일컫는다. 대표적으로 홋카이도와 오키나와를 들 수 있는데, 메이지유신의 중심이던 사쓰마·조슈 세력에게 패배한 도호쿠(동북) 지역도 내부식민지 관점으로 보기도 한다.

중일 스케일을 전란으로 몰아간 원흉이지만, 그 내부에는 일본 정부와 주류 기득권 세력으로부터 차별과 억압을 받던 또 다른 하위 스케일이 존재했다. 바로 이들이 식민지 조선과 중국 등 일본 외부의 스케일과 연계해 일본의 팽창주의와 침략주의에 맞선 다중 스케일적 저항을 실천했다.

반제국주의 전선이 민족과 국가를 넘나든 이유

물론 이처럼 국가 스케일을 넘어선 반제국주의 저항운동의 한계 또한 간과하거나 무시하기는 어렵다. 예를 들어 오키나와에서 일어난 일본의 내부식민지배에 대한 저항운동은, 본격적인 국제연대의 실천이라기보다는 문학과 사상 면에서의 교류나 동질 의식에 머무는 경향이 뚜렷했다. 대한민국 임시정부와 중국 국민정부의 연대 역시 일본의 침략에 대한 저항이라는 순수한 목적을 공유하며 일사천리로 진행된 것은 아니다. 두 주체 사이에서는 이해관계 상충과 대립이 존재했고, 상호협력 과정에서도 마찰과 의사소통의 문제점이 적지 않게 드러났다. 또한 중국 국민정부가 대한민국 임시정부를 온전히 대등한 관계로 인정하지 않은 측면도 확인된다.[79]

아울러 중일전쟁 기간 중국 국민정부와 공산당이 대외적으로는 협력하면서도 실질적으로는 대립하는 과정, 즉 제2차 국공합작으로 중국 기반 독립운동이 이념적으로 분열하는 문제가 심해졌다.[80] 이러한 좌우 분열은 오늘날까지 대한민국에서도 이념 갈등을 낳고, 때로는 정쟁의 도구로 이용되는 결과에 이른다.[81] 중국 스케일에서 나타난 독립운동의 이념적 분열은 시공간을 넘어 80~90년이 지난 대한민국 스케일에까지 악영향을 미치고 있는 셈이다.

하지만 이러한 한계가 1920년대 이후 한중일 스케일에서 일어난 다중스케일적 반제국주의 연대의 무의미함이나 무가치함을 의미하지는 않는다. 중국을 공간적 무대로 하여 전개된 식민지 조선과 중국의 대일 저항 연대는 1930~40년대 한중일 스케일 전역으로 확산한 일본 천황제 파시즘의 침략에 맞선 저항과 연대라는 충분한 의의를 지닌다.[82] 그리고 일본의 오랜 침략과 차별에 이어 1945년 이후 미국의 지배와 주일미군 주둔을 둘러싼 여러 문제에까지 시달린 오키나와는, 일본이 제2차 세계대전에서 패망한 1945년 이후 한중일 스케일의 연대를 통해 그러한 부조리에 대한 저항을 실천하기에 이른다.[83]

지난 몇 년 동안 대한민국 사회에서는 홍범도, 김원봉 등 독립운동가들을 이른바 '빨갱이'나 '공산주의자' 따위의 언설로 매도하며 그들의 행적과 업적을 부당하게 폄훼하는 행보가 나타난 바 있다.[84, 85] 그들이 소련(연해주)하고 중국공산당과 제휴 및 협력했다는 이유 때문이었다. 물론 독립운동을 포함한 역사 연구는 다양한 관점에서 다각적이고 비판적으로 이루어져야 한다. 하지만 극단적 이념대립에만 함몰된 흑백논리식 비방과 폄훼, 매도와 비아냥은 역사와 현실을 바라보는 정상적 관점이라 보기 어렵다. 이런 방식으로 독립운동사에 접근하고 연구하는 일은 결코 바람직하지 않다. 왜곡된 이념을 정쟁의 수단으로 삼은 일부 정치세력의 부적절한 정치 행위가 연장된 성격을 지닌 이러한 행태는, 뒤틀린 집단혐오 정서와 결합하며 그 영향력을 더욱 키우는 모습까지 보였다.[86]

이러한 점에서 20세기 전반 한중일에서 다양한 스케일을 넘나들며 전개된 반제국주의·반파시즘 저항의 실천을 올바르게 이해하는 일은 독립운동사뿐 아니라 오늘날 한중일과 한국 사회를 이해하는 데에도 매우 중요한 의미를 지닌다. 당시 한중일이라는 공간이 어떤 상황에 놓여 있었는지, 그 구성원이 이념과 국가 스케일의 경계를 넘어 어떤 방식으로 관계를 맺고 협력했는지를 제대로 이해한다면, 극단적 흑백논리에 기초한 이념 갈등과 비합리적 혐오를 극복하고 한국 사회와 한중일의 현실을 올바르게 바라보는 안목을 기를 수 있을 것이다.

8장

동아시아를 넘어 태평양까지
폭주하는 전쟁의 광기

1930년대는 파시즘이 준동한 시대라고 해도 과언이 아니다. 유럽에서는 이탈리아와 독일이 1919년, 1933년 각각 파시즘 국가로 변모한다. 이 두 나라의 영향을 받아 파시즘은 유럽 각지로 확산한다. 에스파냐에서는 에스파냐내전(1936~39)에서 승리한 파시즘 지도자 프란시스코 프랑코가 에스파냐를 파시즘 독재국가로 만든다. 아울러 파시스트 이탈리아와 나치 독일은 팽창주의 정책을 이어 간다. 독재자 베니토 무솔리니 치하의 파시스트 이탈리아는 리비아와 에티오피아를 병합하는 등 아프리카에서 해외 영토를 확장한다. 그리고 제1차 세계대전에서 패배한 뒤 극심한 군비 억제를 강요당한 독일은, 나치스 지도자 아돌프 히틀러가 선거를 통해 집권하자 빠른 속도로 재무장하며 오스트리아와 체코슬로바키아를 병합한다. 파시즘은 본질적으로 극단적 민족주의에 바탕한 팽창주의 속성을 지닌 정치사상이니, 따지고 보면 당연한 귀결이었을지도 모른다.

천황제 파시즘에 완전히 지배당한 1930년대의 일본 역시 팽창주의를 가속화하며, 만주를 넘어 중국 본토까지 침공한다. 이로써 한중일 스케일 전체가 전쟁의 불길 속에 빠져든다. 그리고 일본이

일으킨 한중일 스케일의 전쟁은, 점차 그 스케일의 범위를 넘어
전 세계 스케일로까지 퍼져 나간다.

중일전쟁,
망가진 군부 독재의 브레이크

천황제 파시즘이 지배한 일본은 팽창주의라는 측면에서 나치
독일, 파시스트 이탈리아와 대동소이했다. 일본이 만주국을 통해
이미 만주를 장악하다시피 한 시점인 1937년 7월 7일, 베이징 근
교의 루거우차오盧溝橋* 인근에서 훈련 중이던 어느 일본군 부대의
병사 한 명이 점호에 불출석한다. 해당 병사는 용변을 보느라 점
호에 늦었지만, 그가 속한 연대의 연대장인 무타구치 렌야牟田口廉
也는 이를 중국군의 납치로 단정하고 독단적으로 중국군을 향해
발포한다. 일개 연대장의 권한을 넘어선 명백한 월권행위이자 전
횡이었지만, 고노에 후미마로近衛文麿** 내각과 육군성은 사건 이후
....

* 　1192년(금나라 시대)에 완공된 화북지방에서 가장 오래된 아치 석조다리다. 마르코 폴로가
《동방견문록》에서 "세계 어디에도 비길 데 없는 훌륭한 다리"라고 극찬했을 만큼 건축학적
가치도 크지만, 중일전쟁이 발발한 곳이라는 역사적 상징성 때문에 오늘날 인근에 '중국인민
항일전쟁기념관'을 세워 문화유산으로 기념하고 있다.

** 　일본 제국주의가 절정으로 치닫던 시기, 일본 내각 제34대(1937~39)와 제38~39대
(1940~41) 세 차례에 걸쳐 총리를 지낸 인물이다. 최고 엘리트로서 권한을 군부의 폭주를 막는 데에
쓰지 못하고 중요한 순간마다 확전을 승인했는데, 패전 후 전범 재판 과정에서 자결했다.

만주에 병력을 증파한다. 결국 루거우차오 사건은 중일전쟁으로 비화한다. 이로써 일본의 천황제 파시즘과 팽창주의는 한반도와 만주 스케일을 넘어, 중국 본토 스케일로까지 확산한다.

고노에 후미마로는 1940년 형식적으로나마 유지되던 일본의 다당제 의회를 완전히 해산하고 일본을 대정익찬회大政翼贊会라는 파시즘 정당이 지배하는 일당독재 국가로 바꾼 인물이다. 또한 중일전쟁 개전을 주도했던 당시 육군대신 도조 히데키東條英機는 1941년 일본 총리가 되어 태평양전쟁 개전을 주도한다. 중일전쟁은 한중일 스케일에서 일어난 파시즘 세력의 팽창이라는 성격 강하게 지닌다고 볼 수 있다.

동부 평야부터 무너지기 시작한 중국

중일전쟁 개전 후 일본군은 연전연승한다. 중국 국민정부군은 200만 명에 달하는 대군이었지만, 그중 독일식으로 훈련받고 독일제 무기로 무장한 정예 중앙군은 많아야 40만~50만 명 수준에 그쳤다. 나머지 병력은 훈련 수준과 사기, 충성심이 모두 낮은 군벌군 출신이 대부분이었다. 한 예로 난징의 군벌 출신 방어사령관 탕성즈唐生智는 일본군이 상하이를 격전 끝에 함락한 뒤 난징을 공략해 방어선을 무너뜨리자, 휘하 병력과 난징 시민을 내팽개친 채 멋대로 도주했다. 그 결과는 중일전쟁 과정에서도 손꼽히는 참사인 난징대학살*로 이어졌다.

1938년 8월 일본군은 중국 국민정부의 임시수도 우한武漢을 함

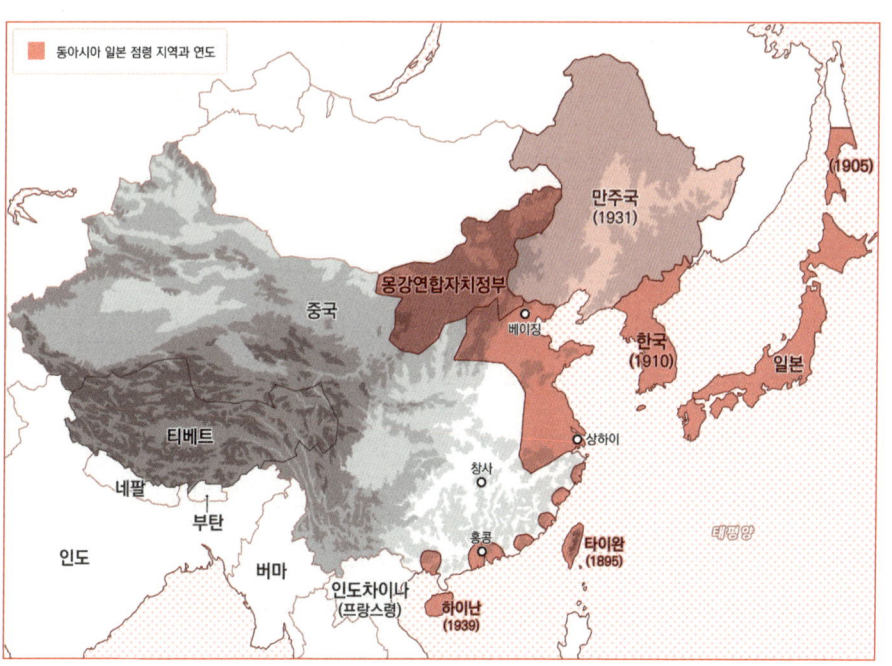

29 1939년 중국 내 일본 점령지

일본은 1895년 청일전쟁 승리 후 시모노세키조약으로 타이완을 점령하고, 1910년 한국을 병합한다. 1931년 만주사변으로 괴뢰 국가 만주국을 수립하고, 1937년 중일전쟁 이후 또 다른 괴뢰 국가 몽강연합자치정부를 출범한다. 이어 상하이를 비롯한 동부 해안 지대를 잠식한 후, 1939년에는 하이난까지 점령한다. 북쪽(만주 및 러시아)과 남쪽(동남아 및 태평양)으로 세력을 뻗어 나가는 과정이 한눈에 보인다.

락한다. 이로써 국민정부는 중국 경제와 사회의 중심이던 동부 평야지대 대부분을 일본군에 내준 채, 쓰촨四川성 청두成都를 임시수도로 삼아 서부 산악지대로 철수한다. 신해혁명의 결과로 빚어진 중국 스케일의 분열은 중일전쟁이 발발할 때까지 완전히 봉합되지 못한 채 이어진다. 그사이 영토의 상당 부분이 일본 스케일, 곧 천황제 파시즘 스케일의 지배 아래 들어가고, 이는 한중일 스케일의 또 다른 지정학적 전환을 낳는다.

중일전쟁 초기 일본군의 연승 행보, 그중에서도 특히 우한 함락은 한중일 스케일의 지정학적 질서에 거대한 파문을 일으켰다. 무엇보다 식민지 조선의 지식인과 민족지도자들 사이에서 친일 세력으로 변절하는 이들이 눈에 띄게 증가했다. 일본군이 우한을 점령해 중국 동부 평야지대를 모조리 장악하자, 일본은 중국을 제치고 아시아의 새로운 패자霸者로 확실히 자리매김했다. 이러한 상황 속에서 식민지 조선의 독립은 현실적으로 불가능하다는 인식이 식민지 조선의 지식인과 지도층 사이에 크게 확산한다.[87]

중국에서도 심각한 분열이 일어났다. 우한 함락 이후 중국 중·북부에는 국민정부의 거물 정치인 왕징웨이汪精衛를 수반으로 한 친일 괴뢰정권이 들어선다. 옌시산은 옛 군벌 시절의 영향력을 활

....

* 중일전쟁을 일으키고 1937년 12월 난징 성내로 진입한 일본군이 저지른 만행. 이전 상하이전투(1937년 8~10월)에서 큰 피해를 당한 데 대한 보복 심리로 포로가 된 중국 군인은 물론 무고한 민간인을 잔인한 방식으로 살해했으며, 수많은 문화재와 개인 재산을 방화하고 약탈했다.

용해 산시성을 장악한 뒤 공산당과 제휴하면서까지 일본군에 저항한다. 그러나 머지않아 자신의 지배 영역을 확고히 하기 위해 일본군에 협력하기 시작한다.[88] 이로써 국민정부의 지정학적 영역에도 심각한 분열이 나타났다. 무엇보다 왕징웨이 정권이 국민정부를 자처하며 등장하면서 충칭重慶으로 퇴각한 장제스의 '정통' 국민정부는 정통성은 물론 중국인들의 지지와 신뢰에도 심각한 타격을 입었다. 더욱이 일본군의 손에 넘어간 중국 동부 평야지대는 경제적 요지이자 국민정부의 경제적 기반이었으니, 이로써 국민정부는 중국을 지배하고 한중일 스케일을 주도할 역량에 치명타를 입었다고 볼 수 있다.

아울러 우한 함락을 위시한 중일전쟁 초기 일본군의 연전연승은 일본 군부의 위상과 발언권을 무한대에 가깝게 키우며, 파시즘적 침략전쟁의 브레이크를 완전히 풀어버린다. 고노에 내각은 1937년 '국민정신총동원 지침'이라는 정책을 시행하고, 일본뿐 아니라 식민지와 괴뢰국의 인력과 자원까지 총력전 형태로 침략전쟁에 총동원한다.[89] 이에 따라 한중일 스케일의 대부분은 일본 침략전쟁을 위한 거대 보급기지로 전락했다. 전쟁을 비판하거나 반대하는 목소리는 철저한 검열에 가로막혔고, 궁성요배와 같은 천황숭배 의식이 식민지 주민에게 강요되었다. 식민지 조선을 비롯한 일본 식민지 전역에서 민족문화 탄압이 휘몰아쳤고, 이는 식민지의 민족문화 말살정책으로 이어졌다.

30 궁성요배를 올리는 모습

일제강점기 후기 식민지 조선인은 정해진 시간에 천황의 거처를 향해 절을 올리는 궁성요배를 강요당했다.

ABCD 포위망에 맞선 대동아공영권

우한 함락이 중국의 항복이나 무력화로만 이어진 것은 아니었다. 국민정부는 일본군이 충칭을 끊임없이 폭격하는 와중에도 항전을 이어 간다. 일본은 빠르게 확보한 광대한 중국 영토를 완전히 지배할 만큼의 인적·물적 자원을 갖추지 못해, 주요 도시와 철도노선 그리고 간선도로망을 점과 선처럼 잇는 방식으로 장악하는 데 머문다. 그러자 중국 국민정부군은 수시로 게릴라전을 벌여 일본군의 보급선을 교란하고 지속적인 소모전을 유도한다. 한 예로 난징대학살로 이어진 난징전투 직전에 벌어진 상하이전투에서 일본군은 병력 30만 명 가운데 4만~7만 명이 전사하거나 부상하는 큰 손실을 입었다. 이어 1938년 3~4월에는 쉬저우徐州 북부의 소도시 타이얼좡臺兒庄에서 바이충시와 리쭝런이 지휘하는 국민정부군이 일본군을 격파하며, 이곳을 병참기지로 삼으려던 일본군의 계획에 큰 차질이 생겼다. 단기결전으로 중국을 굴복시키려던 일본 수뇌부의 계획은 사실상 물거품이 되었다.

일본은 군벌 시대의 여파로 분열하고 약체화된 중국군을 상대로 연승을 거두는 데는 성공했지만, 광대한 중국 영토와 국민정부 그리고 중국인의 결사적 저항을 간과한 채 조기 승리를 이루지 못하고 장기전의 수렁으로 빠져들었다. 일본은 중국을 두 개의 스케일(국민정부가 여전히 지배하는 서부 그리고 자신들이 손에 넣은 동부 평야지대)로 나누어 그중 하나를 지배했다. 그러나 서부의 끈질긴 저항과 동부의 불완전한 장악이 다중스케일적으로 맞물리면서, 일본은 점차 장기전이라는 난관에 직면한다.

한편 중일전쟁은 글로벌, 일본과 아시아·태평양, 중국이라는 다중스케일에서 새로운 국면을 불러왔다. 우선 글로벌 스케일에서 일본은 지리적으로 고립되기 시작했다. 일본의 과도한 팽창은 아시아·태평양에서 이미 식민지를 확보하고 있던 미국과 유럽 열강을 자극했다. 장제스가 일본의 침략을 국제연맹에 제소하자, 중국은 일본을 견제할 정치·외교적 명분까지 얻게 된다. 이에 따라 중국은 태평양 방면의 미국, 동남아시아의 천연자원이 풍부한 영국과 네덜란드와 함께 'ABCDAmerica, Britain, China, Dutch 포위망'이라 불리는 대일본 금수조치를 시행한다. 천연자원이 빈약한 일본은 중일전쟁이 길어질수록 자원과 물자가 빠르게 줄어들고, 여기에 ABCD 포위망까지 겹치자 자원난과 물자난이 극심해진다. 특히 석유가 나지 않는 일본에게 석유 금수조치를 동반한 ABCD 포위망은 심각한 위기로 다가왔다.

이는 전쟁 장기화로 누적된 피로감과 맞물리며, 일본 스케일에서 '대동아공영권大東亞共榮圈'이라는 프로파간다propaganda가 확산하는 결과를 낳았다. 일본이 대정익찬회의 일당독재 국가로 변모한 1940년부터 쓰기 시작한 이 용어는, 아시아에서 서구 제국주의 열강을 몰아내고 일본이 주도하는 아시아 공영권을 구축하겠다는 목표를 내세운다. 언뜻 보면 코스모폴리타니즘이나 반제국주의 운동처럼 보이기도 하지만, 실제로는 일본의 아시아·태평양 침략과 이를 위한 총력전 체제를 정당화하려는 정치선전에 불과했다.

제2차 국공합작으로 확산하는 공산당 지배 영역

중국 스케일에서는 일본의 침략으로 제2차 국공합작이라는 새로운 국면이 형성된다. 물론 국민정부가 대승적 차원에서 중국공산당을 포용한 것은 아니었다. 1936년 12월 12일, 시안西安 시찰에 나선 장제스를 장쉐량이 전격 구금하며, 국공합작 재개와 대일 항전을 강하게 요구하는 시안 사건이 일어난다. 동기가 석연찮은 이 사건의 장본인 장쉐량은 이후 국민정부에 체포되어 1990년대 초반까지 50년 이상 가택연금을 겪기도 했다. 아무튼 시안 사건을 계기로 제1차 국공내전은 막을 내리고, 공산당은 명목상 국민정부에 속한 정당의 지위를 갖는다. 공산당의 군대였던 홍군紅軍도 재편에 들어가 국민혁명군 제8로군(팔로군), 신편 제4군(신사군) 등 국민정부군 예하의 여러 부대로 편입된다. 하지만 중국 서부가 일본군의 수중에 떨어진 상황에서도 공산당은 실제로는 독립적으로 행동했다. 이들은 일본군을 상대로 게릴라전을 벌이기도 하지만, 대체로 국민정부군에 비해 소극적으로 항일전에 임하며 농촌과 산간지대를 중심으로 세력 확장에 힘을 기울인다.[90]

이러한 점에서 중일전쟁은 국민정부의 토벌에 쫓겨 중국 북부 산간지대의 옌안延安으로 도주하는 등 절체절명의 위기에 놓였던 공산당이 회생하는 계기가 된다. 이 대장정大長程*을 통해 중일전쟁으로 반쯤 공백지처럼 변한 중국의 농촌과 산간지대는 공산당이 세력을 넓혀 가는 기반이 된 것이다. 이렇듯 국민정부가 지배하지만 완전히 장악하지는 못하던 1930년대 중국에서는, 국공합작의 재개와 중일전쟁을 계기로 공산당 지배영역이라는 또 다른 스케일이 대두한다. 이는 전쟁이 끝난 뒤 중국은 물론 한중일 스케일의 지정학적 질서까지 뒤흔드는 변화를 가져왔다.

....

* 중국의 공산당이 국민당의 군사 압박을 피해 1934년부터 1936년까지 2년여 동안 중국 남부에서 북서부까지 이동한 대규모 후퇴 행군을 가리킨다. 장시성 루이진에서 시작해 산시성 옌안까지 1만 킬로미터가 넘는 행군을 거치며 공산당은 국민당 포위에서 벗어나 새로운 혁명 근거지를 확보하고 대장정 과정에서 마오쩌둥은 지도력이 강화되면서 이후 핵심 지도자가 된다.

태평양전쟁,
전 세계 다양한 지리적 스케일의 대폭발

　일본이 완전한 일당독재 국가로 변모해 대동아공영권을 부르짖기 시작한 1940년은, 유럽 스케일에 일어난 지정학적 국면의 변화가 한중일과 아시아·태평양 스케일에까지 중대한 영향력을 행사한 해이기도 하다. 이 해 상반기 유럽에서는 나치 독일이 네덜란드와 프랑스를 병합한다. 그로 인해 영국은 유럽에서 고립당한 처지에 놓인다. 그러면서 네덜란드령 인도네시아와 프랑스령 인도차이나(오늘날 베트남, 캄보디아, 라오스)는 기댈 곳을 잃은 신세로 전락했다. 영국령 말라야(오늘날 말레이시아와 싱가포르)와 버마(오늘날 미얀마) 역시, 고립무원 처지에 내몰린 식민모국으로부터 지원을 받기 어려운 상황에 직면했다. 이 같은 상황 속에서 일본은 프랑스가 나치 독일에 항복한 이후인 1940년 9월, 비시정부*의 승인 아래 베트남 북부에 일본군을 주둔시킨다.

　당시 미국은 유럽에서 일어난 전쟁에 중립을 지키고 있었으나, 대일본 봉쇄는 지속했다. 그런 한편으로 1941년부터 나치 독일과 힘겨운 전쟁을 이어 가던 영국과 소련에 무기대여법을 통해 대규

....

*　1940년 6월에 프랑스가 독일에 항복한 후, 비시Vichy에 세운 친독 괴뢰 정권. 필리프 페탱을 수반으로 하는 반동적 파시스트 독재 정부로, 독일군이 점령하지 않은 명목상 자치 지역을 다스렸으나 나치스 독일의 패망과 더불어 무너졌다.

모의 물자와 장비를 지원하기 시작한다. 이미 베트남에 군대를 보낸 일본은 중일전쟁의 장기화 속에서 자원부족에 시달리기 시작했다. 이런 상황에서 식민모국을 잃거나 모국과의 연결고리가 약해진 데다 천연자원이 풍부한 동남아시아를 확보해야 할 필요성은 절실해졌다. 이는 대동아공영권이라는 프로파간다와도 딱 맞아떨어졌다. 그러기 위해서는 태평양함대를 거느리고 일본을 봉쇄하고 있는 미국을 반드시 무력화해야 했다.

이러한 점에서 태평양전쟁은 여러 스케일의 요인이 상호작용하여 발발한, '다중스케일적 전쟁'의 성격을 띤다. 나치 독일이 유럽을 석권하면서 아시아·태평양은 고립무원의 스케일로 전락하고, 이미 한중일을 넘어 동남아시아까지 침략의 지리적 범위를 넓힌 일본의 행보에는 미국이라는 또 다른 지리적 스케일이 제동을 걸었다. 태평양전쟁은 단순히 '태평양'이라는 스케일을 넘어, 전 세계의 다양한 지리적 스케일에서 일어난 지정학적 변화들이 촉발한 '스케일의 전쟁'이라 할 만하다.

진주만 공습, 다중스케일이 빚은 군사적 도박

1941년 12월 7일, 일본 해군은 미국 태평양함대의 모항인 하와이의 진주만을 기습 공격한다. 태평양함대를 무력화하거나 파괴한 다음 동남아시아와 태평양을 석권해 완전한 지배 아래 두는 데 성공한다면, 전쟁수행 의지가 꺾인 미국을 상대로 자국에 유리한 조건의 협상을 강요할 수 있다는 계산에서였다.[91] 진주만에 주둔해 있던 미국의 태평양함대는 큰 피해를 입는다. 소속 전함 네 척이 침몰하고, 그중 두 척은 진주만의 수심이 얕았던 덕분에 인양 및 수리되지만 1944년에야 전선에 복귀한다. 반면 일본 해군의 손실은 경미한 수준에 그친다. 이렇게 태평양전쟁의 막이 올랐다.

사실 진주만 공습은 ABCD 봉쇄 등으로 자원과 물자가 부족해진 일본이 벌인 군사적 도박 성격이 농후했다. 애초에 공습을 지휘한 연합함대 사령장관 야마모토 이소로쿠山本五十六를 비롯한 일본군 수뇌부조차, 미국을 상대로 한 전면전에서의 승리는 현실적으로 어렵다는 점을 인식하고 있었다. 그렇다고 진주만 공습과 태평양전쟁이 아무 준비 없이 그저 '요행만 바란 도박'은 아니었다. 일본은 ABCD 봉쇄에 대처하고 중국은 물론 미국과의 전쟁도 대비하고자 일만지日満支 계획을 시행했다. 일본 본토와 한반도, 만주국, 중국(지나支那) 본토를 군수산업 기지로 재편성해 한중일 스케일을 침략전쟁 수행을 위한 병참기지로 만들려는 국토계획이었다. 이에 따라 일제강점기 후반 한반도 북부의 함흥과 흥남 등지에는 대규모 중화학공업 시설들이 들어서고, 수많은 청년 인구가 이 지역으로 이주했다. 아울러 식민지 조선과 만주국, 중국 내 일본 점령지의 수탈과 착취도 한층 심해졌다.

미 태평양함대가 무력화되자, 일본 육·해군은 동남아시아와 태평양을 문자 그대로 석권한다. 진주만 공습부터 1942년 4월까지 5개월 남짓한 기간 동안 일본군은 영국령 홍콩, 말라야, 버마, 뉴기니섬 대부분, 네덜란드령 인도네시아, 미국령 필리핀을 완전

소련

몽골

만주

중국

네팔
부탄

인도

한국 동해

일본

도쿄

상하이

충칭

히로시마

나가사키

쿤밍

버마

홍콩

시암

인도차이나

말라야 연방

싱가포르

네덜란드령 동인도

인도양

마닐라

필리핀제도

괌

캐롤라인제도

라바울

솔로몬제도

산호해

웨이크섬

미드웨이제도

마셜제도

태평양

하와이제도

진주만

호주

뉴칼레도니아

■ 제2차 세계대전 이후 일본
□ 일본 제국의 최대 확장 범위

31 1942년 태평양전쟁 당시 일본 최대 판도

일본은 태평양전쟁 초기 연전연승을 거두며, 동아시아의 한반도, 중국 동부 및 북부, 만주를 장악한다. 동남아시아는 필리핀, 말라야, 버마, 네덜란드령 동인도, 프랑스령 인도차이나가 일본 점령 아래 들어갔으며, 괌, 웨이크섬, 솔로몬제도 일부, 뉴기니 북부 등 광범위한 태평양 도서 지역까지 세력을 확장했다.

히 점령한다. 영국령 말라야를 지키던 9만 명에 가까운 영국 주둔 군은 3만 6,000명의 병력을 거느린 야마시타 도모유키山下奉文의 기습과 기동전 앞에 사기가 무너진 채 제대로 싸워 보지도 못하고 항복한다. 영국에서 파견된 최신 전함 프린스오브웨일스Prince of Wales함과 순양전함 리펄스Repulse함은 항공기의 호위 없이 항해하던 도중 일본 해군항공대 소속 함재기의 공습을 받아 격침된다. 영국과 네덜란드 식민지의 잔존 함선들이 미국과 호주 해군의 지원을 받아 편성한 ABDAAmerica, British, Dutch, Australia 함대도 인도네시아 근해에서 일본 해군에 섬멸된다.

필리핀 주둔군 사령관 더글러스 맥아더는 부사령관 조나단 웨인라이트에게 지휘권을 이양한 뒤 소수의 수행원만 데리고 호주로 철수한다. 맥아더는 이로 인해 '덕아웃 더그Dugout Doug'라는 불명예스러운 별명을 얻고, 악전고투 끝에 일본에 항복한 미 육군 중장 웨인라이트는 전쟁이 끝난 뒤에야 피골이 상접한 모습으로 고국에 돌아온다. 필리핀 주둔 미군 장병 수만 명은 항복 직후 일본군이 저지른 가혹행위로 목숨을 잃었다.

수렁에 빠진 채 파멸로 치닫는 천황제 파시즘

일본의 진주만 공습은 이미 중일전쟁의 수렁에 빠져 있던 일본을 태평양전쟁이라는 더 깊은 수렁으로 완전히 끌어들였다. 게다가 일본의 의도와 달리 미국은 진주만 공습으로 전쟁수행 능력이 약해지기는커녕 일본에 대한 적개심과 전쟁의지까지 크게 고조했다. 미국에서는 자원입대자들의 행렬이 장사진을 이루었다. 아울러 나치 독일과 일본의 GDP를 합한 것보다 훨씬 규모가 큰 경제력과 산업능력을 지닌 미국은, 전시경제로 전환해 일본군이 감당하기 어려운 수준의 물량공세를 펼친다.

진주만 공습은 장기적·전략적 측면에서 한계가 많았다. 미 태평양함대 소속 항공모함 세 척은 공습 당시 훈련을 위해 진주만을 벗어나 있었기에 아무런 피해도 입지 않았다. 게다가 진주만에 대량으로 보관되어 있던 석유 역시 무사했다. 전투가 길어질수록 역습 위험이 커진다고 판단한 일본의 진주만 공습부대 지휘관 나구모 주이치南雲忠一가 미 해군 전함들을 파괴한 뒤 추가 공격을 중단하고 철수했기 때문이다.

1942년 6월 4~7일 일본은 북태평양의 산호초 미드웨이섬의 미 해군기지를 기습 공격하는 미드웨이해전을 감행한다. 일본 해군 기동부대는 도리어 미 해군의 기습을 받아, 미드웨이 작전에 투입한 항공모함 네 척을 모두 잃는 치명적 피해를 입는다. 미 해군은 뛰어난 정보자산으로 일본 해군의 미드웨이 기습 계획을 사전에 감청하고, 진주만 공습에서 피해를 입지 않은 항공모함 세 척을 활용해 일본 해군을 상대로 대승을 거둔다.

미드웨이해전 이후 태평양전쟁에서 일본군은 수세에 몰리기 시작했다. 전시경제 전환에 완전히 성공한 미국은 대량의 무기와 장비를 끝도 없이 생산하고, 성능이 뛰어난 신무기도 연달아 개발한다. 반면 애초부터 무리한 전쟁을 도박처럼 벌였던 일본은 시간이

32 1942년 미드웨이해전

미드웨이해전은 태평양전쟁으로 거침없이 폭주하던 일본이 전략적 주도권을 잃고 후퇴하는 주요한 계기가 된다. 가장 마지막까지 전투를 계속한 일본 해군 항공모함 히류飛龍가 미 해군의 공격을 받아 불타오르며 침몰 직전에 있다.

갈수록 무기와 물자, 장비 부족에 시달린다. 한 예로 일본 해군의 주력 병기인 영식함상전투기零式艦上戰鬪機*, 즉 제로는 경이적인 수준의 기동력을 자랑했지만, 방어력은 매우 약했다. 미 해군은 전쟁 중기부터 F4U 커세어, F6F 헬캣 등 제로의 성능을 압도하는 신형 함상전투기를 속속 개발해 전선에 배치했다. 그러나 일본 해군은 전쟁이 끝날 때까지 제로를 주력 함상전투기로 운용할 수밖에 없

⋯⋯⋯

* 일본 미쓰비시사가 설계한 미쓰비시 A6M 기종으로, 전투에 배치된 1940년이 황기 2600년이었기 때문에 제로Zero라는 명칭이 붙었다. 일본 해군의 주력 함상전투기로서, 태평양전쟁 초기 압도적 성능과 실전 경험 풍부한 조종사들의 숙련된 전술이 결합해 연합군을 공포에 빠뜨렸다.

었다. 게다가 정보전에서도 계속 열세에 놓였는데, 1943년 4월에는 일본 해군 장병들에게 절대적인 존경과 신뢰를 받던 야마모토 이소로쿠가 전선 시찰을 위해 탑승한 항공기가 그의 이동계획을 입수한 미 육군항공대의 기습을 받아 격추되어 사망하는 일까지 벌어진다.

일본이 한중일 스케일과 동남아시아·태평양 스케일에서 자행한 수탈과 잔학행위 또한 결과적으로 일본군의 패전을 앞당긴다. 사실 태평양전쟁 초기 동남아시아 각지에서는 원주민들이 일본군을 환영하는 일이 여러 차례 일어났다. 유럽 열강의 식민지배에 지치고 분노해 있던 그들이, 같은 아시아인인 일본이 부르짖는 대동아공영권 프로파간다에 동조한 까닭이었다.

하지만 일본군의 행태는 그들을 오랫동안 지배해 온 유럽 열강보다 결코 덜하지 않았다. 자원과 물자를 수탈했을 뿐 아니라 한중일과 동남아시아의 수많은 사람을 징병과 징용은 물론 종군위안부(성노예)로까지 동원했다. 그러다 보니 중국에서는 식민지 조선인과 중국인들이 게릴라전을 통해 저항을 이어 가며 투쟁 수위를 높였다. 태평양과 동남아시아의 원주민들도 일본군을 상대로 게릴라전을 벌이거나 미군을 비롯한 연합군에 적극 협력했다. 심지어 버마에서는 미군 장비로 무장하고 미국식으로 훈련받은 중국 국민정부군이 일본군을 연파하는 일도 일어났다. '대동아공영권' 스케일은 일본 천황제 파시즘의 태생적 침략성과 약탈성 때문에 오히려 일본의 발목을 잡는 지리적 스케일로 변질되었다.

반파시즘으로 연결된
저항운동의 공간들

 일본이 중국과 동남아시아·태평양 스케일에서 전쟁을 이어 가며 수렁에 빠지는 가운데 한중일 스케일 내부에도 항일과 반파시즘 연대투쟁의 장소가 여럿 생겨났다. 이는 일본군이 지배는 하지만 규모가 매우 커서, 완전히 장악하지는 못한 중국 스케일에서 특히 활발하게 전개된다.

 중국 국민정부를 따라 충칭으로 근거지를 옮긴 대한민국 임시정부는 예하 병력인 광복군을 버마-인도 전선 등지에 투입해 연합군과 함께 작전에 나선다. 이념 갈등으로 대한민국 임시정부에서 갈라져 나온 조선의용대 좌파, 민족혁명당, 조선독립동맹 등은 중국 팔로군의 중요 기지였던 타이항산太行山 항일 근거지에서 팔로군과 연합작전을 벌인다. 중국 주둔 일본군에 복무하던 조선인 장병들 가운데 일부는 탈영한 뒤 항일단체에 합류한다.

 예를 들어 대한민국에서 국회의원과 언론인으로 활동하며 민주화 운동에 많은 이바지를 했던 장준하는, 1944년 학병으로 일본군에 징집되었다가 탈영한 뒤 충칭의 임시정부에 합류해 광복군으로 복무했다. 일본군 종군문인 활동을 강요받던 김사량 역시 1945년 베이징을 방문하던 중 탈주해 타이항산 항일 근거지에 합류했다. 아울러 전쟁 말기에는 일본의 패망을 예상한 여운형, 안재홍, 조만식 등의 독립운동 지도자들이 일본 패망 이후 독립국 건

33 1943년경 버마에 파견된 광복군

한국광복군은 대한민국 임시정부의 정규군대로 1940년에 창설되어 연합국과 함께 대일전쟁을 수행했다. 그중에서도 한국광복군 인면전구공작대는 한국광복군 제1지대원들로 영국군이 일본과 전쟁을 벌였던 버마-인도 전선에 파견되어 1943년 8월부터 1945년 8월까지 2년 동안 활동했다.

국을 위해 조선건국준비위원회를 결성했다. 요컨대 태평양전쟁 시기에 천황제 파시즘의 광기와 그로 인해 발발한 전쟁의 공간적 무대가 된 한중일 스케일은 한편으로 그 안의 다양한 반파시즘 저항운동의 무대가 마련된 또 다른 지리적 스케일로 작용한 측면이 컸다.

　필리핀에서 도주한 뒤 태평양 방면 미 육군의 사령관으로 임명된 맥아더는, 일본군이 점령한 태평양의 여러 섬 가운데 군사지리적으로 중요한 섬에만 전력을 집중해 일본군을 지리적으로 고립시키는 '개구리뛰기 작전'으로 일본을 효과적으로 제압해 간다. 그리고 체스터 니미츠가 지휘하는 미 해군은 1944년 10월 필리핀 레이테만해전에서 승리해 일본 해군력을 사실상 무력화하는 데 성공한다. 1945년 무렵 일본의 패배는 사실상 기정사실에 가까웠다. 그런데도 일본은 저항을 계속했다. 개전 직전 소련과 불가침조약을 체결해 두었으니, 결사항전을 통해 미군에 최대한 큰 피해를 입혀 유리한 정전협정을 맺을 수 있다고 판단했기 때문이다.

이 과정에서 한반도에도 일본의 결사항전을 위한 군사시설이 세워졌으니, 제주도 산방산의 동굴기지와 알뜨르비행장이 바로 그 흔적이다. 게다가 패전 직전의 오키나와전투(1945년 4월 1일~7월 2일)에서 일본군은 식민지 조선인 징용노동자와 종군위안부 그리고 오키나와 원주민들에게도 집단자살을 강요하고, 패주하는 과정에서 그들을 학살하기까지 한다. 19세기 중·후반 이후 일본이 한중일의 변방에서 아시아 유일의 제국주의 열강으로 거듭나는 과정에서, 천황숭배 사상은 결코 무시하기 어려운 영향력을 미쳤다. 이 사상은 이후 파시즘 및 팽창주의와 결합하고 변질하며, 한중일 스케일 전체를 국가 간 무력행사를 넘어 극심한 전쟁범죄와 인권유린, 반인류 범죄로 가득 찬 공간으로 만들었다.

1945년 5월 나치 독일이 패망하면서 유럽 방면에서 소련을 위협하던 요소는 사라졌다. 이에 소련의 지도자 이오시프 스탈린은 일본과의 불가침조약을 일방적으로 파기하고, 같은 해 8월 9일 만주를 전격적으로 침공한다. 이미 크게 약화해 있던 관동군은 대규모 기갑부대를 앞세운 소련군의 침공 앞에 속수무책으로 무너진다. 만주 대부분은 개전 5~6일 만에 소련군의 손에 넘어가고, 소련군은 한반도 북부로까지 진주하기 시작한다. 제2차 세계대전의 주요 승전국으로 이미 동유럽을 장악한 소련이 동아시아로까지 진출할 것을 우려한 미국은, 결국 8월 6일과 9일 히로시마와 나가사키에 원자폭탄을 투하한다. 전쟁수행 능력과 의지를 완전히 상실한 일본의 천황 히로히토裕仁는 8월 15일 오전 라디오 방송을 통해 연합군에 대한 무조건 항복을 선언한다.

이로써 일본은 태평양전쟁에서 패망했고, 한중일 스케일을 피와 반인륜 범죄로 얼룩지게 만들었던 천황제 파시즘도 소멸했다. 한반도는 일제의 식민지배에서 벗어났고, 중국 역시 일본과의 오랜 전쟁에서 벗어날 수 있었다.

해양세력과 대륙세력의 대결, 국공내전과 한국전쟁

태평양전쟁에서 일본이 패망하고 천황제 파시즘이 소멸했지만, 한중일 스케일의 앞날에는 여전히 짙은 어둠이 드리워져 있었다. 중국은 일본과의 기나긴 전쟁으로 심각한 피해와 인명 손실을 입은 상태이며, 전쟁이 끝난 뒤 국민정부와 공산당 사이의 갈등이 다시 폭발하는 것도 시간문제였다. 한반도의 정세 역시 광복의 기쁨을 누리기에는 너무나 엄혹했다. 광복 전에 이미 소련군이 만주와 인접한 한반도 북부로 진주하기 시작한 것이다. 미국은 소련과의 교섭을 통해 한반도에서 북위 38도선 북쪽을 소련군이, 남쪽을 미군이 관할하도록 정했다. 이로써 36년 동안 이어진 일제 식민지배에서 벗어난 한반도는 남북으로 분단되는 운명에 놓인다.

1940년대 후반에 접어들어 미국이 주도하는 자본주의 진영과 소련이 주도하는 공산주의 진영이 첨예하게 대립하는 냉전체제가 도래하면서, 제2차 세계대전 종전 이후 한중일 스케일에서 확산되던 이념대립도 기름을 끼얹은 불꽃처럼 맹렬히 타올랐다. 한중일 스케일을 넘어 전 세계 스케일에서 일어난 냉전이라는 거대한 지정학적·정치적 전환은, 천황제 파시즘이 사라진 이후 한중일 스케일의 지정학적 구도를 빠르고 거세게 뒤바꾸어 놓았다. 대륙 부분은 공산주의 세력이, 태평양에 접한 부분은 자본주의 세력이 장악한 채 대립을 이어간 것이다. 냉전의 이념대립은 한중일 스케일을 해양세력과 대륙세력으로 분단한 뒤, 두 하위 스케일이 치열하고 긴박하게 맞서는 지리적 스케일로 재편해 놓았다.

마오주의,
도시를 포위한 농촌의 대승리

제2차 세계대전 종전 후 중국 국민정부는 당당히 승전국의 반열에 오른다. 하지만 국민정부는 승전국으로서 전후 특수의 영광을 누릴 처지가 아니었다. 8년 동안 이어진 중일전쟁으로 중국 경제와 사회의 중심지였던 서부 평야지대는 크게 황폐해졌다. 전쟁 기간 내내 일본군 점령하에 있다시피 한 결과, 국민정부의 지배력도 크게 약화된 상황이었다. 반면 그 과정에서 공산당의 영향력은 빠르게 확산해 간다. 국민정부가 일본과의 항쟁을 대부분 떠맡는 사이, 공산당은 일본군과의 전투를 가능한 한 피하며 힘을 축적하고 국민정부의 지배력에서 벗어난 농촌과 산간지대를 중심으로 급속히 세력을 키웠다. 일본 세력이 물러난 전후의 중국은 국민정부 스케일과 공산당 스케일로 새롭게 분열되었다.

너무나도 '중국적'인 공산주의의 탄생

중국공산당이 독자적인 지정학적 스케일을 확고히 자리매김한 배경에는, 그 지도자 마오쩌둥毛澤東이 제창한 마오주의의 전략이 자리 잡고 있었다. 공산주의는 본래 도시 노동자를 중심으로 한 정치사상이다. 공산주의의 원류인 마르크스주의는 19세기 후반 자본주의 선진국으로 도약하는 독일 그리고 카를 마르크스가 망명 생활을 하던 자본주의의 본고장 영국의 현실을 배경으로 등장한다. 또한 공산주의 종주국 소련의 모체인 러시아 역시 여러 내부적 문제가 존재하지만, 자본주의와 근대 산업이 발달한 국가로 자리매김한다. 한마디로 마르크스주의와 소련식 '원조' 공산주의는 도시, 그리고 도시가 발달한 선진 공업국가라는 지리적 배경 위에서 형성되고 발전한 이념이라고 볼 수 있다.

반면 중국은 그러지 못했다. 1940년대 후반까지 중국은 여전히 농업국가 수준을 완전히 벗어나지 못했고, 인구 대다수는 농민으로 국토에서 농촌 공간이 차지하는 비중도 컸다. 독일, 소련, 동유럽 등과는 지리적 환경이 완전히 달랐다. 마오주의는 바로 이러한 중국의 지리적 상황 속에서 등장한, 농촌과 농민을 중심으로 하는 지극히 '중국적'인 공산주의였다. 그리고 공산당은 마오주의 강령에 따라 농촌과 농민을 집중적으로 공략해 농촌과 산간지역의 상당 부분을 자신들이 지배하는 지리적 스케일로 만들었다. 이를 바탕으로 중국 내 정치적 영향력을 계속 확장하고 정치 조직력과 응집력도 한층 강화할 수 있었다.[92]

중일전쟁으로 인해 중국에서 국민정부의 지배력이 미치는 영역이 크게 줄어들면서, 공산당은 '무능한 국민정부를 대신한 위대한 항일전쟁의 주체'라는 사실과는 거리가 먼 선전으로 스스로를 포장하며 마오주의에 따라 그들의 지배력이 미치는 지리적 영역을 크게 확대해 갔다.[93] 그리고 천황제 파시즘을 내세운 일본이 중국을 넘어 글로벌 스케일에서 패망하면서, 전쟁으로 황폐해진 농업국가 중국 땅에는 이미 공산당의 세력이 무시하기 어려울 만큼 깊게 뿌리내리고 있었다.

국민정부군을 본토에서 몰아낸 인민해방군

중일전쟁을 기회 삼아 중국 내에서 자신들의 영역을 눈에 띄게 확대한 공산당은, 일본의 항복을 전후해 적극적으로 근거지와 영역을 확장하려 했다. 이를 보여주는 대표적 사례로, 1945년 8월 11일 팔로군은 소련군 및 몽골군과 협력해 허베이河北성의 장자커우張家口를 점령하고, 신사군은 8월 15일 장쑤江蘇성 남부의 화이안淮安을 공격해 9월 6일 함락시킨다.[94] 그러한 중국공산당 뒤에는 공산주의 종주국 소련이 제2차 세계대전의 승전국을 넘어, 국민정부의 동맹국인 미국과 대립하는 초강대국으로 대두하고 있었다. 공산당은 농어촌과 산간지대라는 중국 내 스케일뿐만 아니라, 소련과 공산권이라는 중국 밖의 스케일에서도 든든한 힘을 얻은 셈이다.

그럼에도 1946년 6월 26일 개전한 제2차 국공내전의 초기 형세는 국민정부 측이 압도적으로 유리했다. 국민정부군은 총병력

430만 명을 보유하고, 무기와 장비 가운데 4분의 1을 미국으로부터 지원받은 신형 전차와 공군기로 구성한다. 반면에 인민해방군으로 개칭한 공산당 군대는 총병력 127만 명에 그치고, 자체 생산한 조잡한 무기와 일본군으로부터 노획한 무기로 무장한 채, 해군과 공군 편제도 갖추지 못하고 있었다.[95] 게다가 인구와 경제와 산업의 중심지인 대도시는 대부분 국민정부의 수중에 있었다. 한마디로 공산당이 장악한 중국 내 영역은 제2차 국공합작과 중일전쟁을 거치며 그 규모와 장악력이 눈에 띄게 커졌다지만, 여전히 국민정부가 장악한 영역에 비하면 확연히 작고 약한 수준에 머물러 있었다.

국민정부군이 공산당의 근거지라 할 만한 중국 북부와 만주 방면으로 대대적 공세를 개시하자, 마오쩌둥은 인민해방군에 하얼빈을 제외한 만주의 주요 도시를 모조리 포기하고 퇴각하라고 명령한다.[96] 국민정부군은 연승을 거두고, 만주의 수많은 도시를 단기간에 장악하는 데 성공한다. 심지어 1947년 3월에는 옌안마저 국민정부군의 손에 들어간다. 하지만 이는 불리한 전면전을 피하고, 인민해방군의 장기였던 게릴라전과 공산당의 지리적 토대라할 수 있는 농촌 및 산간 지역 스케일을 무기로 선택한 마오쩌둥의 승부수였다.

20세기 게릴라전 교리를 확립한 인물인 마오쩌둥을 비롯한 공산당 지도부와 인민해방군 병력 대부분이 농어촌을 바탕으로 세력을 온존하고 있으니, 국민정부군은 옌안 점령의 전략적 이점을 제대로 활용하지 못했다. 국민정부군이 새로 점령한 도시를 유지하느라 병력을 분산하고, 일부 장병들이 도시의 환락가와 암시장에서 향락과 투기에 빠져 묶여 있던 1947년 전반기, 인민해방군 제일의 전략가 린뱌오林彪는 대규모 병력을 풀어 도시 주변의 농촌과 소도시를 잠식한다. 그는 국민정부군을 도시에 고립시킨 뒤 섬멸하는 전략을 통해 만주를 완전히 재탈환하는 데 성공한다.[97] 농촌이라는 지리 영역의 사회·경제적 비중이 큰 중국에서, 그 중요성을 간과한 채 도시에서의 승리에 취해 있던 국민정부군은 과감히 도시를 버리고 농촌을 택한 인민해방군에 전쟁의 주도권을 내주며 점차 수세에 몰리기 시작했다.

1947년 후반기부터 인민해방군은 만주를 넘어 중원을 비롯한 국민정부의 지배 영역으로 대규모 공세를 시작한다. 이 시기 국민정부는 세 가지 지리적 스케일에서 불리한 상황에 직면한다.

첫째, 미-중 스케일에서는 국민정부가 승리하는 데 필수적인 미국과의 관계와 의사소통에서 파열음이 계속 불거졌다. 사실 장제스는 중일전쟁 때부터 미국의 요구에 고분고분하지 않았고, 미국은 미국대로 전쟁 내내 수세로 일관한 장제스와 국민정부의 역량을 저평가했다. 게다가 제2차 세계대전 종전 후 미국식 정치개혁을 시행하라는 요구를 장제스가 거절하자, 미국은 1946년 7월부터 이듬해 5월까지 중국에 대한 무기와 군수품 지원을 중단한다.

둘째, 국민정부의 세력 기반이던 도시 스케일에서는 대대적인 파업과 시위가 연달아 일어났다. 전쟁으로 오랫동안 피폐해진 가

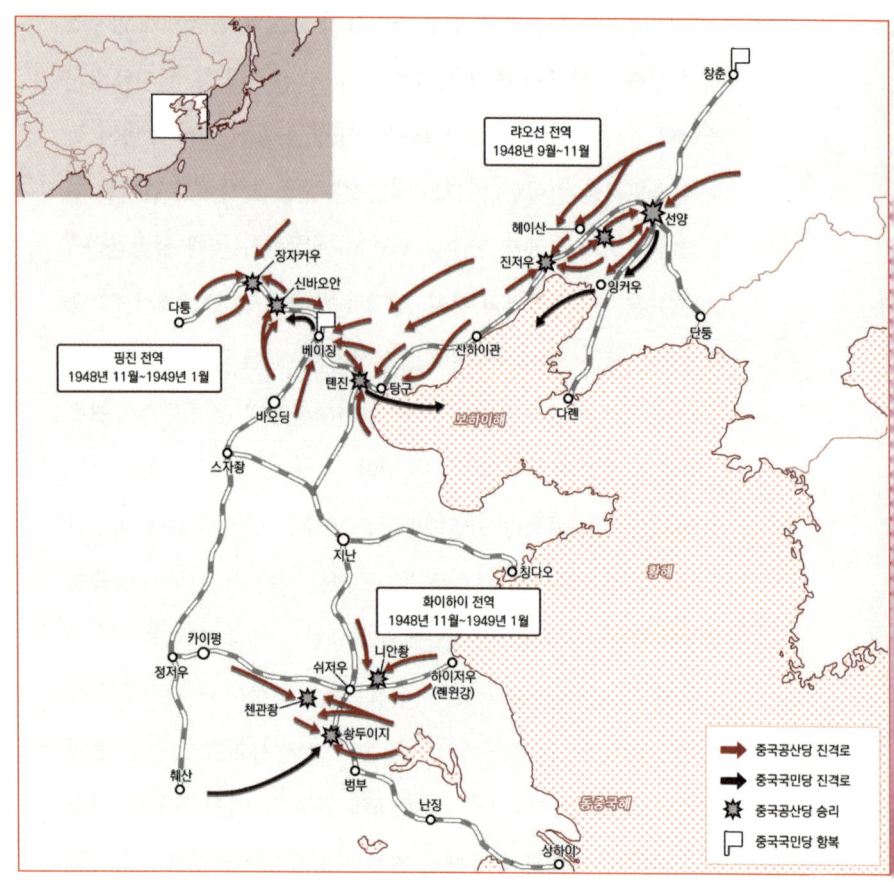

창춘

랴오선 전역
1948년 9월~11월

헤이산 선양
진저우 잉커우
장자커우
신바오안
다퉁 단둥
핑진 전역
1948년 11월~1949년 1월
베이징
톈진 산하이관
바오딩 탕구
다롄
스자좡 보하이해

지난
칭다오 황해

카이펑 니안좡
정저우 쉬저우
하이저우
(롄윈강)
쳰관좡 찼두이지
췌산 벙부
화이하이 전역
1948년 11월~1949년 1월
난징
둥중국해 상하이

중국공산당 진격로
중국국민당 진격로
중국공산당 승리
중국국민당 항복

34 삼대전역

삼대전역은 제2차 국공내전(1945~49)의 향방을 결정지은 세 차례의 대규모 전투를 말한다. 랴오선
전역은 랴오닝과 선양, 핑진 전역은 베이핑(베이징의 옛 이름)과 톈진, 화이하이 전역은 산둥성·
안후이성·허난성·장쑤성 일대를 가리킨다. 삼대전역 승리로 공산당이 국민정부군을 궤멸하여
대륙의 주도권을 장악하고, 국민당은 타이완으로 후퇴한다.

운데 이미 부정부패가 심각했던 국민정부가 공산당과의 전쟁을 위해 무거운 세금을 부과하고 언론과 사상의 통제와 탄압까지 강화한 탓이다. 이를 무력 진압할수록 국민정부에 대한 중국인들의 반감은 더욱 커져 갔다.

셋째, 공산당의 세력 기반이자 지리적 근거지였던 농촌 스케일에서는, 공산당이 경자유전耕者有田 원칙에 따라 토지개혁 운동을 실시하며 농민들의 지지를 넓히고 농촌에 대한 지배력을 더욱 확고히 만들었다. 이에 따라 소수 지주가 독점하던 농토가 소작농들에게 돌아가자, 중국 농촌 인구의 대부분을 차지하던 가난하고 소외받은 소작농들이 대거 공산당으로 마음을 돌리며 인민해방군에 자원입대하는 일까지 일어난다.[98]

1948년 인민해방군은 국민정부군을 상대로 랴오선遼瀋, 핑진平津, 화이하이淮海 세 전역에서 대공세를 개시한다. 이 삼대전역三大戰役 대규모 전투에서 인민해방군은 농어촌을 바탕으로 대도시를 포위한다는 마오쩌둥과 린뱌오의 전략에 따라 여전히 국민정부가 지배하고 있던 주요 도시들을 포위해 고립시킨다. 이미 세력 기반을 크게 잃고 전력이 약해질 대로 약해진 국민정부군은 인민해방군의 전략에 제대로 대응하지 못한 채 도시들을 모두 잃고 세 전역에서 잇따라 참패했다. 그 과정에서 고립된 도시의 주둔군과 주민들이 병과 굶주림으로 사망하는 일이 끊이지 않았고, 도시가 항복한 뒤에도 정치적 보복 등으로 적지 않은 인명 피해가 발생했다.

인민해방군은 기세를 이어 1949년 1월 베이징에 입성한 뒤, 파

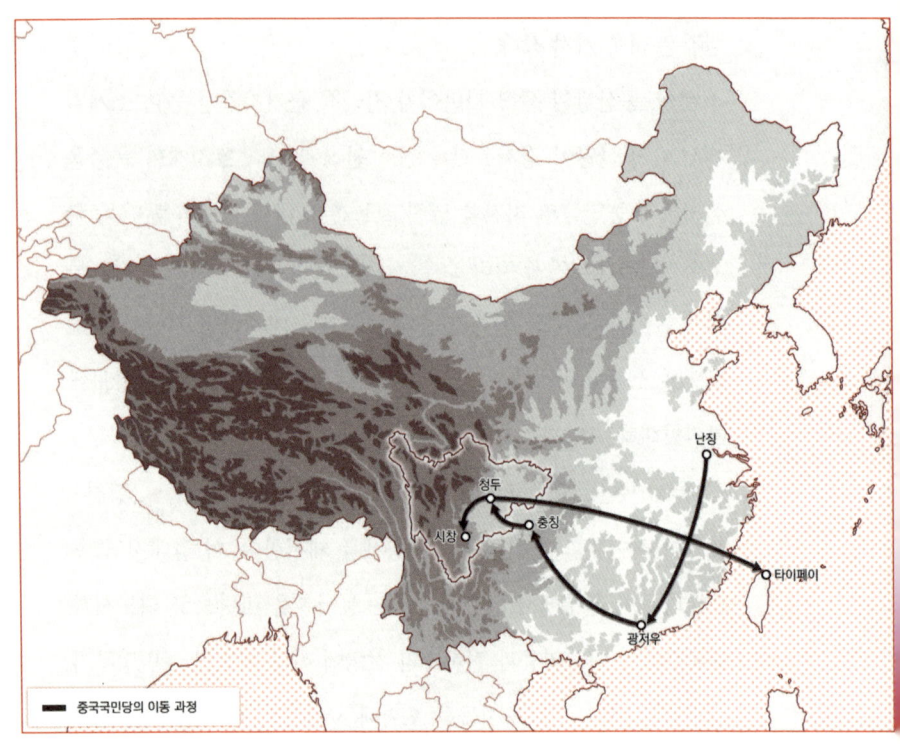

지도 내 라벨:
- 난징
- 청두
- 충칭
- 시창
- 타이페이
- 광저우
- 중국국민당의 이동 과정

35 국부천대 과정

베이징에 이어 1949년 4월 난징마저 함락당한 국민정부는 광저우, 충칭, 청두를 거쳐 타이완의 타이베이로 수도를 옮겼다. 타이완으로 탈출하지 못한 잔존 병력은 쓰촨성의 시창에서 저항하다가 진압당했고, 그중 일부는 동남아시아로 흩어져 도주하였다.

죽지세로 국민정부군 잔존 병력을 소탕해 나간다. 같은 해 10월 1일 마오쩌둥은 베이징의 자금성에서 중화인민공화국 건국을 선포하고, 이로써 중국 본토는 공산화되었다. 한편 장제스를 비롯한 국민정부 지도부와 그들을 따르는 상당수의 국민정부군 장병 및 민간인은 타이완으로 탈출한다. 중화민국 국민정부를 그곳으로 옮기니, 이를 국부천대國府遷臺라 일컫는다.

양안, 두 개의 중국

제2차 국공내전의 결과 중국 본토가 완전히 공산화되면서, 한중일 스케일 역시 냉전의 지정학적 질서에 완전히 포섭되었다. 미국은 장제스 등 지도부를 신뢰하진 못했지만 동아시아에서 세력을 유지·확대하는 데 필수적인 지정학적 영역이었던 중국 본토에의 영향력을 상실했다. 반면 소련은 큰 기대도 하지 않았던 중국공산당의 승리가 기적처럼 이루어지면서 동아시아에서 영향력을 크게 키울 계기를 마련했다. 소련군이 한반도 북부에 진주해 친소 공산 정부인 조선인민공화국, 즉 북한을 세우면서 대한민국, 즉 남한을 제외한 동아시아와 한중일의 대륙 영역은 공산주의 세력의 손에 들어갔다. 그러면서 대한민국·타이완·일본은 태평양 방면의 미국과 함께 소련·중국·북한과 대치하고, 해양세력과 대륙세력의 대립과도 맞물린 한중일–동아시아 냉전의 지정학적 질서가 자리 잡기 시작했다.

제2차 국공내전은 한편으로 한중일 스케일에 타이완이라는 새로운 스케일의 탄생을 유발하기도 했다. 타이완은 전통적으로 대륙국가였던 중국 역대 왕조의 관심에서 비껴난 영역이었고, 청나라 시기에 중국 영토로 온전히 편입되지만 여전히 변방 중의 변방과도 같은 영역이었다. 타이완 원주민은 오스트로네시아어족으로 중국의 주류 민족집단인 한족과는 DNA도 사용하는 언어도 크게 다르며, 필리핀인·인도네시아인·마오리족 등과 같은 어족에 속한다. 본성인本省人*이라 불린, 명나라 후기부터 청나라 시대에 타이완으로 건너가 정착한 한족도 있었지만 이들은 소수자에 속했고, 심지어 19세기 후반에는 일본의 지배까지 겪어야 했다.

그랬던 타이완은 중화민국 정부가 옮겨오고 이를 따라 본토에서 수많은 중국인(외성인)이 이주하면서 중국 색깔이 옅은 변방 스케일에서 자본주의 세계의 중국 스케일로 그 지리적 위상이 급변했다. 아울러 명·청대에는 변방 중의 변방에 머물렀던 타이완은 냉전이 도래하면서, 미국이 일본과 더불어 태평양과 아시아에 영향력을 투사하는 데 지정학적으로 대단히 중요한 섬으로 탈바꿈했다. 섬이라는 타이완의 지리적 위치는 국민정부가 중국 본토를 완전히 장악한 공산당의 침공을 피해 그 체제를 유지하게 했고, 나아가 한중일 스케일에서 냉전체제가 대륙세력과 해양세력의 대립이라는

....

*   1945년 이전부터 타이완에 살던 주민, 즉 원주민을 비롯해 17~19세기에 중국에서 이주한 한족 후손 등을 가리켜 본성인本省人이라고 한다. 반면 국공내전 이후 1945~49년 사이 중국 본토의 다른 성에서 타이완으로 와서 정착한 사람을 가리켜 외성인外省人이라고 한다.

형태의 지정학적 질서로 고착되는 데도 큰 영향을 미쳤다. 이로써 타이완해협을 사이에 두고 두 개의 중국이 대치하며 병존하는 양안兩岸이라는 지정학적 스케일이 한중일 스케일 안에서 형성된다.

1950~60년대 타이완은 미국의 지원을 받아 우세한 해·공군력을 바탕으로 타이완해협에서 중국의 타이완 침공 시도를 여러 차례 격퇴한다. 아울러 1960년대 이후 타이완은 수출 주도형 경제 정책을 적극 추진해 외국 기업을 유치하고 무역을 대대적으로 확대하며, 한국·싱가포르·홍콩과 함께 '아시아의 네 마리 용'이라 불리는 신흥공업국으로 성장해 나간다.

사실 20세기 후반의 타이완은 독재 그리고 민주주의·인권 탄압으로 얼룩진 사회였다. 국민정부는 국부천대 이전부터 타이완에 대한 지배를 확고히 하려 했고, 이 과정에서 불만을 품은 타이완 원주민과 본성인을 무력으로 탄압하면서 1947년 2만 명이 넘는 희생자를 낳은 2·28 사건이 발생했다. 더욱이 장제스는 종신 집권하며 중화인민공화국과의 전쟁 위기를 명분으로 집권 기간 내내 타이완에 계엄령을 유지했다. 다당제 정당정치는 허용되지 않았고, 1975년 그가 사망한 뒤 중화민국 총통직은 아들 장징궈蔣經國가 물려받았다. 타이완 사회를 억누르던 강력한 군사독재와 언론·인권 탄압, 그리고 원주민과 본성인에 대한 차별은 1986년 타이완 최초의 야당인 민주진보당(민진당)이 창당되고 이듬해 계엄령이 해제된 뒤에야 점차 사라지기 시작한다.

한반도에서 일어난
냉전의 대리전

1945년 광복 이후 한반도에서는 냉전 질서와 강대국의 힘의 논리가 강력하게 작동한다. 조선건국준비위원회의 독립국 건설 노력은 물거품으로 돌아가고, 38선 이남과 이북은 각각 미군과 소련군의 군정 아래 들어간다. 어떻게든 통일국가를 수립하려던 김구 등의 노력도 결국 실패했다. 광복 이전부터 이미 북한에 병력을 진주하기 시작한 소련은 태평양 진출과 미국 견제를 위한 발판인 한반도를 포기할 리 없었다. 미국 역시 공고해져 가는 냉전의 지정학적 질서 속에서 전략적 가치가 큰 한반도에 대한 영향력을 결코 포기하지 않았다. 1948년 38선 이남에는 미국 유학과 독립운동 경력이 있는 이승만을 대통령으로 하는 반공주의 성향의 대한민국(남한)이 수립된다. 한편 38선 이북에는 소련의 지원 아래 김일성을 수반으로 하는 공산주의 정부 조선인민공화국(북한)이 수립된다.

1949년에 이르러 한중일 스케일의 지정학적 질서는 김일성이 남침을 결정할 만한 상황으로 변모해 간다. 중국은 공산화되고, 소련은 핵무기 개발에 성공한다. 남한은 정치적 혼란에서 벗어나지 못하며, 공산주의 정당인 남조선로동당(이하 남로당)이 북한과 연계해 활동하기도 한다. 여기에 더해 미국은 북한군 전력을 실제의 절반 이하인 약 10만 명 규모의 오합지졸로 오판하고, 대한민국에 충분한 군사적 지원을 제공하지 않고 있었다. 그러다 보니 1950년 스탈린도 김일성의 남침을 허용한다. 그리고 김일성은 소련제 전차로 무장한 전차부대를 앞세워 대한민국 국군을 신속하게 무력화하고 남로당과 협력해 대대적인 공산혁명을 일으킨다면, 미군이 개입하기 전에 한반도를 완전히 공산화할 수 있으리라고 판단했다. 이로써 1950년 6월 25일, 한국전쟁이 발발한다.

낙동강에서 인천으로, 또다시 압록강으로

한국전쟁 발발 당시 대한민국 국군의 병력 규모는 10만 명 정도로, 북한군의 절반에 불과했다. 게다가 전차가 전무하고 공군전력도 소수의 연락기와 정찰기에 불과했으니, 신형 T-34/85를 비롯한 약 250대의 전차와 강력한 공군력을 앞세운 북한군을 상대하는 데는 한계가 뚜렷했다. 북한군은 개전 3일만인 6월 28일 서울을 점령하고, 국군의 방어선은 8월 초순에 이르러 낙동강까지 밀려난다.

하지만 국제연합United Nations, UN을 통해 북한의 남침을 불법 침략으로 규탄한 미국의 주도로 유엔군이 결성되고, 낙동강 방어선은 국군과 유엔군이 전력을 재정비하는 거점이 된다. 북한군은 보급선이 길어진 데다 제공권과 제해권까지 유엔군에 빼앗기면서 심각한 보급난에 빠져든다. 하폭이 넓은 낙동강은 강력한 천연장애물이 되고, 부산항을 통해 미군의 무기와 물자도 착착 들어오기 시작한다. 반면 북한군의 전력은 시간이 흐를수록 급속히 소진되어 간다. 낙동강 방어선에서 국군은 전차 전력에서 북한군에 6 대 1의 우세를 확보하고, 포병 전력에서도 북한군보다 우위에 있었다.[99]

게다가 김일성의 예측과 달리, 개전 이후 대한민국에서 공산혁명은 일어나지 않았다. 남로당은 개전 이전에 이미 대한민국 군경의 토벌로 세력이 약해져 있었다. 해방군을 자처한 북한군은 남침 이후 무고한 대한민국 국민을 반동분자로 몰아 학살하고, 청년층과 국군 포로를 강제로 징집해 총알받이로 내모는 전쟁범죄를 저지른 탓에 민심이 등을 돌렸다. 더욱이 대한민국 국민 중에는 김일성과 공산당의 횡포를 견디지 못해 월남한 이들도 적지 않았고, 농림부장관 조봉암의 주도로 1949년 이미 농지개혁을 시행해 지주제를 폐지했기에 공산혁명에 동조할 동기는 애초부터 적었다. 물론 충북 영동군 노근리 양민학살 사건(1950년 7월), 거창 양민학살 사건(1951년 2월) 등 북한군이나 무장공비 소탕을 구실로 국군과 미군이 저지른 민간인 학살도 발생한다.

1950년 9월 15일 유엔군 사령관 맥아더는 인천상륙작전을 감행한다. 조수 간만의 차가 큰 인천 앞바다는 사실 상륙작전을 수행하기에 불리한 곳이었다. 이에 따라 조수 간만의 차가 작은 동해안의 원산이 상륙지점으로 검토되기도 했다. 하지만 원산은 낙동강 방어선에서 멀리 떨어져 있는 데다, 태백산맥이라는 장애물까지 가로막고 있었다. 반면 인천은 낙동강 방어선과 가까워 서부 평야지대를 따라 북한군의 보급로를 차단하기에 유리한 지리적 조건을 갖추고 있었다. 맥아더는 태평양전쟁에서 축적한 상륙작전 경험을 바탕으로 조수 간만의 시차를 계산해 도박에 가까운 상륙작전을 감행한다.

인천상륙작전은 대성공을 거둔다. 이미 낙동강 전선에서 소진될 대로 소진된 북한군은 보급로와 퇴로가 끊기자 급속히 무너진다. 9월 28일 국군과 유엔군은 서울을 탈환한다. 미국 대통령 해리 트루먼은 본래 확전을 막기 위해 38선 돌파를 금지했지만 맥아더의 설득 끝에 이를 승인한다. 유엔군과 국군은 파죽지세로 북진하고, 마침내 10월 26일 국군이 평안북도 초산의 압록강에 도달한다. 스탈린조차 10월 13일 김일성에게 북한을 포기하고 소련이나 중국으로 탈출하라는 전보를 보낼 정도였다. 한반도는 공산권에서 완전히 벗어나, 한중일 스케일에서 보면 해양세력인 자본주의 세계의 전초기지와 같은 영역으로 변모할 듯 보였다.

미국의 공중전과 화력 VS 중국의 지상전과 게릴라전술

한국전쟁은 한반도 스케일에서 끝나지 않았다. 국군과 유엔군이 북진하고 북한이 멸망 직전에 몰리자, 스탈린뿐 아니라 마오쩌둥도 극심한 근심과 공포에 사로잡힐 수밖에 없었다. 북한이 소멸한다면, 신생 중화인민공화국은 완충지를 잃은 채 태평양과 한반도에서 중국을 겨냥한 자본주의 세계의 위협에 정면으로 노출될 수밖에 없었다. 이에 따라 마오쩌둥은 중국군을 한반도에 투입한다. 확전을 막기 위해 '조선의 해방'을 돕는 의용군이라는 의미의 '인민지원군'이라는 이름을 붙였지만 실제로는 정규군이었다. 사령관은 두 차례의 국공내전과 항일전쟁에서 활약하며 린뱌오 못지 않은 용맹을 떨친 명장 펑더화이彭德懷였다.

펑더화이는 유엔군의 주력이자 가장 강력한 적수였던 미군의 장단점을 분석했다. 미군은 화력과 공군력에서 압도적으로 강했지만, 한반도 북부의 지리에 익숙하지 않고 야간 전투와 게릴라전에 능숙하지 않았다. 반면 중국군은 공군력과 화력에서는 미군의 상대가 되지 않았지만, 야간 전투와 게릴라전에서는 탁월한 능력을 발휘했다. 이에 따라 중국군은 산악지대를 야간에 행군하는 방식으로 미군 정찰기의 눈을 피해 한반도 북부에 잠입했다. 중국군의 동태는 미군 정보자산에 여러 차례 포착되지만, 전쟁의 조기 승리를 확신하며 중국군의 전력을 과소평가한 맥아더는 그 위험성을 무시했다. 아울러 국군과 유엔군의 빠른 북진은 보급선이 길어지면서 심각한 보급난을 초래했다. 중국군과 한반도 북부의 겨울은 맥아더의 예상을 훨씬 뛰어넘는 강적으로 다가왔다.

1950년 11월 펑더화이는 대대적인 공세를 개시한다. 중국군은 산지가 발달한 한반도 북부의 지형을 활용해 국군과 유엔군 부대의 측방과 후방으로 몰래 잠입해 포위한다. 이어 요란한 나팔 소리와 꽹과리 소리를 울리며, 어둠을 틈타 사방에서 기습 공격을 감행한다. 게릴라전과 심리전을 교묘하게 결합한 펑더화이의 능수능란한 지휘 아래, 국군과 유엔군은 막대한 피해를 입는다.

한반도 북부의 기후는 국군과 미군에 더욱 불리한 환경을 조성했다. 한반도는 사계절이 뚜렷한 온대 계절풍 기후로, 겨울에는 혹

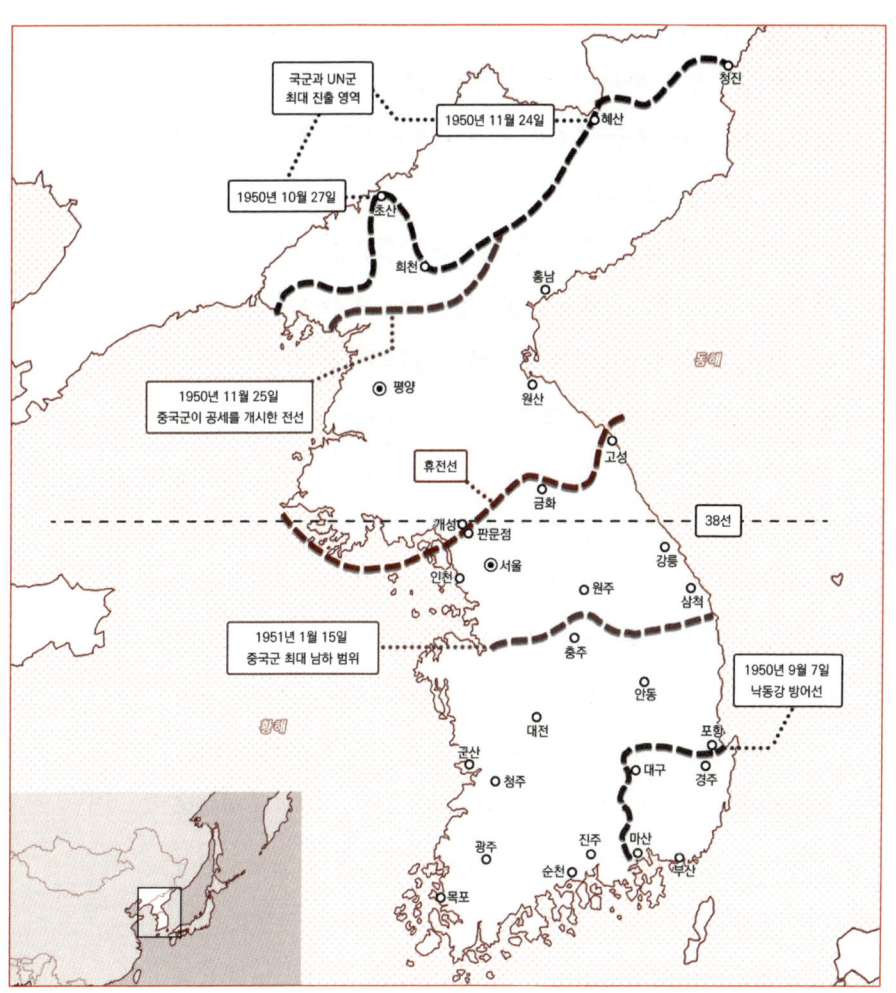

국군과 UN군
최대 진출 영역

1950년 11월 24일

청진

혜산

1950년 10월 27일

초산

희천

홍남

1950년 11월 25일
중국군이 공세를 개시한 전선

평양

원산

동해

휴전선

고성

금화

개성

판문점

38선

인천

서울

강릉

원주

삼척

1951년 1월 15일
중국군 최대 남하 범위

충주

안동

1950년 9월 7일
낙동강 방어선

황해

대전

포항

군산

청주

대구

경주

광주

진주

마산

순천

부산

목포

36 한국전쟁 주요 전선

한국전쟁은 낙동강에서 압록강까지, 다시 38선으로 전선이 급박하게 변하며 3년여 동안 격전
이 이어졌다. 다음은 주요 전선 수복 과정이다. 낙동강 방어선 형성 및 반격 준비(1950년 9월) →
국군과 유엔군 북진(1950년 11월) → 중공군 개입으로 인한 후퇴(1950년 11월~1951년 1월) → 교착
상태와 휴전선 확정(1951년 2월~1953년 7월)

9장 해양세력과 대륙세력의 대결. 국공내전과 한국전쟁

한이 몰아친다. 산악지형이 발달한 데다 한류인 오호츠크해류의 영향을 많이 받는 한반도 북부는 겨울 기온이 영하 20~30℃까지 떨어진다. 견디기 힘든 혹한이 닥치자 미군의 우수한 장비도 제 기능을 발휘하지 못했다.

1950년 11월 26일부터 12월 13일까지 함경남도 장진군 일대에서 벌어진 장진호 전투에서, 3만 명의 국군과 유엔군 정예부대는 1만 8,000명에 이르는 인명 피해를 입는다. 그나마 공군의 지원을 받았고, 중국군 역시 혹한으로 인해 미군보다도 더 큰 손실을 입은 덕분에 이들은 간신히 전장에서 퇴각한다. 한반도 북부에서 국군과 유엔군은 중국군에 전선을 내주며 후퇴하고, 전쟁의 주도권은 중국군으로 넘어간다.

이 같은 위기 상황에서 유엔군의 주력인 미 제8군의 신임 사령관 매슈 리지웨이는 서울을 과감히 포기하고 중국군과 북한군을 38선 부근에서 부산에 이르는 300km의 종심 깊이 끌어들인 다음 최대한의 손실을 입힌다는 전략을 세운다. 이는 중국군이 자국의 경제 문제, 기술 수준, 약한 공군력 때문에 군수보급 능력이 떨어진다는 취약점을 간파한 작전이었다. 작전은 성공을 거두고, 국군과 유엔군은 1951년 3월 14일 서울을 수복한 뒤 24일 38선 돌파를 시도한다. 하지만 트루먼은 만주에 핵공격을 시도한 유엔군 총사령관 맥아더를 해임하고 리지웨이로 교체했으며, 이어 펑더화이의 대규모 역습인 춘계 공세마저 그해 6월 10일 실패로 끝나면서 전쟁은 교착 상태에 빠진다. 같은 해 7월 10일 시작된 휴전 협상은 당사국 간 첨예한 이해관계 대립으로 난항을 겪었다. 전선에서는 주요 고지와 거점 확보를 둘러싼 전투가 거듭되고, 대한민국 후방에서는 남로당 당원과 북한군 패잔병 등이 벌인 빨치산 활동이 이어져 인명피해와 혼란이 계속되었다.

반공주의의 최전선이 되다

1952~53년에 걸쳐 한반도를 둘러싼 지정학적 질서는 또다시 급변한다. 1952년 1월 한국전쟁 종식을 공약으로 내건 아이젠하워가 미국 대통령에 취임한다. 이듬해 3월에는 스탈린이 사망하면서 소련의 대서방 정책도 한층 유화적으로 바뀐다. 전쟁으로 국토가 초토화된 북한과 공산 정권의 안정을 절실히 원하던 중국도 이를 반겼다. 북진 통일을 고집하던 이승만은 휴전에 반대하지만, 대세를 뒤집기에는 역부족이었다. 1953년 7월 27일, 마침내 휴전협정이 공식 체결된다.

휴전협정은 한중일 스케일 전체를 크게 바꾸어 놓는다. 우선 한반도는 남북 분단이 고착화된, 냉전 체제의 축소판과 같은 장소로 자리 잡는다. 대한민국은 타이완과 더불어 극도의 반공주의가 지배하는 사회로 나아가고, 그 과정에서 민주주의는 일정 부분 후퇴한다. 한 예로 대한민국이 김일성의 예측과 달리 안정적으로 자리매김하는 데 결정적으로 기여한 인물인 조봉암은 1959년 국가보안법에 따라 간첩으로 몰려 사형당한다. 이 사건은 당시 진보당당수였던 조봉암을 정치적 위협으로 인식한 이승만 정권이 반공

주의를 빌미로 누명을 씌워 제거한 것으로 평가되기도 한다. 이승
만 이후 수립된 박정희, 전두환 등의 권위주의·군사독재 정부에
서도 반공주의는 정권 유지를 위한 도구로 악용된다. 심지어 민주
주의가 정착된 지 적지 않은 시간이 흐른 오늘날에도 일부 극단주
의 정치세력과 인터넷 커뮤니티가 반공주의를 소수자에 대한 혐
오 정치의 수단으로 악용할 정도다.

　전쟁으로 국토가 초토화된 1950년대의 대한민국은 세계 최빈
국으로 전락한다. 다만 북한에 이어 중국, 나아가 소련과 아시아 대
륙을 통해 이어지는 지리적 조건 덕분에 종전 이후 미국의 대대적
인 원조를 받을 수 있었다. 대한민국이 공산화된다면, 태평양을 넘
어 아시아와 교류해야 하는 해양세력 미국은 동아시아와의 지정학
적 연결고리를 잃어버리는 패착에 직면하게 된다. 이러한 전략적
실패를 막기 위해서는 강력한 군사력을 보유한 데다 중국과 소련
이라는 공산주의 대륙세력과 지리적으로 인접한 북한의 군사적 위
협으로부터 대한민국을 보호해야 했다. 그뿐만이 아니다. 대한민국
이 세계 최빈국에서 벗어나지 못한 채 빈곤과 사회적 혼란의 악순
환에 빠진다면, 북한과 지리적으로 인접한 대한민국 내부에서 공
산혁명이 일어날 위험성도 컸다. 이에 따라 미국은 대한민국이 군
사적 역량을 갖춤은 물론 빈곤에서 벗어날 수 있도록 대대적인 경
제적·사회문화적·군사적 지원을 제공했다. 이는 훗날 대한민국이
초고속 경제성장을 이루는 데도 기반이 된다.

　북한은 대한민국보다도 훨씬 극단적 체제로 나아간다. 김일성

은 1950~60년대에 자신의 계파를 제외한 모든 정파를 차례로 숙청한다. 1970년대에 이르면 북한은 주체사상을 중심으로 한 공산주의라고도 보기 힘든 극단적인 김일성 개인숭배 사상이 완전히 지배하는 사회로 굳어진다. 1994년 김일성 사망 이후에도 그의 아들 김정일과 손자인 김정은이 이른바 '백두혈통'이라는 허울 아래 절대권력을 물려받았다. 그 과정에서 북한의 경제력은 계속 취약해지고, 냉전 체제가 무너진 1990년대 이후 북한은 외교적으로 고립된 채 세계 최빈국으로 전락했다.

총인원 100만 명이 넘는 대규모 인민지원군을 보내어 북한을 '살려낸' 중국은 공산주의 세계에서의 입지를 확고히 다진다. 비록 한반도라는 지리적 스케일에 국한한 전쟁이었지만 미국과 맞서 장기간 전쟁을 치러낸 중국은 국제사회에서 강국 지위를 인정받을 수 있었다. 소련은 미국과의 전면전을 우려해 전쟁 중 북한에 대한 직접 지원을 공군기와 공군 조종사 제공 정도로 제한했지만, 미국과 전쟁을 치른 중국에는 대규모 차관과 무기, 군사고문단 등을 지원했다.[100] 한국전쟁을 계기로 공산주의 세계에서 위상이 높아진 중국은 소련으로부터 '156개 프로젝트156 Industrial Projects*'라는 산업·기술 지원까지 이끌어 낸다. 1950년대 후반 본격적으로 이

....

* 　1950년대 중국의 제1차 5개년 계획(1953~57) 기간 동안 소련이 중국에 지원한 156개 주요 산업 프로젝트를 가리킨다. 중국 최초의 본격적인 국가 산업화 프로그램으로서, 철강, 기계, 군수, 에너지, 화학 등 중공업 분야에 집중해 소련식 사회주의 산업 모델을 가져와 중국 현대 산업의 기반을 형성했다.

루어진 이 프로젝트를 통해 중국은 농업국가를 넘어 산업국가로 발돋움하는 데 필수적인 기술과 산업 인프라를 확보한다.[101]

일본은 한국전쟁의 덕을 톡톡히 보았다. 사실 제2차 세계대전 종전 후 미국은 일본을 두 번 다시 전쟁을 일으키지 못할 농업 중심 국가로 만들 구상을 세우고 있었다. 하지만 중국의 공산화에 이어 한국전쟁까지 발발하자, 미국은 대 일본 전략을 급선회한다. 미국으로서는 종전 후 몇 년 동안 미 군정의 지배 아래 '순화된' 일본을 억누르기보다 해양세력인 미국이 대한민국과 함께 대륙의 공산주의 세력을 견제하고 동아시아에 영향력을 투사할 기지로 삼는 편이 훨씬 이득이었다.

더욱이 일본은 한반도와 인접한 섬나라라는 지리적 특성 덕분에 한국전쟁기 내내 미국의 전초기지 역할을 수행하며, 전쟁특수의 혜택을 제대로 누릴 수 있었다. 일본의 여러 기업체에는 군복, 군용 차량, 식량, 시멘트, 철강 등 전쟁수행에 필요한 공산품의 주문이 쏟아져 들어왔고, 패전 이후 도산 위기에 몰리기까지 했던 도요타 등 수많은 일본 기업들은 한국전쟁이 가져다준 전쟁특수 등에 기사회생하는 수준을 넘어 사세를 대대적으로 확장할 기회까지 마련하게 된다. 이처럼 한국전쟁을 계기로 일본은 농업국가로 전락하는 대신, 태평양전쟁 개전 이전보다 훨씬 뛰어난 산업 인프라를 구축한다. 또한 동시에 자위대自衛隊라 불리는 강력한 준군사 조직의 보유도 허용받는다. 이러한 기반 위에 일본은 1960~70년대를 거치며 세계 최상위권 경제대국으로 발돋움한다.

정리하자면 대륙세력의 성격이 강한 공산권과 해양세력의 성격
이 두드러진 자본주의 세계 사이에서 대리전 성격이 다분했던 한
국전쟁은 한중일 스케일을 공산권 대 자본주의 진영이라는 구도
로 재편했다. 동시에 이 지역을 '대한민국·일본·타이완 대 중국·
북한'이라는 스케일로 바꾸어 놓았다. 이후 한중일 스케일은 냉전
과 탈냉전, 그리고 신냉전으로 이어지는 지정학적 질서 변화의 흐
름 속에서 또다시 다양한 방향으로 변화해 간다.

4부

'탈냉전'과 '신냉전'으로
막오른 경제 전쟁

한중일은 어떻게
탈냉전 경제 공동체가 되었나?

냉전 시기 한중일은 '대한민국·일본 대 중국·북한'이라는 구도로 분단된 측면이 다분했다. 한국과 일본은 자본주의 세계이자 해양 세력인 미국의 전방 기지 역할을 했고, 대륙 국가 중국은 소련과 함께 공산권의 중심 국가로 자리 잡았다. 이러한 대립 구조 속에서 한국과 일본 두 나라와 중국 간 교류는 사실상 단절되었다. 우리나라에서도 1980년대까지 중국을 '중공(중국공산당)'이라 부르고 타이완을 '자유중국'이라 칭할 정도로 두 체제에 대한 인식 차이가 컸다.

하지만 1970년대에 들어 냉전 질서에 균열이 생기기 시작한다. 중국은 점차 자본주의 세계와 접점을 넓혀 갔고, 그사이 한국과 일본은 눈부신 경제성장을 이루었다. 이어 1980년대 이후 중국은 경제체제를 자본주의로 전환하며 '세계의 공장'으로 자리매김하고, 자본주의 경제질서의 중요한 축으로 부상한다. 이와 함께 냉전 시기 '대한민국·일본 대 중국·북한'이라는 구도로 분단되어 있던 한중일 스케일은 또다시 자본주의 세계와 긴밀히 연결되는 새로운 지리적 스케일로 변화해 간다.

막강한 인구 대국,
세계의 공장이 되다

대약진운동에서 문화대혁명까지

마오쩌둥이 이끄는 중국공산당은 국공내전에서 승리하고, 한국
전쟁에서도 미국을 상대로 선전하며 중화인민공화국의 위상을 공
고히 한다. 그러나 중일전쟁과 국공내전을 거치며 공산당의 생존
과 집권을 가능하게 한 마오주의는 이후 중국 경제발전에 되려 걸
림돌이 된다. 1950년대 마오쩌둥은 농촌공동체에 기반한 마오주
의를 바탕으로 대약진운동大躍進運動이라는 경제개발 정책을 추진
한다. 그는 서구식 자본주의나 소련식 공산주의와는 다른 길, 즉
농촌의 자급자족을 통해 중국식 경제성장을 이루려 했다. 그러나
이념과 관료주의에 의존해 시대착오적 정책을 밀어붙인 결과 참
담한 실패로 끝났고, 수천만 명이 굶어 죽는 대참사가 벌어졌다.
이 여파로 마오쩌둥은 한동안 권력의 전면에서 물러난다.

이후 류사오치劉少奇와 덩샤오핑이 자본주의 시장경제 요소를
도입해 1960년대 초 경제를 일정 부분 회복시킨다. 하지만 마오
쩌둥은 두 사람을 자본주의와 결탁한 수정주의자로 규정하고 권
력에서 축출한다. 그리고 1966년 권력을 다시 장악해 문화대혁명
을 밀어부친다. 마오주의 이외의 사상을 철저히 탄압한 이 운동은
1976년까지 이어진다. 이 과정에서 홍위병洪衛兵*은 정치적 폭력
과 테러를 자행하며 사회 전반을 뒤흔들었고, 이를 제어할 세력은

사실상 없었다. 류사오치와 펑더화이를 비롯해 공산당과 중국군의 원로들까지 반동분자로 몰려 무자비한 폭력과 숙청을 피하지 못했다.

문화대혁명의 혼란 속에서 중국 경제는 심각한 타격을 입었다. 산업 시설과 교육 시스템, 연구 기반이 마비되고 인력 체계가 붕괴하면서 경제는 다시 침체에 빠진다. 문화 영역에서도 유교를 비롯한 전통문화가 봉건적이고 반동적이라는 이유로 공격의 대상이 되고, 취푸曲阜의 공자묘와 여러 왕릉 등 수많은 문화유산이 훼손된다. 이러한 극심한 언론 통제와 사상 탄압은 학문과 기술, 문화의 발전을 가로막았다. 중국의 전반적인 국가 역량은 수십 년 전으로 후퇴했다.

그사이 냉전 시기 중국과 대척점에 있던 한국과 일본 그리고 타이완에서는 급속한 경제성장이 전개된다. 특히 한국과 타이완은 1960~70년대 노동집약적 산업을 육성하며 신흥공업국, 이른바 '아시아의 네 마리 용'으로 부상한다. 거대한 시장과 풍부한 노동력을 지닌 중국이 내부 혼란에 머무는 동안, 인접한 스케일에서는 중국보다 앞선 산업화와 경제성장이 빠르게 진행되었다.

....

* 중국 문화대혁명 추진력의 하나였던 학생 조직. 마오쩌둥 어록을 교리 삼아 조반유리破舊立新(모든 반란에는 그만한 이유가 있다)와 파구입신破舊立新(낡은 것을 파괴하고 새로운 것을 세운다)을 슬로건으로 내세워 공산주의 체제를 공고히 하는 데 이바지했다.

공동의 적 앞에 손잡은 미국과 중국

아이러니하게도 문화대혁명의 혼란 속에서 중국과 미국 사이에는 새로운 연결고리가 생긴다. 이는 중국-소련 그리고 미국-소련 스케일에서 나타난 지정학적 변화 때문이었다. 1969년 중국-소련 접경지대에서 양국 군대가 국지전(중소 국경분쟁*)을 벌이며 전면전 직전까지 긴장이 고조된다. 중국은 공산권의 주요 강대국이었지만 소련과의 전면전에는 부담이 있었다. 한편 미국 역시 세력을 확대하던 소련을 견제할 대항마가 절실했다.

소련이라는 공동의 적에 앞에서 중국과 미국이 손을 잡은 것은 어쩌면 자연스러운 귀결이었다. 국제 탁구 대회를 계기로 양국 관계는 급속히 가까워지고, 1971년 중국은 타이완을 대신해 유엔 상임이사국 지위를 확보한다. 일명 이 핑퐁 외교의 성과로 1972년에는 미국과 중국 사이 수교가 이루어진다. 이어 1979년 미국은 '하나의 중국' 원칙을 수용하며 타이완과 단교하기에 이른다.

이 과정에서 중국은 자본주의 세계와 연결될 수 있는 국제적 기반을 마련한다. 이는 1980~90년대 이후 경제성장의 든든한 밑바탕이 되었다. 동시에 중국의 국제적 영향력이 확대되면서 타이완은 정치적 입지가 점차 축소되었고, 1990~2000년대를 거치며

....

* 1969년 중국과 소련 국경을 흐르는 우수리강 위 작은 섬(중국명 전바오섬, 러시아명 다만스키섬)에서 양국 국경수비대가 벌인 총격전을 계기로 양국의 긴장이 고조하였다. 이에 중국이 미국과 손잡으며 공산권이 분열하고, 이후 미국-소련-중국의 전략적 삼각관계가 형성된다.

37 1972년 리처드 닉슨과 마오쩌둥

1972년 2월 21일 중국을 방문한 리처드 닉슨 미국 대통령과 마오쩌둥의 정상회담 장면. 문화대혁명의 광풍 속에서 역설적으로 중국과 미국의 연결고리가 조성되기 시작하고, 핑퐁 외교의 성과로 1972년 미국과 중국 간 수교가 성사된다.

국제정치 무대에서 고립되는 처지에 놓인다.

1976년 마오쩌둥이 사망하면서 문화대혁명의 광풍은 막을 내린다. 이른바 4인방(장칭江青, 장춘차오張春橋, 왕훙원王洪文, 야오원위안姚文元)이 숙청되고, 실각했던 덩샤오핑이 다시 권력의 중심에 선다. 이미 류사오치와 함께 시장 원리를 부분적으로 도입했던 경험을 바탕으로 덩샤오핑은 개혁개방 정책을 본격화한다. 중국은 1970년대 말부터 빠른 속도로 자본주의 경제체제에 편입되기 시작한다. 문화대혁명 시기에 형성된 중국과 미국의 연결고리는 이후 중국을 미국과 자본주의 세계로 이끄는 결정적 통로가 되었다.

신자유주의 호황의 물결에 올라타다

덩샤오핑의 개혁개방 정책은 초창기부터 큰 성과를 거두었다. 이는 중국 내부 조건과 세계경제 환경이 맞물린 결과였다. 세계 최대 인구를 지닌 중국은 저렴한 인건비와 비교적 우수한 인적 자원을 바탕으로 생산과 시장 양면에서 유리한 조건을 갖추고 있었다. 방대한 인구는 거대한 시장과 풍부한 노동력을 제공하며, 무역 확대와 외국자본 유치를 위한 매력적인 토대가 되었다. 여기에 덩샤오핑 정부는 미국과 유럽에 대규모 국비 유학생과 시찰단을 파견하는 등 자본주의 시장경제를 배우고 해외투자를 끌어들이는 데 적극 나섰다.

자본주의 세계의 호황은 중국의 경제성장과 세계경제 편입을 크게 촉진했다. 중국과 미국 사이의 연결고리가 형성되던 1970년대, 자본주의 세계 특히 미국 경제는 유례없는 불황에 빠진다. 그 배경에는 1930년대 이후 세계경제를 이끌어 온 케인스주의[*] 체제의 구조적 한계가 자리하고 있었다. 1960~70년대를 거치며 과도한 군비와 해외원조 지출, 관료제의 폐단이 드러난 데다가 1973년

....

[*]　영국 경제학자 존 메이너드 케인스의 이론에 기초한 케인스주의는, 수요와 공급을 완벽하게 조절하지 못하는 시장의 현실에 대한 문제 제기를 바탕으로, 정부의 개입을 통한 수요와 공급의 조절을 강조한다. 아울러 경제와 고용의 안정을 위한 국가의 복지정책 또한 강조한다. 1930년대 미국은 케인스주의를 도입하여 대공황 극복을 시도했고, 이에 토대한 자본주의 세계는 제2차 세계대전 이후 1960년대까지 호황을 누렸다.

제1차 석유파동*까지 겹치면서 자본주의 경제는 심각한 침체를 겪는다.

하지만 1980년대 미국과 자본주의 세계는 신자유주의** 경제정책을 바탕으로 호황기에 접어든다. 이에 따라 중국의 경제성장과 세계경제 편입도 한층 가속화된다. 호황 속에서 중국은 저렴하면서도 효율적인 노동력 공급처이자 거대한 시장으로 주목받으며, 무역과 해외투자 규모도 날로 증가한다.

그 결과 중국은 1980년대 이후 연평균 약 10퍼센트에 이르는 고속성장을 이어 간다. 이러한 흐름은 2000년대까지 지속되었다. 선진국과 초국적기업은 대규모 투자를 통해 중국에 수많은 공장을 세운다. 지리적으로 가깝고 문화적 동질성이 높은 한국과 일본 기업들도 적극적으로 진출한다. 특히 소니SONY를 비롯한 일본 대기업들은 1970년대 말부터 중국 시장에 진출했고, 1980~90년대

....

*   1973년 일어난 제4차 중동전쟁에서 미국과 프랑스의 지원을 받은 이스라엘군에 연패를 거듭한 중동의 산유국들이 자신들이 장악한 석유수출국기구를 통해 대대적인 석유 감산을 감행한다. 이는 유가의 폭등을 초래하고, 중동 산유국의 값싼 석유에 의존하던 자본주의 세계는 경제적으로 심각한 타격을 입는다. 이는 당시 불안정하던 케인스주의 경제체제에 치명타를 입힌 사건이기도 했다.

**   1970년대 들어 케인스주의가 여러 문제점을 노출하며 불황에 빠져들자, 그 대안으로 나온 신자유주의는 통화공급 조절을 제외한 경제의 여러 부분에서 정부 개입을 최소화 또는 제거할 것을 중시한다. 비정규직을 확대한 노동 유연화, 민영화 확대, 복지 등의 공공지출 최소화 등을 통해 경제성장을 추구하며 1980~2000년대 호황을 구가하였지만, 2008년 세계 금융 위기 이후 빈부 격차와 양극화 심화, 실업 문제 확대, 환경파괴 등의 문제점을 계속 초래하고 있다.

38 2000년 전후 중국 의류 공장

중국은 막대한 인구와 저렴한 인건비를 무기 삼아 1980년대 이후 세계의 공장으로 대두하였다.
선진국과 초국적기업은 대규모 투자를 통해 중국에 수많은 공장을 세운다.

전 세계를 휩쓴 일본산 전자제품의 상당수, 특히 보급형 모델은
중국 현지 법인에서 생산되었다. 한편 1990년대 이후 한국에서도
인건비 상승으로 노동집약적 산업이 쇠퇴하자 많은 기업이 중국
으로 생산기지를 이전했다.

이 과정에서 중국은 대약진운동과 문화대혁명으로 형성된 '세
계 최빈국 공산국가'라는 이미지를 빠르게 벗고 '세계의 공장'으
로 자리 잡는다. 선진국 기반 초국적기업이 생산한 공산품 상당수
에는 'Made in China'라는 표기가 붙기 시작한다. 연구개발과 설
계, 디자인, 마케팅은 선진국 본사가 맡고, 조립과 생산은 중국 공
장에서 이루어지는 분업 구조가 확산된다. 중국이 세계의 공장으

로 부상하자 중국인의 구매력도 점차 높아진다. 내수시장을 겨냥한 해외 자본과 기업의 진출도 활발해진다. 중국은 2022년까지 세계 최대 인구 대국으로서 거대한 시장을 형성했고, 지속적인 경제성장과 구매력 증가는 이러한 흐름을 뒷받침했다.

해양세력과 대륙세력, 대립을 넘어 공생을 택한 이유

일본, 냉전을 활용해 금융 선진국까지

한국전쟁을 계기로 일본은 제2차 세계대전 패전국으로서 경제 재건 기회를 박탈당할 위기에서 벗어나, 경제대국으로 도약할 수 있는 기반을 획득한다. 태평양전쟁 말기 미군의 폭격으로 산업 시설은 막대한 피해를 입었지만, 과거 제국주의 열강의 일원으로서 기술, 학문, 문화, 인적 자원 등을 이미 갖춘 덕분이었다. 1956년에는 인구가 9,000만 명을 넘어섰고, 높은 교육 수준의 노동력도 사회 전반에 축적되어 있었다.

여기에 더해 냉전 체제 속에서 태평양 서부의 방패 역할을 하면서도 유라시아 대륙과 직접 맞닿지 않은 일본의 지정학적 입지 조건은 경제발전에 유리하게 작용했다. 미국은 일본에 핵우산과 주일미군을 통해 강력한 안보를 제공했다. 미국에 일본은 공산주의 확산을 저지할 서태평양의 방파제이자, 소련과 중국이라는 두 공산주의 강국이 버티고 있는 동아시아에 진출하기 위한 지정학적·군사지리적 거점이었기 때문이다. 과거의 적이었던 일본을 공산주의 세력으로부터 지키기 위해 미국이 막대한 군사적 지원을 제공한 이유다.

　게다가 일본은 섬나라라는 이점 속에서 소련, 중국, 북한의 제한된 해군력에 비해 우위를 유지한다. 또한 세계 최강 미 해군과 공군의 지원 그리고 해상·항공자위대를 통해 군사적 위협이 크게 줄어들었다. 그 덕분에 일본은 외부 침공의 위협에서 비교적 자유로워지며 경제성장에 역량과 자원을 집중할 수 있었다. 이러한 환경 속에서 집권한 요시다 시게루吉田茂* 내각은 국방 부담을 최소화하고 경제 부흥에 집중하는 이른바 '요시다 독트린'을 제시한다. 이를 통해 일본은 미국의 지원을 발판 삼아 전후 복구를 추진하고, 경제대국으로 성장할 수 있는 정치적 청사진을 확립했다.

　일본은 요시다 독트린에 따라 냉전 체제에서 얻은 지정학적 이점을 바탕으로 정부 주도의 체계적 경제성장 정책을 추진한다. 이러한 정책은 관치경제와 호송선단 모델로 요약된다. 일본 정부는 기업과 금융기관을 긴밀히 연결하는 관치금융 체제를 구축했고, 기업들은 은행을 통해 안정적으로 자금을 조달할 수 있었다. 나아

....

* 　일본의 정치가(1878~1967)로 1946년 자유당 총재로 취임한 후 다섯 차례 수상을 지냈고, 1951년 샌프란시스코 미일강화조약과 미일안전보장조약을 체결하여 전후의 미일관계를 결정지었다. 요시다 독트린의 3대 원칙은 경제 중심주의, 경무장(군사비 지출 최소화), 미일 안보 동맹이었다.

가 이 기반 위에서 정부가 산업과 경제를 육성하는 호송선단식 운영을 전개했다. 그 결과 미 군정에 의해 해산된 자이바쓰財閥를 대신해 금융을 중심으로 결속된 새로운 대기업 집단인 게이레쓰系列가 일본 경제의 핵심 구조로 자리 잡았다.* 여기에 한국전쟁 특수까지 더해지면서 일본은 미국의 군수 보급기지 역할을 하며 전후 복구와 경제성장을 이끌어 갔다.

여기에 더해 비교적 저렴한 유가는 석유를 생산하지 않는 일본에 유리하게 작용했다. 1949년 미군정기에 확립된 '1달러=360엔'의 고정환율제는 환율 변동의 부담을 줄이며 무역 확대를 뒷받침했다. 일본 경제는 1955년부터 약 20년간 연평균 10퍼센트를 웃도는 초고속 성장을 이어 갔다. 1968년에는 서독을 제치고 자본주의 세계 제2위의 경제대국으로 올라섰다. 1964년 개통된 고속철도 신칸센新幹線은 일본 주요 지역을 빠르게 연결한다. 특히 도카이도東海道 신칸센과 산요山陽 신칸센은 태평양 연안의 경제벨트를 하나로 묶어 수출 중심 경제를 지탱하는 데 중요한 역할을 한다.[102] 같은 해 열린 제18회 도쿄 올림픽은 아시아 최초의 올림픽으로, 전후 일본 경제의 부활을 전 세계에 널리 각인했다.

1970년대 들어 일본 경제는 큰 도전에 직면한다. 고정환율제가

....

* 일본의 자이바쓰는 가문이 중심이 되어 지배하는 대기업 집단으로, 메이지유신 이후 산업화 과정에서 성장했으나 제2차 세계대전 후 해체되었다. 전후 등장한 게이레쓰는 은행을 중심으로 수직 혹은 수평적 금융 관계로 맺어진 기업 네트워크를 의미한다.

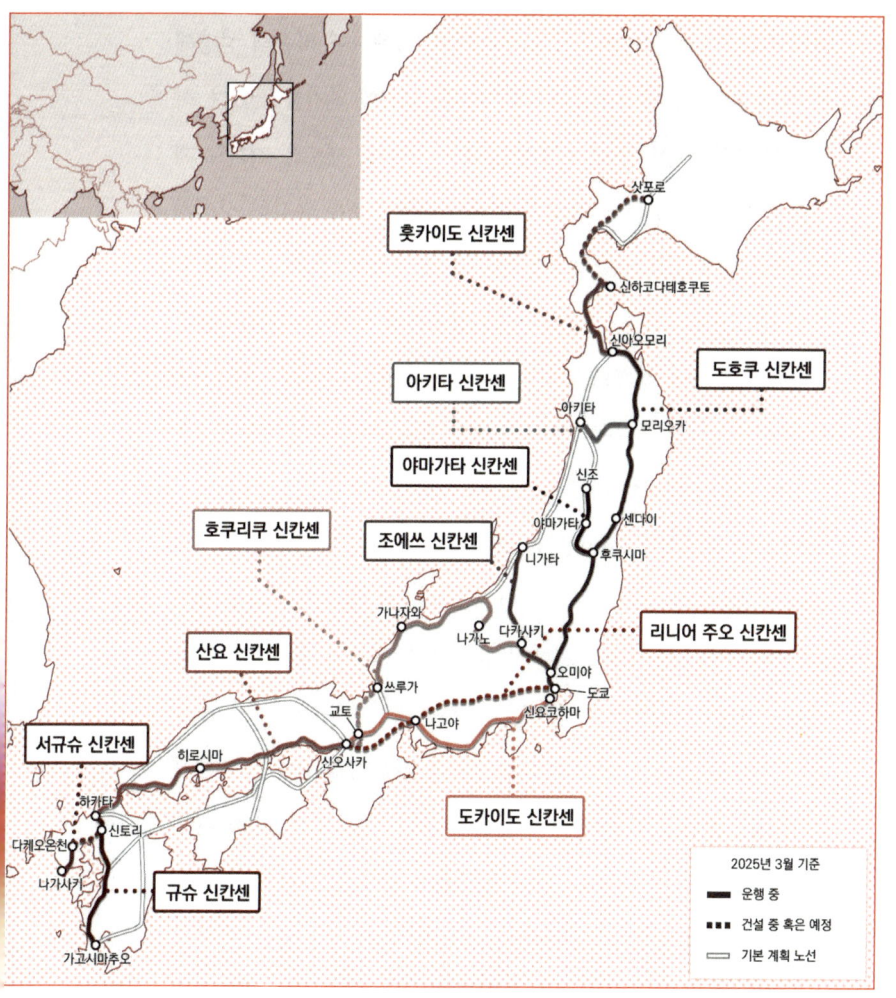

39 일본 신칸센 노선도

1964년 도쿄 올림픽 직전 개통된 신칸센은 전후 일본이 기술 대국으로 부활했음을 전 세계에
알린 상징이자 고도 경제성장의 핵심 엔진이었다. 도카이도와 산요 황금 노선을 시작으로
(1960~70년대), 도호쿠, 조에쓰, 호쿠리쿠 동북 및 중부 확장을 거쳐(1980~90년대), 규슈, 홋카이도
까지 종단 노선을 완성하고(2000년대~현재), 자기부상열차 리니어 주오 신칸센을 건설 중이다.

10장 한중일은 어떻게 탈냉전 경제 공동체가 되었나?

폐지되고 제1차 석유파동이 발생하면서, 저유가에 의존해 성장해 온 '석유 한 방울 나지 않는 나라' 일본은 심각한 위기를 맞았다. 하지만 대대적인 산업구조 조정을 통해 이 위기를 새로운 기회로 재창출한다. 철강·조선·석유화학 중심의 산업구조를 과감히 정리하고, 에너지 효율과 기술혁신을 바탕으로 자동차·전자·반도체 중심의 산업으로 구조를 전환하는 데 성공한다. 이에 따라 성장률은 다소 낮아졌지만 경제의 질적 수준은 한 단계 높아졌다. 1970년대 이후 일본 경제는 단순한 생산 확대 단계를 넘어 세계 기술혁신을 이끌며 생활방식까지 바꾸는 수준에 이르렀다.

일본은 종신고용 문화를 바탕으로 산업구조 조정 과정에서도 대규모 정리해고 대신, 기존 산업 노동자들을 게이레쓰 내부 계열사로 재배치해 일자리를 최대한 유지했다. 해고가 불가피한 경우에도 기업은 적극적으로 재취업을 지원하고, 노동조합은 임금 인상 요구를 고집하는 대신 회사의 구조조정에 협력했다. 그 덕분에 산업구조 변화에 따른 사회적 갈등과 혼란은 크게 줄어들었다.[103] 세계 경영학계는 종신고용과 연공서열을 중심으로 한 일본식 기업경영 방식에 주목하기 시작했다.

1970년대를 거치며 도요타와 혼다 등 일본 자동차 기업은 높은 연비와 가격 경쟁력을 앞세워 미국 시장 점유율을 빠르게 확대한다. 이는 미국 자동차 산업의 쇠퇴와 디트로이트의 몰락으로 이어졌다. 한편 1979년 소니가 출시한 휴대용 카세트 플레이어 워크맨은 전 세계적 인기를 얻으며 언제 어디서나 음악을 즐길 수 있는 새로운 소비 문화를 확산시켰다. 워크맨은 1980~90년대 정점에 이른 일본의 경제력과 기술력을 상징하는 제품으로 자리 잡았다. 당시 할리우드 영화에서도 일본이 주도하는 미래상이 자주 그려질 정도였다. 1988년 일본은 경제 규모에서 소련을 제치고 세계 2위에 올랐으며, 1인당 국민소득도 세계 상위권에 진입했다. 패전 반세기 만에 일본은 세계 2위의 경제대국으로 부상하며 미국을 위협하는 경제력을 갖추었다.

1990년대 핀란드 출신의 미국 사회학자 사스키아 사센은 세계화 시대에 세계 금융 흐름을 주도하는 도시를 '세계도시'로 개념화하고, 뉴욕·런던·도쿄를 최상위 3대 세계 도시로 제시했다. 일본이 세계 2위의 경제대국으로 부상함에 따라 일본을 포함한 한중일 스케일은 세계 금융과 경제를 이끄는 핵심 축으로 자리매김한다.

한국, 토건으로 일으킨 한강의 기적

냉전 체제의 대리전이었던 한국전쟁은 대한민국을 세계 최빈국 수준으로 몰아넣었다. 그러나 냉전 질서는 전쟁으로 폐허가 된 한국이 단기간에 경제성장을 이룰 수 있는 외부 조건 또한 제공했다. 한국이 공산화될 경우 자본주의 진영은 동아시아 대륙의 거점을 잃게 되는 만큼, 미국은 이를 막기 위해 대규모 원조와 경제 지원을 쏟아붓는다. 한편 대한민국 정부는 빈곤 문제를 극복하지 못하면 정권 안정은 물론 국가 체제 자체가 흔들릴 수 있다고 판단

40 1973년 포항종합제철 준공식 장면

포항종합제철(오늘날 포스코)의 준공과 운영은 대한민국 경제가 노동집약적 경공업 중심에서 중화학공업 중심으로 전환되는 과정을 잘 보여주는 대표적인 사례다.

하고, 1950년대부터 교육에 집중적으로 투자하며 인력 양성에 힘쓴다. 이어 1960년 4·19 혁명으로 출범한 제2공화국은 환율정책을 정비해 무역 정상화을 위한 제도적 기반을 마련했다.

　1961년 5·16 군사정변으로 제2공화국을 무너뜨리고 집권한 박정희 정부는 강력한 수출주도 경제정책을 추진한다. 당시 대부분의 개발도상국이 수입대체 산업화에 집중하던 상황에서, 수출 중심 전략은 매우 이례적인 선택이었다. 제2공화국 시기에 정비된 환율정책은 무역 확대의 기반을 마련했고, 냉전 속에서 미국을 비롯한 자본주의 진영도 한국과의 교역을 적극적으로 받아들였다. 교육 수준이 높고 빈곤을 극복하려는 의지가 강했던 한국 노동자들은 가격 경쟁력을 갖춘 상품을 생산하며 산업 발전과 무역 확대를 이끌었다. 1960년대 한국은 10년 사이 수출이 무려 26.1배 증가하며 신흥공업국으로 당당히 자리 잡았다.[104]

1970년대에 들어 한국 경제는 또 다른 도전에 직면한다. 저임금에 의존한 경공업 중심의 산업 및 수출 구조는 한계에 이르고, 정경유착과 노동권 침해 문제도 드러난다. 경공업 중심 수출의 낮은 수익성 역시 성장의 제약으로 작용한다. 이에 정부는 중화학공업을 중심으로 한 대대적인 산업구조 전환에 나선다. 시장경제의 원칙과 달리 강력한 국가 개입과 지원을 통해 중화학공업을 육성한 결과, 제철소·조선소·고속도로 등 핵심 기반 시설이 빠르게 구축되었다. 첨단산업인 전자산업을 육성하기 위해 구미에 국가산업단지도 조성되었다.

이러한 한국 경제의 체질개선은 성과를 거두었다. 1970년대 경제구조를 중화학공업 중심으로 재편한 한국은 1980~90년대를 거치며 자동차, 선박, 전자제품 등 고부가가치 상품을 수출하는 국가로 성장한다. 1980년대에는 저달러, 저금리, 저유가의 '3저 호황'이 수출 경쟁력을 끌어올린다. 엔고로 일본 제품 가격이 상승하면서 한국은 대체 공급처로서 반사이익도 얻는다. 빠른 경제성장 속에서 국력도 크게 높아졌다. 1986년 서울 아시안게임과 1988년 서울 올림픽을 성공적으로 개최하며 국제적 위상까지 확립했다.

한편 한국의 경제성장을 이끈 정부 주도의 고속성장은 경제와 사회의 지속가능성이라는 과제도 남겼다. 성장 과정에서 정부·관료·기업 간 정경유착이 나타났고, 이는 훗날 IMF 외환위기 등 심각한 경제 및 사회 문제의 한 원인으로 작용했다. 또한 고속성장은 저임금에 크게 의존하면서, 그 과정에서 노동자의 권익과 인권이 충분히 보호받지 못했다. 1970년 근로기준법 준수를 외치며 분신한 전태일 사건은 당시 최소한의 노동법조차 지켜지지 않았던 현실을 보여준 상징적 사건이었다. 이러한 노동 문제는 이후 신자유주의적 변화와 맞물려 고용불안을 키웠고, 오늘날까지 한국 사회의 중요한 과제로 남아 있다.

고속성장 과정에서 도시화가 빠르게 진행되었고 산업 기반 시설이 잇따라 들어섰다. 대규모 토지와 도시개발로 땅값이 크게 오른 지역에서는 막대한 개발 이익이 쌓였다. 이 시기에는 '땅으로 돈을 번다'는 말이 나올 정도로 토건 중심의 경제구조가 자리 잡는다. 특히 대도시와 대규모 산업 시설이 들어선 지역에서는 땅값 상승으로 토지를 보유한 사람들 가운데 이른바 '벼락부자'가 등장하기도 했다.

한편 국토개발과 땅값 상승에 관한 정보와 권력을 쥔 관료집단, 대기업, 건설업체, 정치세력 등은 정경유착 속에서 개발 이익과 토지 차익을 축적하며 새로운 기득권층으로 떠오른다. 이러한 사회 현상은 부동산 투기 열풍으로 이어지고, 수도권과 대도시의 높은 집값과 사회계층 격차를 낳았다. 이 문제 또한 오늘날까지 한국 사회의 중요한 과제로 남아 있다. 나아가 도시 중심의 경제개발 정책은 농어촌 소외라는 또 다른 문제를 남겼다.

수직 분업으로 다진 동북아 경제 협력체

냉전 시기 '한일 대 중'의 지정학적 구도가 흔들리면서 세 나라의 관계에도 변화가 나타난다. 일본은 1972년 중일국교정상화를 통해 중국과 외교관계를 회복한다. 같은 해 중국은 미국과 관계를 개선하며 타이완을 대신해 유엔 상임이사국 자리를 차지했다. 한국도 냉전이 완화된 1980년대 후반부터 중국과의 관계 개선에 나섰고, 1992년 타이완과 단교한 뒤 중국과 정식으로 수교했다. 이로써 북한을 제외한 한중일 세 나라는 냉전의 대립 구도에서 벗어나 협력과 교류의 관계로 접어든다. 이 과정에서 국제사회 속 타이완만의 외교적 고립은 더욱 깊어졌다.

1980년대 중후반 한중일에는 냉전 종식이라는 정치적·지정학적 변화와 함께 경제적으로도 유리한 흐름이 나타난다. 이 시기 일본은 미국을 빠르게 추격하며 세계 경제대국으로 성장한다. 기술 수준 또한 세계 최고 수준에 이르렀다. 엔화 가치 상승으로 강력한 자금력을 갖춘 일본은 반도체와 전자제품, 자동차, 그리고 미래 산업인 로봇 분야에서 독보적인 기술력을 축적한다. 하지만 엔고의 영향으로 국내 인건비가 가파르게 오르자, 일본 기업들은 저임금을 기반으로 한 해외 생산기지 구축이 절실해졌다.

중국은 1980년대 내내 높은 경제성장률을 기록하며 약진했지만, 경제 규모와 국민소득 수준은 여전히 선진국에 미치치 못했다. 산업구조도 저렴한 인건비를 기반으로 한 노동집약적 산업과 경공업의 비중이 지배적이었다. 이러한 고속성장이 지속가능한 발전으로 이어지기 위해서는 중국이 진정한 경제대국으로 도약할 수 있는 새로운 전략이 필요했다. 즉 해외 자본과 선진 기술을 더 적극적으로 끌어들이는 혁신적 전략이 절실한 시점이었다.

한편 대한민국은 1980년대 중후반을 거치며 신흥공업국으로서의 입지를 확고히 다진다. 1988년 서울 올림픽과 1993년 대전 세계박람회EXPO의 성공적인 개최는 높아진 한국의 위상을 국제사회에 알리는 계기가 되었다. 변화는 국제행사를 개최하는 수준에 머물지 않았다. 1990년대에 들어서며 한국 경제는 노동집약적 산업의 비중을 줄이고 자동차·철강·조선 등 중화학공업 중심의 구조로 전환한다. 경제 규모가 커지고 산업구조가 고도화되면서 국내 인건비도 빠르게 상승했다. 이에 따라 한국 기업들은 일본과 마찬가지로 저임금 기반의 해외 생산기지 확보에 나선다.

이러한 흐름 속에서 1990년대 한중일은 경제적 거리를 빠르게 좁히며, 상호의존성을 크게 높인다. 상대적으로 기술 우위에 있던 한국과 일본은 대외 무역 의존도가 높은 경제구조를 형성했다. 두 나라에 중국은 저렴한 생산기지이자 거대한 소비 시장으로서 매력적인 기회의 공간이었다. 중국 역시 도약을 위해 일본과 한국의 기술과 자본 투자가 절실한 상황이었다.

이에 따라 한중일 경제는 한국과 일본의 기술과 투자, 그리고 중국의 생산이 결합된 수직적 분업구조를 이룬다. 중국 전역으로 한일 기업의 현지 법인이 속속 진출하고, 반대로 한국과 일본 시장에는 중국산 저가 소비재가 대량 유입된다. 인적 교류도 활발해진다. 한국과 일본에는 저임금의 중국인 노동력이 유입되는 한편, 한국과 일본의 전문 인력들은 새로운 시장인 중국으로 건너가 투자와 연구를 주도한다. 1990년대 이후 한중일 3국을 '동북아 경제 협력체', 즉 하나의 경제블록으로 묶으려는 논의가 본격화된 것도 이러한 흐름과 무관하지 않았다. 이는 냉전의 대립을 넘어 경제적 밀착과 협력이 급속도로 확대된 시대적 흐름 속에서 나타난 현상이었다.[105, 106]

영토·자원·역사 분쟁, 고립된 영역에서 벌어지는 각개전투

북한, 탈냉전 시대 더 공고해진 냉전 스케일

탈냉전과 자본주의 호황 속에서 한중일의 협력이 긴밀해지는 가운데, 이러한 흐름에는 역향하는 냉전과 분쟁의 스케일도 공존했으니 바로 북한이었다.

김일성이 추진한 한반도 전체의 공산화 시도는 실패로 끝났지만, 그 결과는 오히려 그의 권력 기반을 강화하는 방향으로 이어졌다. 전쟁 목표는 이루지 못했지만 정권은 살아남았고, 김일성은 미국과 유엔군을 '조선을 침략하고 남쪽을 여전히 지배하는 제국주의 세력'으로, 대한민국을 '그 앞잡이'로 규정하며 독재 체제를 유지하는 데 필요한 외부의 적을 분명히 설정했다. 냉전 체제 속에서 소련과 중국의 지원을 받은 북한은 전후 복구도 비교적 수월하게 추진했다.

김일성은 경쟁자를 제거하고 권력을 강화하는 수단으로 전쟁을 적극 악용했다. 독립운동가이자 팔로군 포병 지휘관 출신이었던 북한군 고위 장성 김무정을 한국전쟁 중 평양 방어 실패의 책임을 물어 숙청한 일을 비롯해, 1956년 8월에는 김일성 개인숭배를 비판한 북한 내 고위 정치인들을 종파분자, 즉 개인의 이익과 안위를 위해 파벌싸움을 일삼는 불순 세력으로 규정하여 대대적 숙청을 단행한다. 이른바 이 '8월 종파사건' 이후 1960~70년대에 걸쳐 김일성 직계 파벌을 제외한 여러 정치파벌이 모조리 제거되면서, 북한은 김일성이 신격화된 절대적 독재 체제로 굳어진다.

1960년대 말 중국과 소련 스케일에서 일어난 정치·지정학적 변화도 북한을 더욱 폐쇄적이고 극단적인 체제로 변질시키는 계기가 되었다. 중국과 소련의 국경분쟁으로 갈등이 표면화하자,[107] 북한은 외교적으로 고립당해 몰락할 위기에 놓였다. 이에 김일성은 냉혹한 국제사회에서 '조선'의 자주적 생존과 발전을 구실로, 자신의 권력과 체제의 정당성을 뒷받침할 주체사상을 제시한다. 이미 김일성을 견제할 내부 정치세력이 거의 사라진 상황에서 주체사상은 국가를 지배하는 핵심 이념으로 자리 잡는다.

한편 북한은 한국전쟁 이후에도 대한민국을 상대로 끊임없는 군사적 도발을 자행했다. 민간인은 물론 군함과 경찰 경비정이 공격받거나 납치되는 사건이 잇따르고, '공산혁명'을 내세운 무장공비를 남파해 무고한 시민과 군경을 공격하기도 한다. 특히 1968년에는 박정희 대통령 암살과 체제 전복을 목적으로 청와대에 특수부대를 보낸 '1·21 사태*'까지 발생했다.

북한의 도발은 대상을 가리지 않았다. 남파공작에 활용하기 위해 일본 등지에서 민간인을 납치하는가 하면, 미군을 상대로도 대담한 도발을 감행한다. 1968년 1월에는 동해 공해상에서 미 해군 정찰함을 나포해 승조원들을 장기간 억류하는 푸에블로호 사건이 일어난다. 이어 1976년 8월에는 판문점에서 유엔군 사령부 소속 미군 장교 두 명이 북한군에 의해 사망하는 '판문점 도끼만행 사건'이 발생한다. 이 사건으로 한반도는 전쟁 직전 위기로 치달았는데, 당시 미국과 대한민국이 강하게 대응하자 북한은 유감을 표명하며 사태 수습에 나섰다.

북한의 지속적인 대남 도발과 침투, 국지전은 김일성이 의도한 것처럼 대한민국에서 공산혁명을 일으키거나 체제를 무너뜨리는 결과로 이어지지 않았다. 오히려 상황은 정반대로 전개되었다. 한국전쟁 이후 반공 의식이 사회에 깊이 자리 잡은 데다, 북한 무장공비가 자행한 파괴와 살상, 납치 등의 폭력은 오히려 남한 사회의 경계심과 반감을 더욱 키웠다. 미군 공격과 일본인 납치 사건

....

* 북한 특수부대원 31명이 박정희 대통령을 암살하기 위해 경기도 연천 군사분계선을 넘어 서울로 침투한 일명 김신조 사건. 청와대 인근에서 교전을 벌인 후 군경의 대대적인 소탕작전으로 28명이 사살되고 2명이 도주했다. 김신조만이 생포되었고 이후 전향하여 대한민국 시민권을 얻었다.

도 미국과 일본 내부의 반북 감정을 강화하는 계기로 남았다.

이러한 상황은 대한민국의 민주주의 발전에도 부정적인 영향을 미쳤다. 박정희와 전두환으로 이어진 군사정권은 북한의 위협을 이유로 군사독재를 정당화했고, 국가보안법을 앞세워 반체제 인사와 민주화 운동을 강력히 탄압했다. 대한민국은 1987년 6월 민주화 운동 이후에야 민주주의 체제로 나아갈 수 있었다.

1990년대에 들어 공산권이 붕괴하자 북한은 외교적으로 완전히 고립되었다. 개인의 자유와 시장원리가 제대로 작동하지 않는 체제 속에서 안정적인 경제성장을 이루기 어려웠던 북한은 공산권 지원마저 끊기면서 심각한 경제 침체에 빠졌다. 이러한 위기 속에서 1994년 김일성이 사망하고 그의 아들 김정일이 권력을 이어받았다.

김정일 집권 초기 북한이 마주한 현실은 혹독했다. 연이은 흉년과 대외 고립이 겹치며 북한 경제는 급격히 붕괴했고, 식량 공급체계도 무너졌다. 그 결과 1995년부터 2000년 사이 수십만 명이 굶어 죽는 이른바 '고난의 행군'이라는 대참사가 벌어졌다. 그럼에도 김정일의 권력은 흔들리지 않았다. 김일성 시기에 이미 대부분의 견제 세력이 제거된 데다, 김정일도 숙청을 반복하며 일인 지배 체제를 더욱 강화했기 때문이다. 북한 정권은 이 참사마저 '김정일의 지도력으로만 극복할 수 있는 위기'로 포장하며, 주체사상에 기반한 통치를 정당화하는 수단으로 활용했다.[108]

한중일 스케일이 자본주의 경제성장과 교류 확대 속에서 빠르게 변화하던 1990년대 이후, 북한은 그 흐름에서 완전히 이탈했다. 철저히 고립당한 북한 사회는 가난과 식량난 그리고 극단적 독재와 공포정치가 지배하는 전혀 다른 스케일로 변질하고 만다.

타이완, 공생과 협력을 비껴간 고립 스케일

1980~90년대 한중일 스케일 내부에는 여전히 대립과 분쟁의 그림자가 드리워져 있었고, 그 여파는 북한에만 국한되지 않았다. 중국의 국력과 경제력 그리고 외교적 영향력이 팽창함에 따라, 냉전 시기 한국 및 일본과 함께 태평양을 무대로 공산주의 세력에 맞섰던 타이완 역시 점차 고립된 스케일로 밀려나기 시작했다.

중국은 냉전 시기부터 '하나의 중국' 원칙을 일관되게 유지해왔다. 이는 타이완의 중화민국 정부는 중국을 대표할 정통성이 없으며, 중국 대륙의 공산당 정부만이 중국의 유일한 합법정부라는 입장이다. 1970년대 중국이 타이완을 대신해 유엔 상임이사국 자리를 차지하고, 이어 미국이 타이완과 단교한 뒤 중국과 수교하면서 이러한 입장은 국제사회에서 더욱 힘을 얻는다. 타이완은 냉전 시기 한중일 스케일에서 지정학적으로 대단히 중요한 위치에 있었지만, 중국과의 국력 차이를 극복하기엔 역부족이었다.

탈냉전과 함께 한중일 스케일에서 공존과 협력의 분위기가 무르익을수록, 타이완은 오히려 국제사회와 한중일 스케일에서 고립된 위치로 밀려났다. 일본은 이미 1972년 중국과 수교하며 타이완과의 외교관계를 정리했다. 오랜 기간 '자유중국'이라 부르며 우호관계를 유지해 온 대한민국도 중국과의 수교를 위해 1992년 8월 27일 타이완과 단교했다. 1960년대까지만 해도 당당한 유엔 상임이사국이었던 타이완은 냉전 완화와 탈냉전 그리고 중국의 급속한 성장이라는 국제정세의 변화 속에서 외교적 공간이 축소되었다. 한중일 지역 안에서도 마찬가지였다.

물론 대한민국과 일본, 나아가 미국의 입장에서는 중국을 견제할 지정학적 장치가 필요했고, 전자제품 산업과 다국적기업의 생산기지로 성장한 타이완의 경제력도 무시하기 어려웠다. 이 때문에 타이완은 외교적으로 고립되는 어려움을 겪으면서도 완전히 단절되지는 않았다. 미국은 중국과 수교한 이후에도 타이완에 대한 군사 지원을 계속했다. 한국과 일본 역시 외교관계를 정리한 뒤에도 경제·사회·문화 교류를 이어 갔다.

하지만 공식 외교관계가 단절된 이후 타이완이 국제사회와 한중일 스케일 속에서 외교적 영향력을 유지하거나 안정적인 지위를 확보하기는 점점 어려워진다. 일본의 경우 중국과의 관계를 고려해 언론이나 공문서에서 타이완을 국가가 아닌 지역으로 표기하는 사례가 나타났다. 2000년대에 들어서면서 타이완을 공식적으로 승인한 국가는 전 세계적으로 약 20개국 수준으로 줄어들었다. 그마저도 대부분 오세아니아, 중앙아메리카, 아프리카의 소규모 국가였다. 일부 국가는 타이완의 경제협력 지원을 바탕으로 외교관계를 유지했는데, 은색 탄환(돈)을 통해 외교적 목적을 달성한다는 의미에서 '은탄외교銀彈外交'로 일컫는다.

1995년 7월 21일, 타이완의 외교적 고립이 깊어지던 시기에 대만해협을 둘러싼 중국과 타이완의 군사적 갈등이 표면으로 드러난다. 리덩후이李登輝 타이완 총통은 적극적인 대미 외교로 F-16 전투기 150기의 판매 승인을 얻어내는 등 성과를 거두며 재선에 성공한다. 이에 중국은 타이완을 견제하기 위해 타이완해협 일대에 10만 명 이상의 지상군을 배치하고, 남부 항구도시 가오슝高雄 인근 해역에 미사일을 발사해 해상교통을 마비시킨다. 이 사건이 바로 제3차 타이완해협 위기다(1954~55년과 1958년에 타이완해협에서 일어난 군사적 충돌은 각각 제1차·제2차 타이완해협 위기라 부른다). 중국과 타이완의 군사적 대치가 이어지자 미국은 제7함대의 강력한 항공모함 전단을 파견해 개입했고, 사태는 전면전으로는 번지지 않은 채 이듬해 3월 23일 일단락되었다. 하지만 이 사건은 중국의 국력과 군사력이 이미 위협적인 수준으로 성장했음을 보여주었고, 중국과 타이완이라는 지정학적 스케일이 한중일 지역 전체의 갈등과 긴장으로 이어질 수 있음을 드러냈다.

한편 1990년대 타이완에서는 중국의 군사적 위협이라는 대외 스케일의 변수와 민주화라는 내부 스케일의 변화가 맞물리며, 중국과 거리를 두고 벗어나려는 경향이 뚜렷해진다. 정치, 교육, 문화 전반에서 중국 본토가 아니라 1945년 이전 역사를 포함한 타이완 섬 자체를 중시하는 분위기가 확산된다. 이러한 변화는 교육 과정에서 중국사보다 타이완사를 강조하는 정책으로 이어졌다.

결국 탈냉전과 중국의 부상은 타이완을 한중일이라는 거대 스케일에서 밀어내는 동시에, 타이완이 독자적 스케일로 자리 잡는 계기가 되었다. 중국과 타이완의 분쟁은 이후 중국과 일본 사이의 영토분쟁과 맞물리며, 1990년대 중·후반 이후 타이완과 일본의 안보협력이 눈에 띄게 강화되는 결과로 이어졌다. 요컨대 1980~90년대 한중일이 냉전에서 탈냉전의 지정학 질서로 바뀌어 가던 과정에서, 훗날 새로운 갈등으로 이어질 또 다른 스케일 역시 형성되고 있었던 셈이다.

독도와 센카쿠, 대립과 갈등의 다중스케일

1990년대에 들어서며 한중일은 경제와 사회 면에서 가까워지는 듯 보였지만, 그 내부에서는 역사와 과거사를 둘러싼 대립과 갈등이 본격적으로 불거지기 시작한다. 세 나라의 국력과 경제력 격차가 좁혀지는 가운데 냉전 시기 억눌려 있던 문제들이 수면 위로 떠오르면서, 한중일 스케일에서 역사 인식과 문화적 주도권을 둘러싼 다툼이었다.

이 흐름을 상징적으로 보여준 사건이 일본 총리의 야스쿠니 신사 참배*였다. 야스쿠니 신사는 태평양전쟁 당시 일본 정부와 군

....

* 　　야스쿠니 신사는 메이지유신 과정에서 전사한 전몰군경을 기리기 위해, 그들의 위패를 봉안하며 1869년 일본 도쿄에 설립된 신사다. 그런데 19세기 일본 군부가 관할하는 신사로 변모하면서, 단순한 종교시설을 넘어 국수주의와 침략전쟁을 이념적으로 정당화하고 미화하는 장소로 거듭난다. 1970년대 후반부터는 도조 히데키 등 태평양전쟁 A급 전범들을 합사하며 일본 극우 세력의 '성지'로 떠올라, 오늘날에도 극우 정치인들의 발길이 이어지고 있다.

41 1938년 야스쿠니 신사

1938년 10월에 야스쿠니 신사 경내에서 군복 차림으로 사진 촬영을 한 일본 왕족들. 일제에 인질처럼 일본으로 끌려가 일본군 장교 복무를 강제당했던 영친왕(앞줄 우측 세 번째)과 이건(영친왕 우측), 이우(앞줄 맨 우측)와 같은 옛 대한제국 황족의 모습도 보인다.

부가 전쟁을 정당화하는 데 활용한 장소이며, 도조 히데키 등 A급 전범 위패가 합사된 공간으로 일본 우익 세력의 상징처럼 여겨진다. 1985년 나카소네 야스히로中曾根康弘 총리가 공식 자격으로 참배하자 한국과 중국이 강하게 반발했고, 이후 참배는 한동안 중단되었다. 그러나 1996년 하시모토 류타로橋本龍太郎 총리가 다시 참배하면서 갈등이 되살아났고, 일본 정치가 보수화된 2000년대 이후에도 이 문제는 외교 갈등의 불씨로 계속 남았다.

이 같은 일본 총리들의 야스쿠니 신사 참배 문제는 민간 차원의 감정 갈등을 키울 뿐 아니라, 한중일 삼국의 외교관계에도 대립과 갈등을 일으킨다. 19세기 말부터 20세기 중반까지 일본의 침략과 식민지배에 시달린 한국과 중국에서는, 국력과 경제력이 커지면서 과거사에 대한 인식과 문제 제기도 함께 강해진 터였다. 이러한 갈등은 단순한 역사 인식이나 민족 감정에 머물지 않았다. 외교 주도권을 둘러싼 경쟁과 국내 정치 여론이 맞물리며 현실 정치의 중요한 쟁점으로도 떠올랐다. 1990년대 초 일본군 위안부 문제가 본격적으로 제기되고, 1998년 장쩌민江澤民 중국 국가주석이 일본을 방문해 과거사 사죄를 요구한 일도 같은 흐름 속에서 나타난 사건이었다. 일본이 과거사를 충분히 정리하지 못한 가운데 한국과 중국의 외교적 발언권이 커지고, 일본 정치가 장기불황 속에서 우경화되면서 한중일 사이의 역사 갈등은 한층 깊어졌다.

　나날이 국력이 커지던 중국은 역사와 영토 문제를 결합하며 새로운 갈등의 축을 만들어 낸다. 다민족 국가인 중국은 국가 통합과 영향력 강화를 위해 티베트, 만주, 몽골 등 주변 지역의 역사를 중국사로 끌어들이는 학술적 시도를 확대한다. 그 과정에서 1990년대 중국 학계는 고구려를 중국의 지방정권으로 규정하는 논문을 발표하기 시작했다. 이는 2000년대 중국 정부와 관변학계가 만주 일대의 옛 왕조들을 모두 중국사와 중국 역사지리의 영역에 포함하려는 국가 주도의 학술 프로젝트, 이른바 동북공정東北工程으로 이어졌다.[109] 공산당 일당독재 체제 아래에서 중국 정부가 학술연구를 역사지리적·지정학적 영역성 구축에 활용하려는 시도는 학술적 왜곡 논란을 낳았을 뿐 아니라, 한중일 스케일에서 특히 한

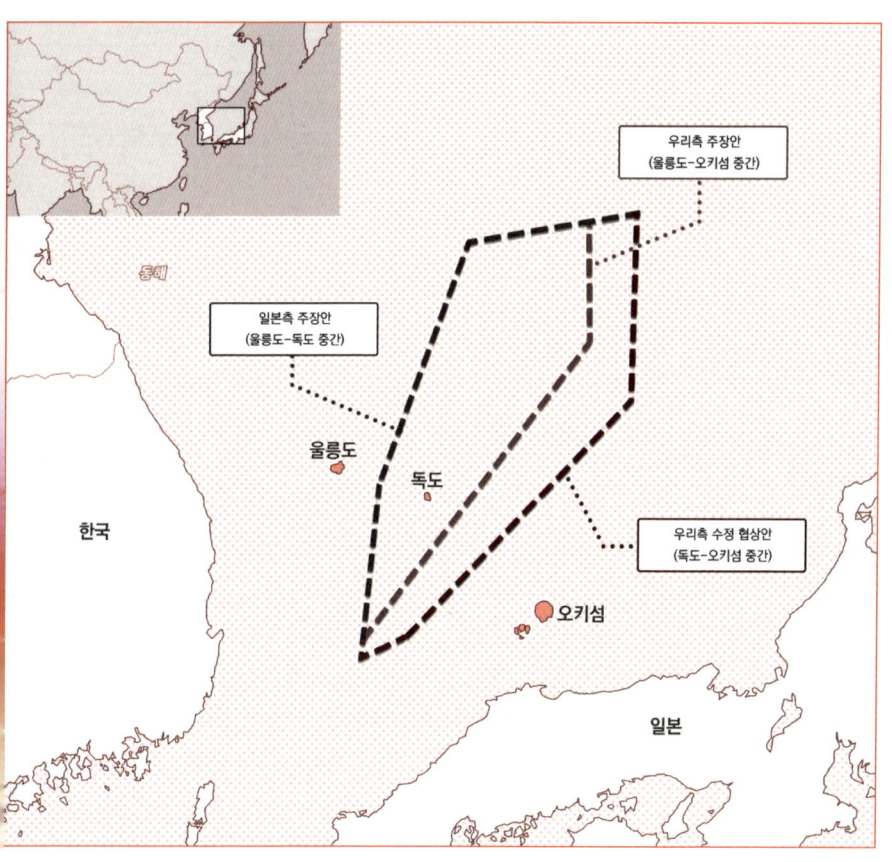

42 한국과 일본이 주장하는 EEZ 경계선

일본은 1977년 "독도가 일본 고유 영토인데 한국이 불법으로 점거하고 있다"는 일본 후쿠다 다케오 총리의 발언으로 독도 문제를 처음 공식화하였다. 이후 지속하여 영유권을 주장하며, 역사적·지리적·국제법적으로 명백한 대한민국 영토인 독도 인근을 배타적 경제수역(EEZ)으로 편입하려 시도하고 있다.

10장 한중일은 어떻게 탈냉전 경제 공동체가 되었나?

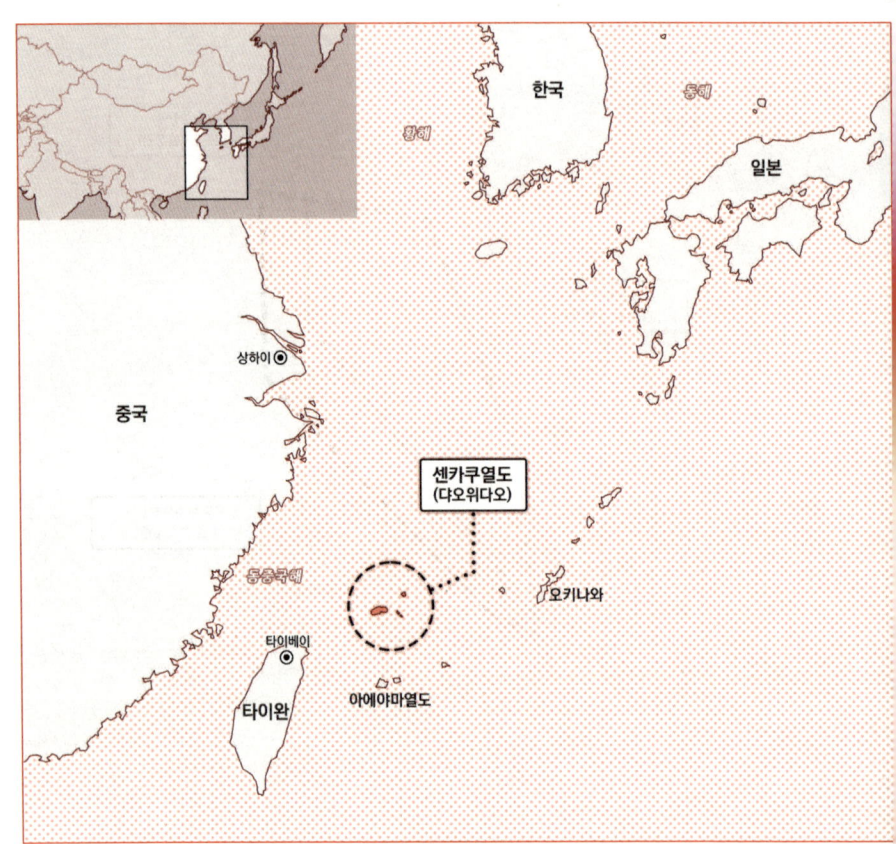

43 센카쿠열도

센카쿠열도는 일본령이지만 지리상으로는 중국 그리고 타이완과 더 가깝다. 1969년 석유와 천연가스 매장 가능성이 제기된 뒤 분쟁이 더 뚜렷해졌다. 중국은 이 열도를 댜오위댜오라 부르며 자국령이라 주장하고 있으며, 최근에는 군사적 긴장으로까지 이어지고 있다.

중 간 대립과 긴장을 심화시키는 결과를 낳았다.

이 갈등이 곧바로 전면적인 충돌로 번지지는 않았지만, 1980~90년 대를 지나며 한중일 스케일에서는 영토를 둘러싼 분쟁과 갈등이 점차 수면 위로 올라온다. 대표적인 사례가 독도 문제와 센카쿠열 도尖閣諸島(중국명 댜오위다오釣魚島) 분쟁이다.

독도 문제는 1977년 후쿠다 다케오福田赳夫 총리의 독도 영유 권 발언 이후 일본 정부가 지속적으로 영유권을 주장하며 갈등이 쌓였다. 1994년 유엔해양법협약에 따라 배타적 경제수역Exclusive Economic Zone, EEZ을 획정하는 과정에서 외교적으로 관리되던 분쟁은 공개적인 충돌로 바뀌었다. 배타적 경제수역은 최대 200해리 까지 설정되지만, 한국과 일본처럼 가까운 국가 사이에서는 겹치는 수역이 존재한다. 이때 독도는 핵심 기준점으로 작용한다. 일본의 강한 영유권 주장에 한국 정부와 사회가 거세게 반발하면서 독도 문제는 한중일 스케일을 대표하는 영토 갈등으로 떠올랐다.

센카쿠열도 역시 또 다른 갈등의 축이다. 일본이 실효 지배하고 있지만, 중국과 타이완도 영유권을 주장해 왔기 때문이다. 1969년 석유와 천연가스 매장 가능성이 제기된 뒤 분쟁은 더욱 격렬해진 다. 1970~80년대에는 비교적 잠잠했지만, 1990년과 1996년 일본 의 우익단체가 이곳에 등대를 설치하자 중국에서 대규모 반일시위가 일어나며 다시 표면으로 떠올랐다. 이후 민간 차원의 충돌은 점차 국가 간 대립으로 번졌고, 2000년대에 들어서는 군사적 긴장으로까지 이어졌다.

이처럼 1980~90년대 한중일 스케일에서는 탈냉전의 흐름 속에서 공존과 협력이 확대되는 한편, 과거사와 역사·문화를 둘러싼 대립, 그리고 영토 문제를 둘러싼 갈등도 함께 커진다. 이러한 갈등과 분쟁은 쉽게 해소되지 않은 채 2000년대 이후까지 이어지며, 한중일 스케일에 또 다른 긴장과 경쟁의 국면을 형성해 간다.

신냉전으로 다시 불거지는 갈등, 세 나라의 미래는?

1980년대 이후 연평균 10퍼센트를 웃도는 고속성장을 이어 온 중국은 급증한 경제력을 바탕으로 기술력과 군사력에서도 뚜렷한 발전을 이룩한다. 2000년만 해도 1인당 GDP는 1,000달러에 못 미쳤고, 경제 규모도 미국의 11~12퍼센트, 일본의 25퍼센트 수준에 불과했으나, 2011년에 이르러 일본을 추월하며 세계 2위 경제 대국으로 완전히 자리매김한다.[110]

저임금 노동력에 의존하던 중국 경제는 경쟁력과 기술력이 높아지면서 2010년대 이후 점차 구조 변화를 겪기 시작한다. 2024년 중국의 1인당 GDP는 1만 3,121달러 수준에 이르러 더 이상 저임금 노동에만 의존하는 저소득 국가로 보기는 어려운 단계에 들어선다. 특히 베이징, 상하이, 선전深圳 등 산업과 무역이 발달한 대도시의 1인당 GDP는 3만 달러에 육박하거나 이를 뛰어넘는 수준이니, 한국이나 일본과 비교해도 소득수준이 크게 낮지 않은 현실이다.

신자유주의 위기 속
본격화한 한중일 경제 전쟁

중국, 세계의 공장에서 경제 팽창까지

'세계의 공장'으로 불리던 중국 경제는 2000년대 중·후반을 지나며 새로운 단계로 나아간다. 외국 기업의 하청 생산기지에 머물던 산업구조가 변화하고, 자본과 기술을 갖춘 기업들이 세계 시장으로 눈을 돌린다. 2010년대에 들어 중국 기업들은 해외 기업 인수와 전략적 제휴를 통해 산업 경쟁력을 끌어올린다. 지리자동차는 2010년 스웨덴 자동차 브랜드 볼보를 인수했고, 2018년에는 독일 메르세데스-벤츠의 최대 주주로 올라섰다. 하이얼은 2016년 미국 제너럴일렉트릭 가전사업부를 인수했으며, 메이디 그룹은 같은 해 독일의 산업용 로봇 기업 쿠카를 인수했다.

일본에서도 경영난을 겪던 기업들이 중국 자본의 주요 인수 대상이 된다. 세계 시장으로 확장하던 중국 기업들은 선진국 기업의 기술과 브랜드를 확보하며 영향력을 넓혀 간다. 레노버는 2004년 IBM의 PC 사업부 인수에 이어, 2011년 일본 NEC의 PC 사업부를 확보했다. 하이얼은 2011~12년 일본 가전기업 산요를 인수했으며, 도시바의 가전 사업도 2016년 중국 기업 메이디로 넘어갔다. 나아가 호주 등지의 첨단산업 분야에도 투자가 이어지며 산업 영향력은 더욱 커졌다. 그 결과 2011년 중국 기업의 인수·합병 규모는 미국에 이어 세계 2위 수준으로 성장했다.[111]

2010년대 이후 중국은 세계경제에 큰 영향을 미치는 거대한 자본으로 변모한다. 미국·유럽·일본 초국적기업 제품의 저가 보급형 모조품으로 인식되던 중국산 공산품의 위상도 빠르게 달라졌다. 경제력이 성장하고 해외 기업 인수와 합병을 통한 기술 축적이 맞물리며 산업 경쟁력도 크게 높아졌다. 오늘날 레노버, 화웨이, 샤오미 등 중국 IT 기업은 세계 IT 산업과 첨단산업을 주도하며, 제품의 품질과 브랜드 가치도 국제적으로 인정받고 있다. 2000년대 후반 세계 최대 자동차 생산국으로 부상한 중국은 전기자동차 개발과 보급에서도 핵심 국가로 떠올랐다. 이는 유럽연합 EU이 가성비와 전기자동차 기술 경쟁력이 높은 중국 자동차산업으로부터 자신들 산업을 보호하기 위해, 기후위기 대응 차원에서 2035년부터 시행하려던 내연기관 자동차 판매 금지 조치*를 재검토하는 데도 영향을 미칠 정도이다.[112]

이처럼 경제력과 기술력이 빠르게 성장하면서 중국의 국제적 영향력도 함께 커졌다. 세계 제2의 경제대국으로 부상한 중국은 경제적 존재감을 넘어 정치·군사적 발언권까지 강화하기 시작했고, 이는 기존 국제질서를 주도해 온 미국과의 경쟁을 본격화하는 방향으로 이어졌다.

....

* EU는 2035년부터 이산화탄소를 배출하는 모든 신규 내연기관차의 판매를 유럽에서 금지(기후위기 대처를 위한 탄소 배출 100% 감축)할 계획을 2023년경 세웠는데, 2025년 12월에 90% 감축안으로 수정했다. 중국 전기차의 저가 공세 및 유럽 내 전기차 수요 정체가 결정적 원인으로 보인다.

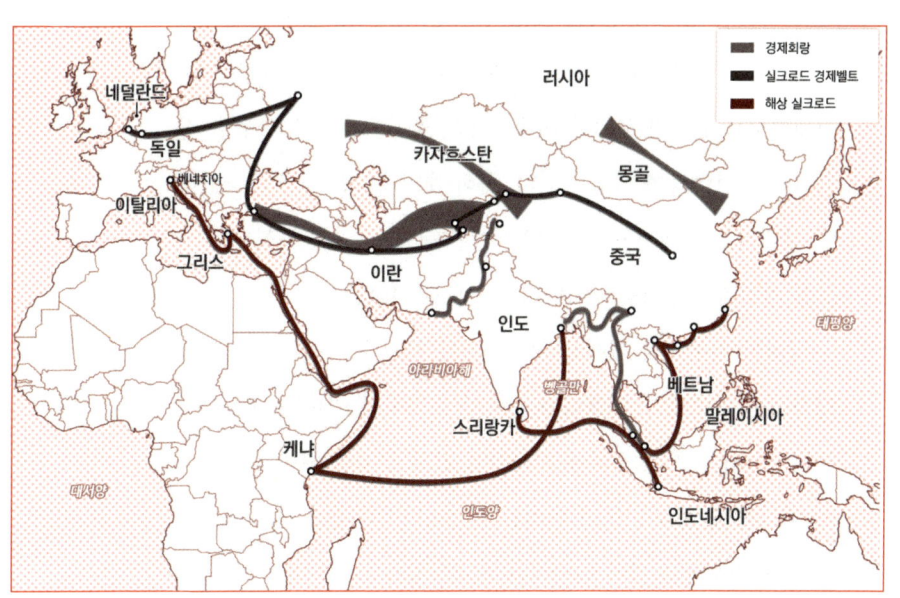

44 일대일로 구상

중국이 유라시아 내륙 연결망인 '일대'(6대 경제회랑)와 인도양을 거쳐 유럽과 아프리카로 이어지는

'일로'(해상 실크로드)를 통해 광범위한 국제 경제권을 구축하려는 대규모 경제통합 프로젝트다.

11장 신냉전으로 다시 불거지는 갈등, 세 나라의 미래는?

253

중국의 팽창주의를 보여주는 대표적 사례가 일대일로一帶一路 전략이다. 2012년 집권한 시진핑習近平은 2013년 카자흐스탄과 인도네시아 방문을 계기로 일대일로 구상을 제시한다. 이는 유라시아 내륙의 여섯 개 경제회랑인 '일대', 그리고 인도양을 거쳐 유럽과 아프리카로 이어지는 해상 교역망 '일로'를 통해 광범위한 경제권을 구축하려는 대규모 경제통합 프로젝트다. 일대일로는 경제협력과 인프라 투자를 내세우지만, 동시에 국제적 패권을 장악하려는 전략적 성격도 지닌다. 특히 해양세력인 미국의 영향력이 상대적으로 제한되는 유라시아 내륙과 인도양을 중심으로 새로운 지정학적 공간을 구축하려는 시도로 해석된다.

막대한 자본력을 앞세운 일대일로는 빠르게 참여국을 늘리며 영향력을 확대했다. 인프라가 부족한 유라시아 내륙과 아프리카, 동남아시아 국가들은 대규모 차관과 건설 투자를 제공하는 중국의 제안을 쉽게 외면하기 어려웠다. 2008년 미국발 세계 금융위기 이후 경제난을 겪던 이탈리아(2023년 탈퇴), 헝가리, 그리스, 포르투갈 등 일부 유럽 국가들도 일대일로에 참여했다. 한국 정부도 2010년대 중반 유라시아와 한반도를 연결하려는 정책 구상의 일환으로 일대일로에 관심을 보였다.[113] 2025년 기준 약 150개국이 참여한 일대일로는 미중 무역전쟁이 이어지는 가운데 중국의 공격적인 투자와 해외진출을 바탕으로 같은 해 상반기에 출범 이후 최대 규모의 투자·건설 계약을 체결하는 성과를 거두었다.[114] 아울러 반도체와 배터리 등 첨단산업에 필수적인 희토류를 비롯해 풍부한 자원을 보유한 중국은 이를 외교와 무역에서 중요한 전략적 수단으로 활용하고 있다.

중국은 거대한 경제력과 자본력을 바탕으로 군비 확충에도 속도를 높이고 있다. 2010~20년대를 거치며 항공모함, 스텔스 전투기, 미국 항모전단을 겨냥한 극초음속 대함미사일, 이지스함, 신형전차 등 첨단 무기를 잇따라 실전 배치했다. 단기간에 증강된 군사력은 2025년에 이르러 미국 본토까지 직접 위협할 수준에 도달했다는 평가가 나올 정도였다.[115]

이처럼 중국의 경제력과 군사력이 급격히 커지고 팽창주의가 노골화되면서, 한중일 스케일의 지리적 질서에도 뚜렷한 변화가 나타난다. 한중일 경제의 수직적 분업 구조가 점차 경쟁관계로 전환되면서, 이러한 변화는 경제지리와 지정학적 질서의 재편으로 이어지고 세 나라의 지리적 관계에도 균열을 낳았다. 중국의 팽창주의 노골화는 글로벌 스케일에서는 물론 한중일 스케일에서도 여러 대립과 갈등을 초래하며, 지정학적 관계 및 경제지리적 질서에 큰 파문을 일으키고 있다.

일본 경제의 쇠퇴와 한국 경제의 대두

한때 미국마저 긴장하게 했던 경제대국 일본은 1990년대 초·중반을 지나며 장기불황의 늪에 빠져들기 시작했다. 직접적인 계기는 버블 경제의 붕괴였다. 1980년대 미국은 일본과 서독의 수출 공세로 심각한 무역적자에 직면한다. 이에 1985년 뉴욕 플라자

호텔에서 열린 회의에서 엔화와 마르크화의 절상을 유도하고 달러 가치를 낮추기로 합의한다.[*] 안보 면에서 미국 의존도가 높았던 일본과 서독은 이를 받아들일 수밖에 없었다.

플라자 합의 이후 엔화 가치가 급등하자 일본의 대미 수출은 위축되었지만, 자금력과 구매력은 오히려 더 팽창했다. 넘쳐난 자금은 부동산과 주식시장으로 몰려들었고, 일본 전역에는 투기 열풍이 번졌다. '도쿄의 땅값이면 미국 전체를 살 수 있다'라는 말이 나올 정도로 자산 가격은 빠르게 치솟았다. 그러나 투기 중심의 호황은 오래가지 못하고 결국 한계에 부딪히고 만다.

1929년 대공황과 같은 사태를 막기 위해 일본 정부는 1991년 금리를 급격히 인상한다. 그러나 이는 결과적으로 실패한 조치였다. 부동산과 주식투기를 위해 과도한 대출을 받아 온 기업과 개인은 이자 부담을 감당하지 못하고, 부동산 수요도 급격히 위축된다. 1992~93년 사이 일본에서는 연간 GDP의 세 배에 이르는 약 1,500조 엔 규모의 자산이 증발했고 버블 경제는 붕괴했다. 일본 경제는 이후 장기불황의 늪으로 빠져든다.

일본 정부가 연이어 내놓은 경기부양 정책은 버블 붕괴 이후 일본 경제의 체질을 근원적으로 개선하지 못했다. 장기불황이 이어

....

* 1985년 9월 22일, 세계경제의 불균형을 해소하기 위해 G5 주요 5개국(미국, 일본, 독일, 프랑스, 영국) 재무장관들이 뉴욕 플라자 호텔에 모여 환율 조정안을 체결한 '플라자 합의'를 가리킨다. 이때 엔화와 마르크화의 가치를 높인 결과가 세계 시장에 막대한 영향을 미쳤고, 특히 이후 일본 경제가 휘청이며 '잃어버린 30년'이 시작되었다고 본다.

지는 가운데 일본의 대기업과 민간경제는 과거와 달리 기술혁신을 주도하지 못했고, 결국 미국에 세계경제의 주도권을 내주었다. 1970년대 말 워크맨을 개발하며 세계 전자제품 시장을 선도했던 소니 등 일본 전자업체들도 변화의 흐름을 따라가지 못했다. 이들은 애플을 비롯한 미국 기업은 물론, 한국의 삼성과 LG와의 기술과 마케팅 경쟁에서도 밀리며 점차 경쟁력을 잃었다. 이러한 흐름 속에서 일본의 경제적 위상도 하락했다. 일본은 2011년 세계 2위 경제대국 자리를 중국에 내주었고, 2023년에는 독일에도 추월당해 경제 규모 세계 4위로 내려왔다. 2024년 기준 일본의 1인당 GDP는 3만 5,790달러로 미국의 절반 수준에 그치며, 영국과 프랑스 그리고 독일보다 1만 달러 이상 낮고 대한민국에도 추월당한 상태다.

일본의 버블 경제가 붕괴된 지 얼마 지나지 않아, 대한민국 경제도 치명적인 위기를 맞았다. 1960~70년대 정부 주도 경제정책 과정에서 생겨난 정경유착과 부정부패는 군부독재가 끝나고 민주화가 시작된 이후에도 이어졌다. 그 과정에서 성장한 재벌, 즉 족벌경영 중심의 대기업들은 정부와의 유착관계를 바탕으로 무리하고 무분별한 문어발식 확장을 계속했다. 정부의 외환보유고와 대기업들의 재무 상태에 이미 경고 신호가 켜졌지만, 대기업들은 '대마불사大馬不死', 즉 재벌은 결코 무너지지 않는다는 잘못된 믿음 아래 무리한 확장을 멈추지 않았고, 정부 역시 안일하게 대응했다. 그러던 중 1997년 태국에서 발생한 금융위기가 아시아 전역으로 확산하자, 도덕적 해이와 구조적 취약성을 안고 있던 한국 경제는 결국 무너졌다. 정격유착 속에서 무리하게 사업을 확장하던 한보그룹의 부도를 시작으로 재벌과 기업들이 연쇄적으로 무너졌고, 외환보유고마저 급감했다. 결국 한국은 1997년 11월 21일 국제통화기금, 즉 IMF International Monetary Fund에 구제금융을 요청한다. 이것이 바로 IMF 외환위기, 이른바 IMF 사태였다. 이 위기로 수많은 기업과 사업체가 붕괴했고, 안정된 삶을 누리던 중상류층까지 하루아침에 파산하거나 실직했다. 그 여파로 가정이 해체되고 노숙자로 내몰리는 사례까지 속출하며 한국 사회는 깊은 상처를 입었다.

1998년 출범한 김대중 정부는 IMF 체제 극복을 최우선 국정과제로 삼는다. 정부는 대규모 정리해고를 동반한 구조조정을 추진하는 한편, 종신고용을 대신하는 비정규직 확대와 하청 중심 고용, 해고 요건 완화 등 노동 유연화를 핵심으로 한 IMF의 신자유주의 개혁 요구를 대부분 수용한다. 그 과정에서 한국 사회에는 '삼팔선(38세면 직장생활이 위태로움)' '사오정(45세가 정년)' '오륙도(56세까지 직장생활을 하면 도둑)' 같은 자조 섞인 유행어가 퍼졌다. 직장에서 밀려난 많은 이가 충분한 준비 없이 생계를 위해 자영업에 뛰어드는 현상도 나타났다. 이러한 피나는 구조개혁을 거쳐, 대한민국은 2001년 8월 23일 IMF 구제금융을 모두 상환하며 IMF 체제를 벗어났다.

이후 대한민국은 IMF 외환위기 극복 과정에서 단행한 대대적인 기업 구조조정을 발판으로, 반도체와 디지털 전자제품 등 첨단

산업의 기술혁신과 경영혁신에 속도를 높인다. 정부 역시 초고속 인터넷을 전국적으로 보급하고 벤처기업과 IT 산업 육성에 적극 나선다. 이러한 변화는 뚜렷한 성과로 이어진다. 삼성, LG, 하이닉스 등 주요 기업들은 첨단산업 경쟁력을 바탕으로 글로벌 기업으로 도약하며 세계 시장에서 영향력을 확대한다.

그 결과 2000년대 후반부터 2010년대 중반을 거치며, 대한민국은 국제사회에서 선진국으로 자리매김한다. 기술혁신과 경제 도약은 문화 영역으로도 확산된다. 1990년대까지 일본 대중문화를 모방하던 단계에 머물렀던 한국은 이제 'K컬처'라 불리는 문화 경쟁력을 바탕으로 전 세계적인 주목을 받는 문화 선진국으로 우뚝 서 있다.

경제질서의 재편과 더불어 거세어지는 대립과 경쟁

중국이 대국으로 성공하는 가운데 한국과 일본의 경제에도 변화가 나타난다. 2000년대 이후 한중일의 경제관계는 새로운 국면으로 접어든다. 1990년대까지 세계경제와 금융을 주도하던 일본의 영향력은 버블 경제 붕괴 이후 장기불황 속에서 점차 약화되었다. 그사이 한국과 중국의 경제력과 기술력은 빠르게 성장했다. 특히 중국은 2010년 센카쿠열도(댜오위다오) 분쟁 당시 일본에 대한 희토류 수출을 제한하며, 경제력을 외교적 압박 수단으로 활용할 정도다.

이 흐름은 한중일의 경제·정치 관계를 구조적으로 재편하고 있다. 일본의 경제력이 약해지는 사이 중국이 급부상하고 한국도 선진국 수준으로 성장하면서, 1990년대까지 유지되던 수직적 분업 구조는 점차 경쟁관계로 전환되었다. 한때 일본 기술과 핵심부품에 크게 의존하던 한국 산업은 2000년대 중·후반 이후 대일 의존도를 크게 낮추었다. 중국 역시 일본의 조립공장 역할에 머물던 단계를 벗어나 기술과 자본을 축적하며 독자적 경쟁력을 강화했다. 레노버, 샤오미, 화웨이와 전기자동차 산업이 보여주듯 중국 기업들은 규모뿐 아니라 기술력에서도 빠르게 성장하고 있다. 한중일은 이제 수직분업을 수행하는 지리적 스케일에서 치열한 경쟁이 일어나는 경제적 스케일로 급격히 변모하는 중이다.

이러한 변화는 2019년 한일 무역분쟁에서 뚜렷하게 드러난다. 대한민국 대법원이 일제강점기 일본제철이 시행한 강제징용에 대해 배상 판결을 하고 해당 기업의 자산 압류 및 매각 명령까지 내리자, 일본 경제산업성은 그 보복으로 반도체와 디스플레이 제조 핵심 소재의 수출을 제한하는 조치를 단행한다. 그러나 이 조치는 한국 산업에 결정적 타격을 주지 못했다. 오히려 한국은 소재·부품·장비 분야의 대일 의존도를 낮추고 관련 산업을 육성하는 계기를 마련했다.[116] 이는 한일 간 경제력과 기술력 격차가 크게 좁혀졌음을 보여주는 상징적 사건이었다. 앞서 언급한 중국 기업과 자본의 일본 기업 인수, 그리고 2010년 중국의 대일 희토류 수출 제한도 한중일 경제가 수직분업 체제에서 상호경쟁 체제로 접어들었음을 보여주는 사례라고 할 수 있다.

한중일 경제관계의 변화는 지정학적 긴장의 심화로도 이어진다. 중국은 급격히 커진 경제력과 군사력을 바탕으로 팽창주의적 행보를 강화하고, 일본은 장기불황 속에서 국내 정치 우경화가 심해지며 군사력 강화를 통해 국제적 영향력 회복을 모색한다. 이 과정에서 영토분쟁과 외교 갈등이 늘어나며, 한중일 관계는 협력과 경쟁이 공존하는 복합적 구도로 전환되었다.

한편 팽창주의를 강화한 중국은 국력 격차가 크고 외교적으로 고립된 타이완에 대한 압박 수위를 높이고 있다. 이에 맞서 타이완은 IT 산업을 기반으로 경제적 역량을 키우는 동시에, 중국과 대립하는 미국과 그 동맹국 일본과의 협력을 확대하며 양안 문제에 대응하고 있다. 중국의 위협이 커지면서 타이완에서는 완전 독립을 당론으로 내세운 민진당* 정권이 유지되는 흐름이 이어지기도 했다. 이처럼 양안 문제는 더 이상 중국만의 문제가 아니라, 한중일 안보 질서 전체를 흔드는 민감한 위기로 대두하고 있다.

········

* 타이완의 보수정당인 국민당은 기본적으로 중국 본토 회복을 당론으로 내세워 왔다. 전통적으로 외성인에 기반한 국민당 당론은 외려 중국 정부의 타이완 흡수를 정당화하는 논리와 가까웠는데, 반면 본성인 기반의 민진당은 중국 본토와의 연결고리가 태생적으로 약해 타이완 자체에 중점을 두었다. 2000년 취임한 민진당 출신 총통 천수이볜陳水扁은 타이완 사상 최초로 정권교체를 이룩했으며, 그의 부패 스캔들로 부침이 있었으나 민진당은 최근까지도 국민당을 압도하며 타이완 독립론을 이끌고 있다.

신냉전의 도래로
재편되는 동아시아 지정학 질서

중국-러시아-북한의 연대

2010년대 이후 미국의 경제력이 상대적으로 약화되는 사이 중국의 경제력은 급격히 팽창했다. 한편 1999년 블라디미르 푸틴 집권 이후 러시아는 냉전 종식 뒤 겪은 경제 혼란을 수습하고, 풍부한 자원을 바탕으로 경제력과 군사력을 빠르게 회복했다. 이러한 변화는 '신냉전'이라는 새로운 지정학적 국면을 불러왔다. 지리적으로 인접한 중국과 러시아가 미국의 영향력이 약해진 틈을 타 그 패권에 도전하는 구도가 형성된 것이다.

오늘날 신냉전은 글로벌 스케일은 물론 한중일 스케일에서도 뚜렷하게 드러난다. 중국은 급성장한 경제력과 군사력을 바탕으로 미국의 패권에 공개적으로 도전하고 있다. 이러한 흐름은 일대일로 추진과 중국 기업의 세계적 팽창 등 경제 영역에서 특히 두드러진다. 이에 맞서 미국은 반도체 장비 등 첨단산업 핵심 품목의 대중 수출을 규제하고 무거운 관세를 부과하는 등 견제에 나서고 있다. 중국 또한 희토류를 전략 자원으로 활용하고 러시아와의 협력을 강화하는 한편, 동남아시아·아프리카·중앙아시아 등 미국의 영향력이 상대적으로 약한 지역을 일대일로 체제로 더욱 깊이 끌어들였다. 이러한 구조적 충돌은 결국 미국과 중국의 무역전쟁으로 이어졌다.

러시아는 조지아 침공(2008)과 크림반도 병합(2014)에 이어 2022년 우크라이나 전쟁을 지속하며 미국과 서방에 맞서고 있다. 이 과정에서 러시아와 중국의 전략적 협력은 더욱 긴밀해졌다. 국제사회에서 고립된 북한도 러시아에 병력과 무기를 지원하며 중국 및 러시아와의 연대를 강화했다. 그 결과 한중일 지역 질서는 다시금 '중국·북한 대 대한민국·일본'이라는 대립 구도로 변모하는 모양새다.

신냉전의 확산은 남북한이 대치하는 한반도는 물론 양안 문제까지 악화하며, 한중일을 넘어 세계 평화 전반에 불안을 드리운다. 중국은 타이완 상륙을 가정한 대규모 군사훈련을 반복하며 압박 수위를 높이고, 중국·러시아와의 협력을 강화한 북한 역시 한반도와 한중일 안보에 중대한 위협으로 떠오른다. 그사이 중국과 일본의 외교관계는 날이 갈수록 나빠지는 중이다. 분단국가인 한국 역시 짙어지는 신냉전의 흐름 속에서 안보뿐 아니라 경제 전반에 걸쳐 새로운 위기에 봉착한 현실이다.

신자유주의 말기적 증상으로 증폭하는 사회적 모순

한중일은 외적으로는 거대한 경제 규모를 형성했지만, 내부적으로는 다양한 경제·사회적 모순에 시달리고 있다. 그 근본 배경은 2008년 세계 금융위기*가 드러낸 신자유주의 체제의 한계에서 찾을 수 있다. 금융위기 이후 세계경제는 장기 침체 국면에 들어섰고, 이를 대체할 새로운 경제질서는 아직 등장하지 않았다. 그사이

실업 증가, 비정규직 확대, 양극화 심화와 같은 신자유주의의 구조적 문제는 더욱 심각해지고 있다. 자본주의 세계경제의 핵심 축인 한중일 역시 이러한 문제에서 자유로울 수 없음은 당연하다.

여기에 한중일 사회의 중요한 문화적 토대인 유교 문화도 일정한 역할을 한다. 교육을 통한 신분 상승, 가족 중심의 사회구조, 집단주의적 가치관은 과거 산업화와 고도성장 과정에서 중요한 기반으로 작용했다. 그러나 경제성장 속도가 둔화되고 사회 경쟁이 치열해지면서 과도한 체면 의식과 위계질서, 가부장적 구조가 사회 갈등과 함께 나타나기 시작했다. 경제적 불평등이 커질수록 이러한 문화적 요소는 사회적 소외와 결합하는 양상을 보인다.

한국의 경우 IMF 외환위기 이후 나타난 경제구조의 변화가 장기간 이어지고 있다. 기업 구조조정과 노동시장 유연화가 진행되면서 비정규직이 확대되었고 고용구조도 크게 달라졌다. 이에 따라 청년실업과 고용 불안 문제가 해소는커녕 해가 갈수록 심해져 간다. 동시에 안정적인 일자리는 줄어들고 사회안전망의 부담이

....

* 　신자유주의 호황 속에서 1990년대~2000년대 초반 미국에서는 대대적인 부동산 투자 열풍이 불었고, 2000년대 미국 금융기관들은 저소득층 대상 부동산담보 대출상품인 서브프라임 모기지론을 앞다투어 판매하며 큰 이익을 보았다. 하지만 2006년을 기점으로 경기 침체 국면에 들어서고 가입자들이 원금과 이자를 갚지 못하는 사례가 증가하면서, 2008년 9월 15일 초국적 금융기업 리먼브라더스 홀딩스가 파산하면서 세계 금융위기가 시작되었다. 미국 경제가 대침체에 빠지면서 EU 각국을 비롯한 세계 여러 나라 역시 심각한 경제위기에 빠져들고 말았는데, 이에 2008년 세계 금융위기는 단순한 공황이나 경제위기를 넘어 신자유주의 체제에 사망선고를 내린 사건이라 평가받는다.

커지면서 사회 전반의 불안이 누적되었다.

일본 역시 30년에 걸친 장기 침체 속에서 비슷한 문제를 겪었다. 경제 정체와 고용 불안이 지속되는 가운데, 개인의 성취와 위계질서를 강조하는 사회구조가 맞물리며 저출생과 은둔형 외톨이(히키코모리引きこもり)와 같은 심각한 사회현상이 나타났다.

중국도 예외가 아니다. 경제성장의 혜택이 집중된 동부 연안과 상대적으로 낙후된 내륙 지역 사이의 격차가 크게 벌어졌고, 성장 둔화와 함께 고학력 실업 문제가 빠르게 늘어났다. 이러한 변화 속에서 '탕핑躺平'이라 불리는, 즉 자아실현이나 신분상승의 기회를 포기한 채 그저 누워만 지내는 무기력한 삶의 태도가 확산되며 사회 문제로 떠올랐다.

희망이 약해지고 불만이 쌓일 대로 쌓인 한중일 사회에서는 극단적 사상이 퍼지고 있다. 일본에서는 장기불황이 이어지는 가운데, 1920~30년대와 비슷하게 극우 사상이 고개를 들고 극우 정치 세력의 영향력이 점차 커진다. 일본 자위대는 법적으로는 군대가 아니지만 세계적 수준의 군사력을 갖춘 조직이다. 제2차 세계대전 패전 이후 제정된 평화헌법은 전수방위専守防衛의 원칙을 규정하며 일본 영토와 영해, 영공의 방위만을 허용한다. 이에 따라 해외파병과 같은 국외 무력투사, 탄도미사일·공격용 항공모함·해병대 등 공격을 위한 무기나 부대의 보유 및 전수방위에 필요한 수량 이상의 무기 비축은 원칙적으로 제한되어 왔다. 그러나 일본 사회의 우경화가 진행되면서 평화헌법 개정을 요구하는 재무장론

이 힘을 얻기 시작한다. 중국이 팽창하고 미국과 중국 사이 갈등이 심화되는 국제정세 속에서 이러한 흐름은 점차 현실 정책으로 이어졌다. 2018년 일본 자위대가 '수륙기동단'이라는 이름의 해병대를 창설한 것도 이러한 변화 속에서 나타난 조치였다.

한국에서도 2000년대 이후 극단주의 성향의 정치활동이 점차 두드러지며, 시간이 흐를수록 그 정도는 더욱 심각해지고 있다. 초기에는 이른바 '좌파'와 '우파'를 가르는 이념대립의 형태였지만, 2010년대를 거치며 극단적 젠더 갈등과 소수자 혐오, 나아가 중국 등 특정 국가와 민족에 대한 혐오와 차별 문제로까지 확산되었다. 이러한 문제는 양극화와 빈부격차의 대물림, 고용불안과 청년실업 등 구조적 요인에서 비롯한다. 여기에 인터넷의 익명성을 바탕으로 조롱과 막말, 혐오를 '놀이'처럼 소비하는 문화가 확산되었고, 인터넷과 모바일 환경은 혐오 정치가 빠르게 퍼지는 공간이 되었다. 법적 제재와 처벌의 실효성이 낮은 점도 이러한 흐름을 가속했다. 동시에 갈등과 편 가르기를 정치적 도구로 활용하는 일부 세력이 등장하면서 상황은 더욱 악화되었다.[117] 중국이라고 사정이 크게 다르지 않다. 중국에서도 한국과 일본에 대한 혐오 정서가 커질 대로 커진 상태다.

더 큰 문제는 이러한 극단주의와 혐오가 국가 내부의 혼란과 분열로 끝나지 않는다는 점이다. 신자유주의 경제의 말기적 증상이 계속 드러나는 가운데, 이해관계와 경쟁이 복잡하게 얽힌 한중일 스케일에서 극단주의와 혐오는 세 나라의 협력과 안정까지 흔들고 있다. 여기에 불황과 사회적 불안이 겹치면서 혐오와 극단주의를 정치적 자산으로 활용하는 세력이 힘을 얻으며, 한중일의 대립과 긴장은 여러 층위에서 확대되고 있다.

신냉전 체제 아래서 한중일의 미래는?

1990년대 초·중반 한국에서는 이른바 '중국 붐'이 일었다. 한중수교를 계기로 수많은 기업이 중국으로 향하고, 대학에서는 중국 관련 학과의 인기가 크게 높아졌다. 한중수교에 중요한 역할을 했던 조선족 출신 중국군 고위 장성 조남기를 다룬 기사가 국내 주요 일간지에 크게 보도될 정도로, 당시 한국 사회에서 중국에 대한 관심과 기대는 매우 컸다.

그렇다고 오늘날 한중관계, 나아가 한중일 관계가 일방적으로 멀어졌다고 단정하기는 어렵다. SNS를 살펴보면 중국과 일본의 젊은 세대는 물론 유명 연예인들까지 한국 음식이나 드라마 등 한류를 즐기는 모습을 자주 공유한다. 한류는 여전히 중국과 일본에서 높은 인기를 유지하고, 한국인들 역시 일본과 중국의 문화를 즐기며 교류를 이어 간다. 또한 많은 한국인이 일본과 중국으로 유학을 가거나 현지에서 일하면서 인적 교류도 이어지고 있다.

하지만 이러한 모습이 한중일 관계의 전부는 아니다. SNS가 보여주는 문화 교류의 장면과 달리, 현실의 한중일 관계에는 긴장이 차곡차곡 쌓여간다. 경제적 경쟁이 격화되고 신냉전 체제가 굳어지는 가운데 한중일은 과거사 문제를 넘어 안보와 외교 그리고 경제가 복합적으로 얽힌 구조적 긴장 속에 놓여 있다. 이러한 상황에서 2022년 출범(2025년 불법 계엄령의 책임을 물은 탄핵으로 실각)한 윤석열 정부는 친미·친일 중심의 외교 노선을 강화하며, 대중·대러 관계를 크게 악화한 바 있다.[118] 이는 한국의 외교와 안보는 물론 경제 전반에도 적지 않은 부담을 남겼다. 한편 중일관계 역시 갈등의 골이 깊다. 2025년 취임한 일본의 다카이치 사나에高市早苗 총리는 취임 직후부터 중국과 심각한 외교 갈등을 빚어 오고 있다. 그 배경에는 중국의 팽창에 대한 일본의 위기의식과 견제가 자리한다.

한중일 스케일은 오래전부터 긴밀한 교류 속에서 서로에게 깊은 영향을 주고받아 왔다. 그러나 동시에 한중일 스케일의 정세 변화와 힘의 재편은 임진왜란, 제국주의 일본의 한반도와 중국 침략, 한국전쟁과 같은 비극으로 이어지기도 했다. 오늘날 한중일 스케일도 새로운 전환의 문턱에 서 있다. 신냉전 체제의 부상과 신자유주의 질서의 위기라는 글로벌 변화 속에서 한중일 관계는 다시 한번 중대한 갈림길에 놓였다. 이러한 변화가 과거처럼 비극과 충돌로 이어질지, 아니면 평화적 방식으로 넘어설 수 있을지는 아직 정해지지 않았다. 결국 그 방향은 오늘을 살아가는 우리의 선택과 대응에 달려 있다.

이러한 점에서 한중일이라는 스케일이 형성되어 온 과정과 그 지리적 의미를 이해하는 일은 단순한 교양이나 지식의 차원을 넘어 우리의 생존 및 발전과도 직결되는 문제다. 신냉전 속에서 한중일 스케일이 직접 포섭된 새로운 지정학적 질서는 이 지역에 대한 더욱 깊고 입체적인 이해를 요구한다.

최근 우리 사회에 퍼지는 중국과 일본에 대한 혐오 정서는 한국 스케일은 물론 한중일 스케일의 문제 해결에 도움이 되기보다 오히려 상황을 악화할 가능성이 크다. 현실의 대립과 갈등과는 별개로 한중일 스케일은 경제·사회문화·안보 전반에서 긴밀하게 연결된 구조를 이루기 때문이다. 혐오 정서가 광범위하게 확산하고 정치적 동원으로 이어질 경우, 어떤 부작용이 있는지 우리는 이전 정권에서 이미 경험했다. 외교 실책으로 갈등이 심화하고 경제적 협력과 교류에 악영향을 미치며 안보 선택의 폭도 좁아지는 문제점을 초래한다는 것을 많은 연구가 논증한 바도 있다. 문제는 이러한 현상이 한국 내부에만 머물지 않는다는 점이다. 한중일 전반에서 확산되는 상호 혐오와 배척의 정서는 동일한 방식으로 갈등을 증폭시키며, 협력의 가능성을 약화시키는 요인으로 작용한다.[119, 120, 121]

그렇다고 해서 평화와 협력, 포용과 상생과 같은 원론적 구호만으로 한중일의 미래와 비전을 모색할 수 있는 것도 아니다. 오늘날 한중일 관계는 과거와 달리 치열한 경쟁 구도로 재편되었다. 여기에 신냉전 체제가 현실화하고 과거사 문제까지 여전히 해결되지 않은 채 남아 있다. 이러한 조건에서 추상적 원칙이나 미사여구에 의존한 접근만으로는 현실적인 대안을 찾기 어렵다.

이런 점에서 한중일 스케일이 어떻게 형성되고 어떤 과정을 거쳐 오늘날의 모습에 이르렀는지를 살피는 일은 현재와 미래를 이해하는 출발점이 된다. 앞에서 살펴본 것처럼 한중일이라는 지리적 스케일과 그 안의 문제들은 다양한 역사지리적·지정학적 맥락 속에서 형성되고 변화해 왔다. 최근 경쟁의 심화, 신자유주의의 한계, 신냉전 체제의 등장이라는 현실적 악재가 존재하지만 동시에 교류와 상호이해의 가능성도 얼마든지 존재한다. 중요한 것은 이러한 복합적인 현실을 정확히 인식하는 일이다. 그 위에서 소모적 대립과 극단적 갈등을 넘어 보다 안정적이고 지속 가능한 질서를 모색할 때다. 이 책이 그러한 성찰을 제공하기를 고대해 본다.

미주

머리말

1 천선행, 2021, 〈선사시대 한일 대외교류의 통시적 검토〉, 《한국상고사학보》, 114, 7쪽.

2 최병욱, 2008, 〈베트남의 동북아 역사 인식: 베트남 역사교과서를 통해 살펴봄〉, 《동북아 역사논총》, 19, 95-97쪽,

3 Rossabi, M. 2018. The legacy of the Mongols. In *Central Asia in Hisorical Perspective*. Ed. B. F. Manz, pp. 27-44. New York: Routledge. pp. 28-39.

4 Richthofen, F. von. 1894. China, Japan, and Korea. *The Geographical Journal*, 4(6), pp. 556-561.

5 쑹녠선 저, 김승욱 역, 2020, 《동아시아를 발견하다: 임진왜란으로 시작된 한중일의 미래》, 역사비평사, 63-66쪽.

6 이동민, 2023a, 《발밑의 세계사》, 위즈덤하우스, 298-304쪽.

들어가며

7 재레드 다이아몬드 저, 김진준 역, 2012, 《총, 균, 쇠》, 문학사상사, 493-97쪽.

8 최성락, 2005, 〈고고학에서 본 고대 동아시아의 해상교류〉, 《도서문화》, 25, 6-10쪽.

9 중국사상 최초의 통일왕조는 진(秦)이었으나, 진나라가 통일왕조로 지속한 시간은 15년에 불과하므로 진나라가 중국을 온전히 통일했다고 보기에는 무리가 있다. 이동민, 2022, 《초한전쟁》, 흠영, 400-04쪽.

10 한강 항로는 통일신라시대까지 한반도와 중국을 잇는 해상교통로로 중요하게 쓰였다. 윤경진, 2022, 〈삼국-신라후기 한강 항로의 운용〉, 《역사학보》, 253, 1-28쪽.

11 이동민, 2018, 〈시바 료타로(司馬遼太郎)의 「한나라 기행(韓の 紀行)」에 재현된 한국을 바라보는 시선에 관한 연구〉, 《한국지리학회지》, 7(3), 363-86쪽.

12 쑹녠선 저, 김승욱 역, 2020, 《동아시아를 발견하다: 임진왜란으로 시작된 한중일의 현대》, 역사비평사, 49-51쪽.

13 이동민, 2022, 〈대러시아 관계에 있어 우크라이나의 지정학적 분열에 대한 다중스케일적 접근: 드니프로강은 어떻게 우크라이나를 지정학적으로 분단했는가?〉, 《문화역사지리》, 34(3), 67-87쪽.

1장

14 이동민, 2025, 《지리로 다시 읽는 자본주의 세계사》, 갈매나무, 26-28쪽.

15 일본 나가사키현의 특산물 카스텔라가 포르투갈 무역상이 가져온 빵에서 유래했다는 이야기에서 알 수 있듯이, 16세기 일본은 에스파냐 못지않게 포르투갈 무역상과 활발히 교류하며 그들의 영향을 강하게 받았다. 하지만 이들이 무역활동에 사용한 은의 상당 부분은 에스파냐 신대륙 식민지에서 채굴된 것이었고, 일본과 명나라로 이어진 무역로 역시 에스파냐가 개척한 항로와 일정 부분 겹쳤다. 그리고 포르투갈은 1580년부터 1660년까지 에스파냐 왕실에 병합되어 있었다. 무엇보다 임진왜란과 동아시아 지정학의 균열을 촉발한, 신대륙 은에 토대한 세계 무역 네트워크는 포르투갈보다는 에스파냐에 의해 형성된 산물이라는 성격이 강하다. 이러한 점에서 본서에서는 16세기 명나라와 일본과 교역한 서양 무역상을 '에스파냐 무역상'이라 표기함을 밝혀둔다. 이동민, 2025, 같은 책, 28-30쪽.

16 전병철, 2024, 〈임진왜란 전후 황진의 정책 건의와 그에 관한 이익의 견해〉, 《영남학》, 90, 195-97쪽.

17 박희봉, 2020, 〈조선 정부의 임진왜란 대응 및 역할〉, 《국가정책연구》, 34(4) 173-75쪽.

18 이동민, 2023a, 같은 책, 300-01쪽.

19 쑹녠선 저, 김승욱 역, 2020, 같은 책, 62-66쪽.

2장

20 김문기, 2012, 〈17세기 중국과 조선의 기근과 국제적 곡물유통〉, 《역사와 경계》, 355~56쪽.

21 쑹녠선 저, 김승욱 역, 2020, 같은 책, 90-96쪽.

22 陈兆肆·王亮, 2024, 〈乾隆帝推崇岳飞考论〉, 《清史研究》, 5, 99页.

23 쑹녠선 저, 김승욱 역, 2020, 같은 책, 101-03쪽.

24 김문기, 2012, 앞의 논문, 337~8쪽.

25 박준희, 2024, 〈병자호란 시기 조선의 '대(對) 기병(騎兵)' 전술 운용: 근왕군(勤王軍) 전투 사례를 중심으로〉, 《역사와 현실》, 134, 37-45쪽.

26 이종호, 2014, 〈병자호란의 開戰 원인과 朝·淸의 군사전략 비교연구〉, 《군사》, 90, 55쪽.

27 이종호, 2014, 앞의 논문, 56-57쪽.

28 쑹녠선 저, 김승욱 역, 2020, 같은 책, 109-10쪽.

29 정진영, 2008, 〈통상이념으로서의 개화사상과 위정척사사상: 철학논쟁을 넘어서〉, 《21세기정치학회보》, 18(1), 27쪽.

30 정다은, 2024, 〈조선후기 진경산수화 관련 학설의 충돌과 분기: 진경시대·진경문화론과 국내외 연구 경향 검토〉, 《서강인문논총》, 71, 209-13쪽.

31 김성우, 1997, 〈17세기의 위기와 숙종대의 사회상〉, 《역사와 현실》, 25, 31쪽.

32 김문기, 2012, 앞의 논문, 349쪽.

33 김성우, 1997, 앞의 논문, 36~37쪽.

34 김덕진, 2008, 《대기근, 조선을 뒤덮다》, 푸른역사, 248~67쪽.

35 김문기, 2012, 앞의 논문, 356~60쪽.

36 김덕진, 2008, 같은 책, 320~21쪽.

37 김소라, 2022, 〈불과 물: 조선후기 이상저온 현상 속 한성부의 온돌 확산과 청계천 준설〉, 《조선시대사학보》, 102, 114-20쪽.

38 김덕진, 2008, 같은 책, 320쪽.

3장

39 Sun, L., Yang, G., Liu, R., Pollard, A. M., Zhu, T., and Liu, C. 2021. Global cirtulation of silver between Ming-Qing China and the Americas: Combining historical texts and scientific analyses. *Archeometry, 63*(3), pp. 627-40.

40 쑹녠선 저, 김승욱 역, 2020, 같은 책, 252쪽.

41 쑹녠선 저, 김승욱 역, 2020, 같은 책, 231~34쪽.

42 오형규, 2019, 〈이순신 장군이 편히 쉴 수 있겠나〉, 《한국경제》, 2019년 8월 1일 자 기사, https://www.hankyung.com/article/2019080173631 (2025년 11월 4일 접속).

43 노대환, 2022, 〈18~19세기 중반 서양물품의 조선 유입과 洋物禁斷論〉, 《한국학연구》, 66, 466~74쪽.

44 노대환, 2005, 〈정조대 서양 과학기술의 수용과 정조의 서학 정책〉, 《태동고전연구》, 21, 127쪽.

45 노대환, 2005, 앞의 논문, 161~62쪽.

46 마리우스 B. 잰슨 저, 손일·이동민 역, 2014, 《사카모토 료마와 메이지 유신》, 푸른길, 96-97쪽.

4장

47 전상숙, 2013, 〈근대 전환기 한국 '사회과학' 수용의 특징과 유산: 근대 국가 지향과 일본을 통한 간접수용〉, 《아시아연구》, 16(2), 131쪽.

48 전상숙, 2012, 〈유교 지식인의 '근대' 인식과 서구 '사회과학'의 이해: 개국 전후 김윤식의 개화 인식과 서양학문 수용론을 중심으로〉, 《사회이론》, 42, 281쪽.

49 전상숙, 2012, 앞의 논문, 같은 쪽.

50 윤석호, 2025, 〈최한기(崔漢綺)의 ⅢⅡ『지구전요(地球典要)』〈구라파(歐羅巴)〉 편집 양상과 그 의미〉, 《역사와 실학》, 87, 278-310쪽.

51 마리우스 B. 잰슨 저, 손일 · 이동민 역, 2014, 같은 책, 74-75쪽.

5장

52 김호동, 1991, 〈좌종당의 신강원정과 이슬람 정권의 붕괴〉, 《동아문화》, 29, 64~76쪽.

53 이종호, 2011, 〈청과 일본의 동아시아 패권전쟁 연구〉, 《한국동북아논총》, 58, 198쪽.

54 Koyama, M., Moriguchi, C., and Sng, T.-H. 2015. Geopolitics and Asia's little divergence: A comparative analysis of state building in China and Japan after 1850. *George Mason University Department of Economics Working Paper, 15*(54), pp. 2-4.

55 다니모토 마사유키(谷本雅之), 2018, 〈메이지 일본 경제발전의 복층성(複層性) 근대 대(對) 재래의 이원론을 넘어서〉, 《일본비평》, 19, 17~18쪽.

56 구한말 조선의 면화는 일본산이나 청나라산보다 품질이 우수했으나, 수공업 위주로 생산되었던 조선제 조선 면직물은 공장 기계화로 대량 생산된 일본제 면직물에 경쟁력을 잃었고, 결국 조선은 일본에 면화 등 원자재를 수탈당하는 처지로 전락했다. 전혜숙 · 강빛나, 2019, 〈내한외국인저서, 외국저서에 기록된 19세기 말~20세기 초 조선의 직물산업 실태〉, 《한복문화》, 22(2), 91~99쪽.

57 Morck, R., and Nakamura, M. 2003. The history of corporate ownership in Japan. *Finance Working, European Corporate Governance Institute, 20*, pp. 10-19.

58 오수창, 2019, 〈조선시대 통치질서의 재검토〉, 《동아문화》, 57, 17쪽.

59 황혜원 · 여희림 · 전정환, 2021, 〈한국사적 군사기술의 발전 패턴 분석〉, 《대한산업공학회지》, 47(4), 335쪽.

60 이재정, 2022, 〈1860~70년대 조선의 砲架 제작과 메이지 일본 大砲 유입〉, 《군사》, 123, 165-66쪽.

6장

61 이영재, 2023, 〈근대 평등사상의 전통과 확산을 통해 본 한국 시민성 형성의 특성〉, 《한국학》, 46(2), 25~29쪽.

62 이종호, 2011, 앞의 논문, 58, 197쪽.

63 쉬춘젠(許存健), 2024, 〈청일전쟁 시기 청 정부의 군비 조달 연구〉, 《동북아역사논총》, 86, 104~09쪽.

64 김연지, 2014, 〈완충체계 이론으로 본 청일 · 러일전쟁과 조선의 비극〉, 《평화연구》, 22(1), 23쪽.

65 김연지, 2014, 앞의 논문, 31~32쪽.

66 Krebs, G. 2012. World War Zero? Re-assessing the global impact of the Russo-Japanese War 1904-05. *The Asia-Pacific Journal, 10*(2), pp. 2-3.

67 오수열, 2013, 〈중국 군벌(軍閥)의 성쇠와 초기 국민정부에 미친 영향〉, 《한국동북아논총》, 67, 162쪽.

68 McCord, E. 1993. *The Power of the Gun: The Emergence of Modern Chinese Warlordism.* Berkeley, CA: University of California Press. pp. 352-61.

69 박장배, 2023, 〈1920년대 동북정권의 통치전략과 '만주' 지역 인식〉, 《중국근현대사연구》, 100, 50쪽.

70 오수열, 2013, 앞의 논문, 163-64쪽.

71 Matson, E. 2022. From Regional to National: Northeastern Scholars and the National Discourse on the War of Resistance against Japan. In *Essays on China and U.S. Policy, Ed. L. Myers,* pp. 262-82. Washington, DC: Wilson Center. pp. 266-67.

72 Yoshizawa, T. 2007. The Manchurian Incident, the League of Nations and the origins of the Pacific War: What the Geneva archives reveal. *The Asia-Pacific Journal, 5*(12), pp. 7-9.

73 Yoshizawa, T. 2007. *Ibid.* pp. 5-6.

74 신주백, 2021, 〈독립전쟁과 1921년 6월의 자유시 참변〉, 《지식의 지평》, 31, 4-14쪽.

75 손성욱, 2022, 〈중국 내 대한민국 임시정부 연구 및 활성화 방안〉, 《인문논총》, 59, 31-32쪽.

76 Farinaccia, G. 2025. On the edge of the empire: Identity, language and negotiation in Okinawan literature (1910s-1930s). Unpublished Ph.D. dissertation at the Sapienza University of Rome. pp. 117-42.

77 신정호, 2017, 〈한국의 타이완 인식 일고: 연암·단재·김사량의 경우〉, 《중국학보》, 81, 266-67쪽.

78 곽형덕, 2017, 〈해방 전후 김사량문학과 동아시아: 『노마만리』 재론〉, 《한민족문화연구》, 62, 44쪽.

79 강수옥, 2019, 〈항일전쟁시기 대한민국임시정부에 대한 중국의 지원〉, 《한국학논집》, 77, 91-92쪽.

80 손성욱, 2022, 앞의 논문, 32-33쪽.

81 김광운, 2019, 〈김원봉의 1945년 광복 이후 정치 행적과 성격〉, 《한국독립운동사연구》, 68, 266쪽.

82 강수옥, 앞의 논문, 90-93쪽.

83 Lim, K. 2019. The mutual gaze of Okinawans and Zainichi Koreans in post-war

Japan: From 1945 to the 1972 Okinawa reversion. *The Asia-Pacific Journal,* 17(8), 5275. pp. 4-18.

84 임경석, 2023, 〈홍범도의 독립운동을 어떻게 볼 것인가〉, 《역사비평》, 145, 7-24쪽.

85 진수미, 2019, 〈《모던보이》와 〈암살〉의 본정과 종로 재현 연구: 탈식민주의를 중심으로〉, 《한국콘텐츠학회논문지》, 19(7), 236-37쪽.

86 임경석, 앞의 논문, 23쪽.

8장

87 곽재용, 2018, 〈「일제 최후기 조선문학과 중국」〉, 《현대문학의 연구》, 65, 224-27쪽.

88 德永智, 2013, 〈日中戦争下の山西省太原都市計画事業〉, 《アジア経済》, 56(4), 60-72쪽.

89 Yamashita, S. 2023. Understanding daily life in wartime Japan, 1937-1945. *Education about Asia,* 28(2), pp. 18-21.

90 Kennedy, A. B. 2008. Can the weak defeat the strong? Mao's evolving approach to asymmetric warfare in Yan'an, *The China Quarterly, 196,* pp. 891-892.

91 Murray, W. A. 2019. The Wrold at War. In *The Cambridge Illustrated History of Warfare,* Ed. G. Parker, pp. 358-87. Cambridge, UK: Cambridge University Press. p. 359.

9장

92 폴 토머스 체임벌린 저, 김남섭 역, 2018, 《아시아 1945-1990》, 이데아, 98쪽.

93 중일전쟁기 공산당 측 병력 손실은 국민정부 측(300만~1,000만 명 추산)의 5~10퍼센트에 불과한 40~50만 명 규모로 집계된다. Rudolf J. Rummel. 2017. *China's Bloody Century: Genocide and Mass Murder Since 1900.* London: Routledge. pp. 149-157.

94 이철의, 2023, 《국공내전: 신중국과 대만의 탄생》, 앨피, 46-47쪽.

95 이철의, 2023, 같은 책, 94-95쪽.

96 폴 토머스 체임벌린 저, 김남석 역, 2018, 같은 책, 127-28쪽.

97 폴 토머스 체임벌린 저, 김남석 역, 2018, 같은 책, 129쪽.

98 이철의, 2023, 같은 책, 266-76쪽.

99 전종순, 2002, 〈중공군 정월공세시 리지웨이와 팽덕회의 작전지도〉, 《군사》, 45, 78쪽.

100 Hart, B., Lin, B., Funaiole, M. P., Lu, S., Price, H., Kaufman, N., and Torrijos, G. 2025. How deep are China-Russia military ties? 미국 전략국제연구센터 웹사이트(https://chinapower.csis.org/china-russia-military-cooperation-arms-sales-exercises/, 2025년 12월 2일 접속).

101 Jersild, A. 2014. *The Sino-Soviet Alliance: An International History*. Chapel Hill, NC: The University of North Carolina Press. pp. 15-17.

10장

102 이기완, 2021, 〈철도를 통해 본 일본의 국가전략과 동아시아〉, 《평화학연구》, 22(4), 142쪽.

103 배석만, 2023, 〈1970~80년대 일본 조선업 구조조정과 기업의 대응: 대기업 조선소를 중심으로〉, 《역사와 세계》, 64, 312-16쪽.

104 유정호, 2022, 〈한국경제의 고속성장과 선진화〉, 《한국경제포럼》, 15(4), 91쪽.

105 류우익, 1993, 〈지정학적 관점에서 본 동북아권〉, 《대한지리학회지》, 28(4), 312-20쪽.

106 정진상, 2005, 〈동북아지역 경제통합과 남북 경제협력〉, 《동중앙아시아연구》, 16(1), 74-93쪽.

107 김정수, 2009, 〈주체사상의 형성과정과 체계: 형성요인 및 성격을 중심으로: 형성요인 및 성격을 중심으로〉, 《현대사상》, 4, 209쪽.

108 박영민, 2010, 〈'고난의 행군' 이후 김정일 현지지도 패턴 분석: 2000~2009년 까지〉, 《동북아연구》, 25(1), 86-95쪽.

109 Hundt, D. and He, B. 2015. Reconciliation and the Goguryeo/Gāogōulì Disputes between China and South Korea. In *Routledge Handbook of Memory and Reconciliation in East Asia*, ed. M. Kim, pp. 227-39. London: Routledge. pp. 229-33.

11장

110 이동민, 2025, 같은 책, 215쪽.

111 김대호, 2011, 〈中 기업 M&A 규모 세계 2위로 부상〉, 《연합뉴스》, 2011년 9월 26일 자 기사, https://www.yna.co.kr/amp/view/AKR20110926081500089(2025년 12월 18일 접속).

112 오동욱, 2025, 〈친환경차 보루 EU마저 '내연기관차 생산 지속'…유럽서 '전기차 선전' 현대차 어쩌나〉, 《경향신문》, 2025년 12월 17일 자 기사, https//www.khan.co.kr/article/202512170601031(2025년 12월 29일 접속).

113 함명식, 2021, 〈박근혜 정부의 일대일로 편승 전략: '북방영토' 확장에 대한 기대와 좌절〉, 《중소연구》, 45(2), 13-16쪽.

114 권수현, 2025, 〈상반기 中 일대일로 투자·건설계약 역대 최대…무역전쟁 영향〉, 《연합뉴스》, 2025년 7월 17일 자 기사, https://www.yna.co.kr/view/AKR20250717158000009(2025년 12월 26일 접속).

115 김원철, 2025, 〈미 국방부 "중국 군사력, 미 본토 직접 위협 단계" 평가〉, 《한겨레》, 2025
년 12월 25일 자 기사, https://www.hani.co.kr/arti/international/america/1236530.
html(2025년 12월 28일 접속).

116 최두원, 2021, 〈한일 무역분쟁에 따른 소재·부품·장비의 품목별수출입 변화 분석에 관
한 연구〉, 《무역상무연구》, 92, 182-84쪽.

117 정유라·이신행·노승미·구정우·서찬석, 2025, 〈혐오와 혐오가 만날 때: 온라인 커뮤니
티에 나타난 정치 혐오 및 사회 혐오 키워드의 결합에 대한 분석〉, 《정보사회와미디어》,
26(1), 9-26쪽.

118 정재흥, 2023, 〈우크라이나 전쟁 막바지… 중·러 외교 이대로 괜찮나: 유라시아 국제 질
서 대변화 예고… 중·러와 지속적인 협력·소통 이어가야〉, 《월간중앙》, 2023년 6월호,
67-70쪽.

119 Zhang, M. 2025. *China–Japan–South Korea Trilateral Cooperation: Institution
Building and Power Politics.* Singapore: Springer. p. 7.

120 이승주, 2025, 〈한국의 경제 안보와 국제협력 전략: 상호보완성의 전략적 활용〉,
《Trade&Security저널》, 9, 93-97쪽.

121 양갑용, 2021, 〈중일 혐한 정서 기저요인과 확산기제 연구〉, INSS(국가안보전략연구원)
연구보고서 2021-11, 67-76쪽.

이미지 출처

35쪽 https://ko.wikipedia.org/wiki/%ED%8C%8C%EC%9D%BC:%ED%8C%94%EB%8F%
84%EC%B4%9D%EB%8F%84.gif

50쪽 저자 제공

68쪽 https://www.shuge.org/meet/topic/117564/

71쪽 https://ko.wikipedia.org/wiki/직방외기

73쪽 https://www.suwon.go.kr/common-upload/upload/
visitsuwon/2024/11/20/344a36cb-2ffd-4b10-b911-d9772e0246f1.jpg

77쪽 https://commons.wikimedia.org/wiki/File:View_of_Dejima_in_Nagasaki_Bay_
Folding_Screen_by_Kawahara_Keiga_c1836.jpg?uselang=ko

86쪽 https://upload.wikimedia.org/wikipedia/commons/6/68/Opium_smoking.jpg

87쪽 https://en.wikipedia.org/wiki/First_Opium_War

91쪽 https://zh-classical.wikipedia.org/wiki/海國圖志

118쪽 https://commons.wikimedia.org/wiki/File:16126.d.1(48)-The_Battle_of_the_Yalu_
River._4.jpg

139쪽 https://commons.wikimedia.org/wiki/File:國帝華中-元統憲洪_YüanShikai__
Tianjin_1916_39mm.tif

151쪽 https://en.wikipedia.org/wiki/Japanese_invasion_of_Manchuria

170쪽 https://ko.wikipedia.org/wiki/궁성요배

180쪽 https://en.wikipedia.org/wiki/Battle_of_Midway

183쪽 https://learn.i815.or.kr/0201/learning/exhibit/yCQWwEmgcPscMovaKz0/view

220쪽 https://upload.wikimedia.org/wikipedia/commons/thumb/f/f5/President_
Richard_Nixon_and_Mao_Zedong.jpg/640px-President_Richard_Nixon_and_
Mao_Zedong.jpg

223쪽 https://commons.wikimedia.org/wiki/File:BML_Bamailong_factory_
workers_1-016.jpg

230쪽 https://www.fki-emuseum.or.kr/main/themeHall/incident_04.do

243쪽 https://commons.wikimedia.org/wiki/File:Japan_%26_Korea_Imperial_family_
Yasukuni_1938-10.jpg

지도와 전쟁으로 다시 읽는 한중일 세계사

초판 1쇄 발행 2026년 4월 20일

지은이 • 이동민

펴낸이 • 박선경
기획/편집 • 이유나, 지혜빈
홍보/마케팅 • 박언경, 김경률
표지 디자인 • forbstudio
본문 지도 일러스트 • 김지희
디자인 제작 • 디자인원(031-941-0991)

펴낸곳 • 도서출판 갈매나무
출판등록 • 2006년 7월 27일 제395-2006-000092호
주소 • 경기도 고양시 일산동구 호수로 358-39 (백석동, 동문타워 I) 808호
전화 • 031)967-5596
팩스 • 031)967-5597
블로그 • blog.naver.com/kevinmanse
이메일 • kevinmanse@naver.com
페이스북 • www.facebook.com/galmaenamu
인스타그램 • www.instagram.com/galmaenamu.pub

ISBN 979-11-24226-08-7/03900
값 20,000원

• 잘못된 책은 구입하신 서점에서 바꾸어드립니다.